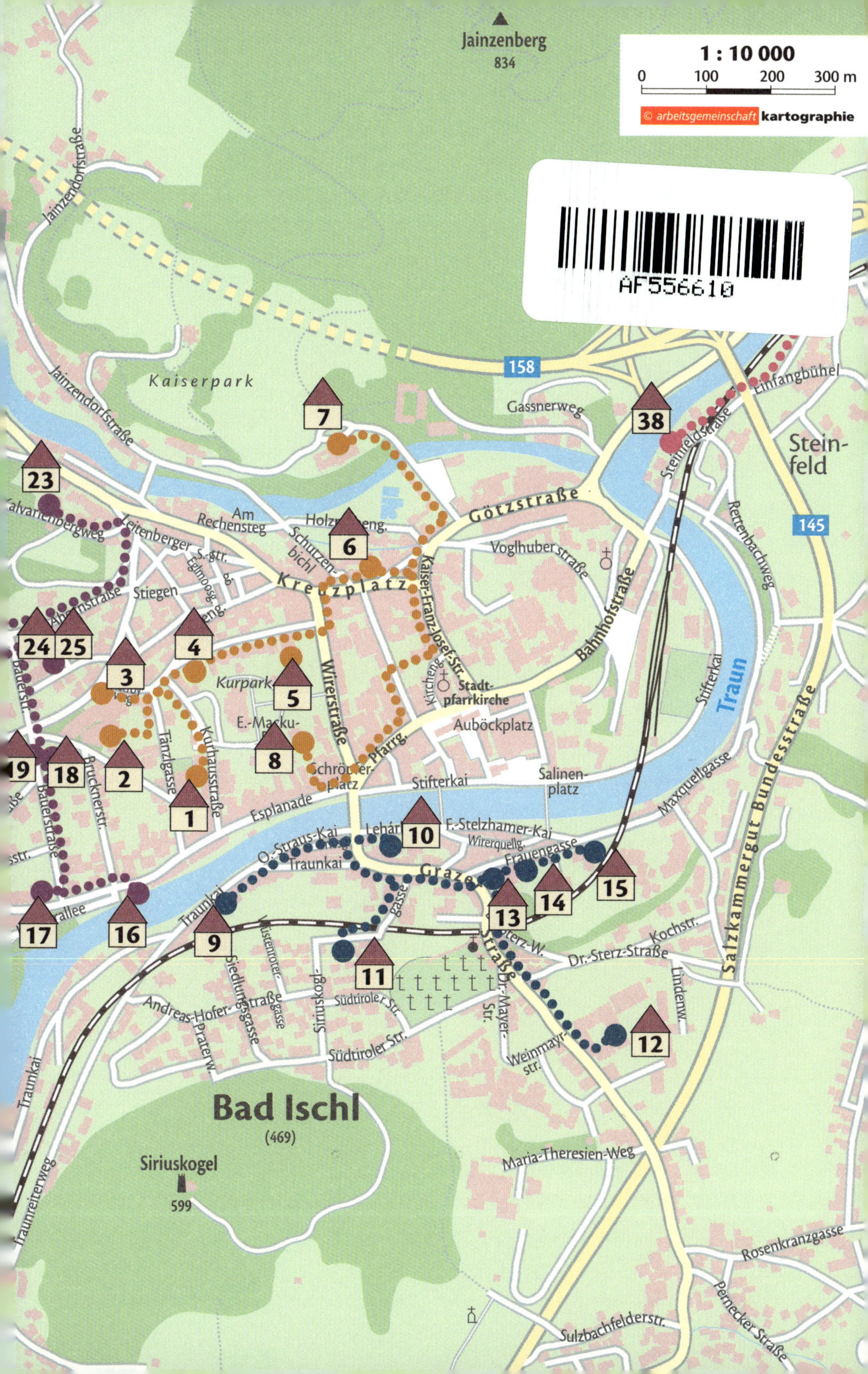
Jainzenberg
834
1 : 10 000
0
100
200
300 m
© arbeitsgemeinschaft kartographie
AF556610
Jainzendorfstraße
Kaiserpark
158
Gassnerweg
Steinfeldstraße
Einfangbühel
Stein-
feld
145
Rettenbachweg
Götzstraße
Voglhuberstraße
Bahnhofstraße
Kreuzplatz
Kaiser-Franz-Josef-Str.
Stadt-
pfarrkirche
Auböckplatz
Wirerstraße
Kurpark
Pfarrg.
Stifterkai
Salinen-
platz
Traun
Maxquellgasse
Salzkammergut Bundesstraße
Am
Rechensteg
Kalvarienbergweg
Stiegen
Tänzlgasse
Kurhausstraße
Esplanade
Brucknerstr.
Bauerstraße
Lehár
F.-Stelzhamer-Kai
Wirerquellg.
Frauengasse
Traunkai
Grazer
Straße
Dr.-Sterz-Straße
Kochstr.
Lindenw.
Siedlungsgasse
Andreas-Hofer-Straße
Südtiroler Str.
Siriuskogl.
Weinmayrstr.
Maria-Theresien-Weg
Bad Ischl
(469)
Siriuskogel
599
Traunreiterweg
Rosenkranzgasse
Pernecker Straße
Sulzbachfelderstr.
1
2
3
4
5
6
7
8
9
10
11
12
13
14
15
16
17
18
19
23
24
25
38

Marie-Theres Arnbom

Die Villen von Bad Ischl

Marie-Theres Arnbom

Die Villen von Bad Ischl

Wenn Häuser Geschichten erzählen

Mit 113 Abbildungen

1. Auflage April 2017
2. Auflage Mai 2017
3. Auflage September 2017
4. Auflage Juni 2021

Besuchen Sie uns im Internet unter: amalthea.at

Umschlaggestaltung: Elisabeth Pirker/OFFBEAT
Umschlagabbildung: AKON Ansichtskarten Online; iStock.com
Herstellung und Satz: VerlagsService Dietmar Schmitz GmbH, Heimstetten
Gesetzt aus der 11/14 pt Minion Pro Regular
Printed in the EU
ISBN 978-3-99050-069-9

Inhalt

Entdeckungstour Zwei

Entdeckungstour Drei

Entdeckungstour Vier

Entdeckungstour Fünf

Entdeckungstour Sechs

Entdeckungstour Sieben

Französischer Reiseführer, 1907

Warum ein Buch über die Villen von Bad Ischl?

Seit ich denken kann, führen mich Ausflüge von meinem Sommerdomizil in St. Gilgen nach Bad Ischl, dessen Flair sich für mich schon von Kindesbeinen an aus den wunderschönen Villen speist. In meiner Kindheit brachte uns eine Großtante aus Bad Ischl immer Dinge mit, die es bei uns »am Land« nicht gab: die Oblaten vom Zauner und frisches Obst. Umgekehrt waren die Ausflüge in die Stadt etwas Besonderes – und auch da spielte und spielt die Konditorei Zauner eine große Rolle, genau wie der freitägliche Wochenmarkt, für den man sich ins Dirndl wirft und auf dem es bis heute die herrlichsten Dinge zu erstehen gibt. Mit zunehmendem Alter haben sich meine Interessen erweitert: Was für eine Bedeutung hatte Ischl eigentlich in der Geschichte? Der Nimbus des Kaisers ist bis heute spürbar und des Kaisers Geburtstag immer noch eine Zäsur. Denn dieser 18. August ist eine Art Benchmark: Da kippt das Wetter, da endet die Saison. Und wenn das Wetter nicht kippt, überwiegt fast die Enttäuschung.

Bad Ischl hat etwas Magisches – der Hof, der Kaiser, das Großbürgertum, die Künstler, die Operettengesellschaft. All dies begleitet und beschäftigt mich seit vielen Jahrzehnten. Wer und was hat seinerzeit das Flair Ischls ausgemacht? Die TV-Serie *Der Salzbaron* und die *Sissi*-Filme unterstützen Klischees, die aber immer auch eine Teilwahrheit beinhalten. Meine intensive Beschäftigung mit der Unterhaltungsbranche der Zwischenkriegszeit, mit Operette und Kabarett, hat Ischl einmal mehr in den Fokus gerückt. Weshalb gab es gerade hier diese legendäre »Operettenbörse«, wo sich auch nach dem Ende des sogenannten Hoflagers die Größen der Branche trafen, miteinander arbeiteten, aber auch stritten, Verträge abschlossen und dabei ganz nebenbei ihre Meisterwerke schufen? Und dann kam das Jahr 1938, das einen enormen Einschnitt in der Geschichte Ischls brachte – wahrlich kein Ruhmesblatt, genauso wenig wie die Zeit nach 1945. Dennoch ist auch dies ein Teil der Geschichte der Ischler Villen.

Kurz gesagt: Ohne ihre Bewohner hat eine Villa keine Geschichte. Diese Binsenweisheit liegt diesem Buch zugrunde, das bislang unbekannte Geschichten und erstaunliche Menschen aus einem neuen Blickwinkel in den Mittelpunkt stellt, und das sich zum Ziel gesetzt hat, Wege vorzuschlagen, auf denen Ischl erforscht werden kann. Bitte heben Sie auch einmal den Blick über die Villen zu den Bergen, zu der herrlichen Landschaft, die Ischl beherrscht. All dies war und ist einer der Anziehungspunkte dieser Stadt – und Kaiser hin oder her: Hier ist es einfach schön.

Meine Auswahl der Villen ist natürlich subjektiv: Ischl ist reich an historischer Bausubstanz – aber der Umfang des Buches beschränkt. Daher mussten Auswahlkriterien erstellt werden: interessante Eigentümer, interessante Mieter, interessante Architektur. Gerade der letzte Punkt führt zu einem erstaunlichen Phänomen: Die Wiener Ringstraßengesellschaft traf sich zwar in Ischl, brachte jedoch ihre Architekten nicht mit hierher. Letztere bauten ihre imposanten Villen am Traunsee und am Attersee, in Ischl hingegen dominierten die lokalen Baumeister, die sich gelegentlich an der Schweizerhaus-Architektur orientierten, die Villen jedoch selbst planten und zur Durchführung brachten. Nur einige ältere Villen, die bereits in der Biedermeierzeit erbaut worden waren, fanden in Architekturführer Eingang.

Daher stehen die Menschen im Mittelpunkt. Menschen, die Ischl die unverwechselbare Atmosphäre gaben, über all die großen Veränderungen des 20. Jahrhunderts hinweg. Vom Hof und seinen Apologeten über Künstler aller Sparten und Arten – von Operndiven bis zu Soubretten, von Volksschauspielern bis zu Burgtheatergrößen, von Komponisten vieler Generationen bis zu Librettisten: Sie alle wurden umschwärmt von einer bunten Mischung aus Adabeis und Journalisten, internationalen Geschäftsleuten und Aristokraten, Industriellen und Erfindern. Geschäfte und Ehen wurden hier gleichermaßen angebahnt. Schon wohlbekannte

Ansichtskarte von Bad Ischl, 1897

Geschichten werden nicht erzählt, sondern Neues ans Licht geholt und Unbekanntes ausgegraben. So manches Erwartete sucht man vergeblich und stößt dafür auf Erstaunliches.

Die Umbrüche, die Europa im 20. Jahrhundert mitmachte, waren in Ischl deutlicher spürbar, sie waren näher, denn hier unterzeichnete Kaiser Franz Joseph den Untergang Europas in Krieg und Nationalismus. Das alte Europa gehörte der Vergangenheit an, auch das hatte unmittelbare Auswirkungen auf Ischl, denn das Fehlen des Hoflagers machte sich hier mehr als anderswo bemerkbar.

Nach dem Ende des Ersten Weltkrieges muss sich Ischl neu erfinden – und verbietet zunächst den Besuch von Sommergästen in der Angst, dass die ausgehungerten Städter die Umgebung leer essen. Wirtschaftlich gesehen eine Fehlentscheidung, die auch bald revidiert wird. Und langsam kommen die Sommergäste wieder – alte und neue. Die Zeit des Hofes liegt hinter Ischl – und weckt doch bis heute nostalgische Gefühle.

In wirtschaftlicher Hinsicht ändert sich vieles: Die alten Eliten sind verarmt und die neuen Kriegsgewinnler dominieren das Geschehen, das Ischler Publikum verändert sich: Die Trabanten des Hoflagers haben weder einen Anlass noch das Geld dazu, weiterhin nach Ischl zu kommen, wenige der alten Villenbesitzer halten dem Ort die Treue. Viele Villen stehen zum Verkauf, die neuen Reichen ergreifen die Gelegenheit und schlagen zu. Dennoch bleibt der Nimbus Bad Ischls erhalten. Der Trubel auf der Esplanade bleibt derselbe – das Publikum ist ein anderes. Statt des Hofes und seiner Adlaten regiert nun die Operette. Jetzt stehen die Künstler, die Ischl früher schon als fixer Bestandteil des Hofes bevölkert haben, vermehrt im Fokus. Viele von ihnen kaufen Villen oder mieten sich ein und schaffen sich in Ischl ein zweites Zuhause. »Operettenbörse« Bad Ischl lautet eine der Bezeichnungen und bringt die Sache auf den Punkt. Franz Lehár und Emmerich Kálmán leben und arbeiten in ihren wunderschönen und herrschaftlichen Villen – Ersterer als Besitzer, Zweiterer eingemietet. In ihrer unmittelbaren Nachbarschaft wohnen Librettisten wie Alfred Grünwald und Julius Brammer, die auf der Esplanade und am Kalvarienberg zu Hause sind. Bewunderer kreisen um die Meister, es wirkt fast so, als ob der Hof von der Operette abgelöst worden ist, einer Operette, die die »gute alte Zeit« oftmals verklärt und besingt. Eigentlich bleibt so alles beim Alten. Die Villen haben Bestand, ihre Bewohner sind weiterhin Teil der Geschichte dieser großen und kleinen, vornehmen oder bescheideneren Häuser.

Das jüdische Publikum nimmt zu. Es ist den Ischlern wie der ganzen Bevölkerung des Salzkammerguts fremd. Anstatt sich mit ihm auseinanderzusetzen, sich auf eine andere Welt einzulassen und Unterschiede zu akzeptieren, lehnt man es apodiktisch ab. Man nimmt die Juden aus, ist vordergründig freundlich, in Wirklichkeit jedoch antisemitisch. Fremdes hat man nicht gern, man will unter sich bleiben. Zwei Welten prallen aufeinander und finden nicht zusammen, mit fatalen Folgen. Es stellt sich die Frage, weshalb man nicht einfach akzeptieren kann, dass Menschen anders und trotzdem keine Feinde sind? Nouveaux Riches waren und sind immer unbeliebt – sie werden scheel angeschaut. Aber müssen diese Ressentiments in blinden Hass umschlagen? Gibt es tatsächlich keinen Weg des Nebeneinanders, keinen Weg der Akzeptanz? Gibt es keine Welt, die offen und bunt ist und dies als Chance sieht anstatt als Bedrohung? Nein. Spätestens im März 1938 erweist sich dies als Illusion: Die Gräben sind zu tief, der Hass, worauf auch immer, siegt und zeigt sein wahres Gesicht. Und das bedeutet: Juden sind nicht erwünscht. Eine differenzierte Wahrnehmung hat keinen Platz mehr.

Die Art und Weise, wie den jüdischen Villenbesitzern ihr Hab und Gut genommen wird, ist beispiellos in seiner Radikalität und Menschenverachtung. Ein akkurat ausgeführtes Unternehmen, ersonnen und perfekt umgesetzt von Wilhelm Haenel, *»Arisierungs- und Entjudungsbeauftragter von Bad Ischl, der sämtliche Arisierungen im Salzkammergut durchgeführt hat«*[1] – ein unfassbarer Raubzug durch Bad Ischl und die Region, begleitet von Drohungen und Einschüchterungen. Der Gau Oberdonau sieht in den Enteignungen eine Chance, seine finanziellen Probleme rasch zu beheben, dennoch verläuft der Prozess nicht immer reibungslos. Einzelne Nazi-Organisationen streiten darüber, wer denn nun profitieren soll von diesem grandiosen Diebstahl.

Nach dem Ende des Zweiten Weltkrieges erwartet man eine Entspannung, eine Deeskalation. Eine Illusion. Die Rückstellungsverfahren gestalten sich zum Teil sehr langwierig, die Bestohlenen werden einmal mehr als rechtlos hingestellt. An ihnen liegt es, die unrechtmäßige Enteignung darzustellen, nicht an den Profiteuren. Ein bürokratischer Hürdenlauf setzt ein und verursacht noch heute Wut auf diese überbordenden Hindernisse. Anstatt einer lösungsorientierten Vorgehensweise regieren Kleingeist und Blockierertum. *»Die Sache in die Länge zu ziehen«* wird, wie es Innenminister Helmer so unverblümt ausgedrückt hat, zum Motto. Die Villa Spiegl stellt den ärgsten Fall dar: Erst im Jahr 1959, lang nach dem Abschluss des Staatsvertrages, können sich das Finanzministerium und die Finanzlandesdirektion Linz auf eine Lösung einigen, nachdem sie sich jahrelang gegenseitig den »Schwarzen Peter« zugeschoben haben.

Was bleibt, ist ein schaler Nachgeschmack: Die meisten Villen werden nach langwierigen Verhandlungen restituiert – ungern, meist ohne Mobiliar und sehr oft in verlottertem Zustand. Und was nun? Ein Weiterverkauf weit unter dem tatsächlichen Wert stellt meist die einzige Lösung dar. In den 1970er-Jahren bricht wiederum eine neue Zeit an, in der viel Altes ausgelöscht, niedergerissen und vernichtet wird. Man hat sich der Moderne verschrieben. Statt wunderschöner alter Villen finden sich Betonklötze ohne Gesicht – eine Entwicklung, die man wohl auch akzeptieren muss, die aber das Bild Ischls radikal verändert hat.

Bad Ischl ist eine Stadt, an der die Brüche der politischen Entwicklungen in besonderer Art abzulesen sind. Das versucht dieses Buch in ein neues Licht zu rücken, in all seinen Facetten und Widersprüchlichkeiten.

Folgende Quellen liegen diesem Buch zugrunde:

Das Grundbuch und die Urkundensammlung, wo sich die »hard facts« finden. Ihnen gilt es, Leben einzuhauchen.

Die Arisierungs- und die Rückstellungsakten, die so manchem Kapitel einen ob der Machtlosigkeit wütenden Unterton verleihen. Sie sind ein skandalöses, beschämendes und zugleich peinliches Armutszeugnis für die Behörden der Nationalsozialisten ebenso wie jene der Zweiten Republik.

Lebenserinnerungen aller Arten, verpackt in Büchern, Artikeln und Interviews.

Die großartige und bahnbrechende Recherchearbeit meines Mannes Georg Gaugusch, die für viele Kapitel die Grundlage bietet.

Zeitungsberichte zu erwarteten und viel öfter zu unerwarteten Themen. Wer suchet, der findet oft etwas ganz anderes. Dass die Recherchearbeit in Zeitungen möglich ist, verdanke ich im Namen aller historisch interessierten und forschenden Menschen einer großartigen Institution, der Plattform ANNO der Österreichischen Nationalbibliothek, die historische Zeitungen digital zur Verfügung stellt, meist bereits mit Volltextsuche. Und mit großer Dankbarkeit verweise ich darauf, dass dazu auch die Ischler Kurlisten zählen, eine Quelle, die vieles, was nie zu entdecken gewesen wäre, ans Tageslicht gebracht hat. Der größte Dank gilt der ANNO-Verantwortlichen Christa Müller für ihr unermüdliches Nachfragen, Forschen und Möglichmachen!

Danke den Mitarbeiterinnen des oberösterreichischen Landesarchivs und Peter Zauner für die geduldige Unterstützung. Danke auch den Mitarbeiterinnen des Grundbuchs im Bezirksgericht Bad Ischl, die meine Besuche so unproblematisch akzeptiert haben. Danke auch an Wolfgang Quatember und Nina Höllinger vom Zeitgeschichtemuseum Ebensee, die wertvolle Forschung leisten und mich alle Unterlagen einsehen ließen.

Mein besonderer Dank gilt Maria Sams, der Leiterin des Stadtmuseums Bad Ischl, für ihre große Unterstützung und Wertschätzung. Danke auch an Bürgermeister Hannes Heide, der dieses Buchprojekt von Anfang an wohlwollend begleitet hat.

Dem Nationalfonds der Republik Österreich für die Opfer des Nationalsozialismus danke ich für die Förderung meiner Recherchen zu diesem Buch.

Ich bedanke mich bei meinen unermüdlichen Korrekturlesern und -innen, bei meinem Mann Georg Gaugusch, meiner Mutter Christiane Arnbom, meiner Schwester Elisabeth Kühnelt-Leddihn, meinen Freunden Hanna Ecker und Georg Male und bei all den anderen, die das eine oder andere Kapitel vorab lesen durften (oder mussten) und mich mit konstruktivem Feedback versehen haben.

Carmen Sippl und dem Amalthea Verlag danke ich für das Vertrauen und die freundschaftliche Begleitung dieses Buches.

Marie-Theres Arnbom
Februar 2017

Gebrauchsanweisung

Dieses Buch kann und soll auf zwei unterschiedliche Arten gelesen werden. Zum einen lädt es dazu ein, Bad Ischl an Ort und Stelle zu entdecken und den vorgeschlagenen Routen zu folgen, um auch etwas abgelegenere Teile der Stadt aufmerksam zu durchstreifen.

Zum anderen kann man es aber natürlich lesen, ohne physisch anwesend zu sein, denn die Schicksale der beschriebenen Menschen beziehen sich zwar alle auf Ischl, gehen aber weit darüber hinaus und führen ebenso nach Wien und Berlin wie ins tiefste Ungarn oder nach New York und Hollywood.

In beiden Fällen möchte dieses Buch dazu anregen, das Phänomen Bad Ischl näher kennenzulernen und in die Atmosphäre einzutauchen, die all diese Menschen anzog und ihnen viele unvergessliche Jahre beschert hat, in guten wie in schlechten Zeiten.

1 Alltag in der Sommerfrische. Die Villa Albrecht und die Villa Schodterer

Kurhausstraße (vormals Erzherzogin-Marie-Valerie-Straße) 7 und 9

Die meisten Besuche in Ischl führen durch die Kurhausstraße, wo der Blick jedes Mal aufs Neue an zwei der beeindruckendsten Villen hängen bleibt: prachtvolle Häuser mit Holzveranden und Terrassen in einer Mischung aus städtischem und ländlichem Stil – also gewissermaßen die architektonische Darstellung des Sommerfrischepublikums par excellence.

1887 wird dieser Teil der Stadt hinter dem Kurhaus neu erschlossen, die Straße erhält ursprünglich den Namen der jüngsten Kaisertochter Marie Valerie. Mehrere Bauherren – zwei wollen wir in den Mittelpunkt stellen – beschließen, hier neue Gebäude mit mehreren Wohnungen, zur Vermietung für das anspruchsvolle Publikum zu errichten. Die Stadt platzt im Sommer aus allen Nähten, viele Familien reisen mit Sack und Pack an und wollen ihre Zeit statt im Hotel

Villa Albrecht und Villa Schodterer, *Bauindustriezeitung* Blatt 9, 1889

in mehr oder weniger bequemen und komfortablen Wohnungen verbringen. Ein Balkon gehört dazu, nicht nur zum Genießen der herrlichen Luft, sondern auch um einen guten Blick auf das Geschehen hier zu erhalten. Ein wichtiges Detail des Sommerfrischelebens.

Der Goldschmied Engelbert Schodterer[2] mischt zwischen 1875 und 1895 während der liberalen Ära kräftig in der Ischler Kommunalpolitik mit. 42 Jahre lang gehört er dem Gemeinderat an – in so vielen Jahren kann man schon einiges bewegen. Und dies tut er auch: Sein größtes Verdienst besteht in der Errichtung der Wildenstein-Hochquellwasserleitung, die für Einheimische genauso bedeutsam ist wie für die Sommergäste. Sein Geschäft in der Pfarrgasse existiert noch heute – ebenso wie die prächtige Villa in der Kurhausstraße 9.

Die Nebenvilla lässt der Wiener Kaufmann Edwin Albrecht erbauen, der jedoch bereits 1891 stirbt. Seine Witwe Adele und ihre Schwestern samt Familien verbringen viele Sommer gemeinsam in der Villa, die zwei gleich große Wohnungen inklusive Nebenräume beherbergt – ebenso wie die Villa Schodterer. Ausgeführt werden die Ischler Villenbauten von lokalen Baumeistern mit Sinn für Stil, Tradition, Proportionen und Funktionalität – im Fall dieser beiden Villen zeichnen der Ischler Baumeister Franz Huber für die Villa Albrecht und der Linzer Baumeister Paul Hochegger für die Villa Schodterer verantwortlich.[3]

Die beiden Wohnungen sind jeweils großzügig angelegt: Um den zentralen Salon mit dem obligaten Balkon oder einer bei Regen idealen Veranda gruppieren sich sechs Räume, Küche und Wirtschaftsräume. Die Dachgeschoße bieten weitere Zimmer zur Einzelvermietung – hier steigen oft Studenten ab, um auf preiswerte Weise das Ischler Leben zu genießen.

Was macht ein Haus zu einer Villa? Man muss ein wenig in die Vergangenheit blicken, zu den unvergleichlichen Palladio-Villen des 16. Jahrhunderts mit ihren perfekten Proportionen: Die Villa Toscana in Gmunden steht ganz in dieser Tradition – und liegt nicht weit von Bad Ischl. Die Zeit der Romantik mit wunderschönen Landschaftsgärten kommt noch hinzu und hinterlässt auch in Ischl ihre heute kaum mehr bemerkbaren Spuren. Und dann gibt es die herausragenden Bauten: das Gut Engleithen, besser bekannt als Villa Rothstein vulgo Spiegl, sicherlich der beeindruckendste Besitz in Ischl. Eine Villa? Nein, eher ein Schloss, dem gegenüber die Kaiservilla wirklich den Eindruck einer herrschaftlichen Villa, jedoch nicht den eines Schlosses macht. Oder die Villa Blumenthal, außergewöhnlich und extravagant – eine ganz eigene Liga. Auch die Villa Landauer bildet eine eigene Kategorie, so wie die Lehár-Villa: völlig unterschiedliche Stile mit demselben Ziel, nämlich einen dem Lebensstil adäquaten Wohnraum zu schaffen oder zu beziehen. Die Sarsteiner-Villa, bewohnt von Emmerich Kálmán, fällt ebenso in diese Kategorie wie die Villen Dumba, Zichy/Maass-Portheim oder Herzfeld. Die Villa Seilern hingegen entspricht viel mehr einem Palais und verweist fast alle anderen Ischler Häuser auf die hinteren Plätze, falls es einen Wettkampf geben sollte.

Der Bautypus der Villa stammt aus römischer Zeit und imitiert den eines bürgerlichen Landhauses, passend zur Ischler Geschichte, denn genau darum dreht sich das Leben in der Sommerfrische, das sich seit der Zeit des Biedermeier entlang der neuen Bahnlinien entfaltet hat. Dazu gesellt sich der Klassizismus, weniger zurückhaltend und mehr auf Repräsentation ausgerichtet. Die Erweiterung des Ortes in alle Richtungen erfolgt rasch und durchaus geplant – eben auch in das erwähnte Gebiet hinter dem Kurhaus. Die Nachfrage steigt, das Angebot zieht nach. Gerade der westlich gelegene Ortsteil Kaltenbach wird zu einer Art Stadtentwicklungsgebiet. Die meisten Sommerfrischler siedeln sich hier an, lassen Villen erbauen oder erwerben sie, mitunter auch von der sehr aktiven Union Baugesellschaft, die Gründe im großen Stil aufkauft und Villen zum Weiterverkauf errichtet. Sie kennt ihre Klientel, betätigt sie sich doch auch an großen Ringstraßenbauten wie etwa dem Rathaus und dem Hotel Sacher. Vorausblickend erwirbt sie 1873 viele Gründe in Kaltenbach in dem Wissen, dass die Ringstraßengesellschaft bald dafür Interesse entwickeln wird. Und sie behält recht.

Noch im Jahr 1923 schreibt das *Neue Wiener Journal:* »*Ischl ist eine – zugegeben liebenswürdige – Zwangsvorstellung, die ein ganz bestimmter, wintersüber zwischen dem Café Siller*[A] *und der Bristol-Bar fluktuierender Menschenschlag zu Anfang Juli bekommt, um sie nicht vor dem ersten September wieder loszuwerden. Ischl ist die ins Grüne übersiedelte Opernkreuzung, auf seiner Esplanade ist Österreich. Irgendwie bewahrt auch das heutige Ischl noch immer seine gestrige Macht. Man braucht dort nur oft genug gesehen worden zu sein, um zu einer Persönlichkeit zu avancieren, die man nicht ist.*«[5]

Was macht das Leben in den Villen während des Ischler Sommeralltags denn eigentlich aus? Dieses beginnt bereits mit den Vorbereitungen, stellt doch die Sommerfrische einen zentralen Punkt im Jahresablauf der Aristokratie und des Bürgertums dar. Das gesellschaftliche Leben verlagert sich nach Ischl, denn die Familien verbringen hier Monate, die Männer pendeln von Wien hierher, Geschäfte werden in entspannter Atmosphäre angebahnt. Für diesen mehrmonatigen Aufenthalt reist man »mit Wirtschaft«, denn für die Führung eines voll ausgerüsteten Haushaltes darf es an nichts fehlen, weder an Wäsche, noch an Mobiliar oder Personal. »Menagieren« nennt man diese Art des Reisens. Kleidung für alle möglichen und unmöglichen Gelegenheiten nimmt viel Platz ein, hinzu kommen ausreichend Lektüre, Spielzeug für die Kinder, Studienmaterial für die Ältesten, Tennis-, Bade- und Wanderausrüstung und was es eben noch an vermeintlich Unentbehrlichem gibt.

Wie gestaltet sich aber der Alltag für die Familienmitglieder, die keine beruflichen Verpflichtungen haben, und all die Operettenmacher, Künstler, Theaterdirektoren oder Journalisten? Die Sportlicheren unternehmen Landpartien in die Berge, andere frequentieren nahe gelegene Jausenstationen, wenn gewünscht, auch im Tragsessel. Auch das Ischler Strandbad, wie Strobl genannt wird, erfreut sich großer Beliebtheit, das Planschen im Wolfgangsee, eine kleine Bootspartie oder auch ein Segelausflug stehen auf dem Schönwetterprogramm. So manchen zieht es auch an den Hallstättersee, um in der dortigen Seerestauration eine Jause einzunehmen.

Die Jause hat überhaupt einen eigenen Stellenwert und findet auch nicht unbedingt zu einer bestimmten Uhrzeit statt – Gelegenheiten dazu bieten sich immer, vor allem in der Konditorei Zauner, nicht nur wegen der Mehlspeisen, sondern wegen des Gesehenwerdens. Dies gilt auch für die Promenade über die Esplanade zu den Konzerten der Kurkapelle.

Die Familien verbringen viel Zeit in ihren Villen oder Sommerwohnungen. Lesen, Musizieren und das Schreiben von Briefen bestimmen den Alltag – und natürlich das Kartenspielen: Tarock- und Bridgeturniere zählen zu den gefragtesten Beschäftigungen. Ein geruhsames Leben, denn trotz großer Hotels gilt Ischl nicht als mondän, ausgestattet mit zahlreichen Nachtlokalen oder Bars, sondern als ruhig – das gesellschaftliche Leben spielt sich eher im privaten Rahmen der Villen ab. Abwechslung bringen das Theater und zahlreiche Benefizveranstaltungen zugunsten der Ischler Bevölkerung – für die Armen, ein Waisenhaus, für die Bücherei oder für die Opfer von Hochwasserkatastrophen. Die Sommergäste beteiligen sich eifrig daran.

Dirndl und Lederhose gehören ebenso zur Grundausstattung wie Vormittags-, Nachmittags- und Abendgarderobe – das Reglement der passenden Kleidung für den richtigen Anlass hält sich an strenge Vorschriften, die sich erst im Laufe des 20. Jahrhunderts zu lockern beginnen. Unter diesem Gesichtspunkt muss auch eine der von den Nationalsozialisten im Sommer 1938 erlassene Verordnung gesehen werden: *»Juden ist das öffentliche Tragen von alpenländischen Trachten wie Lederhosen, Joppen, Dirndlkleidern, weißen Wadenstutzen usw. verboten.«* Ein Verbot, sich angemessen zu kleiden, kommt einer Ausgrenzung gleich – und genau dies ist auch bezweckt.

2 Die Villa Seilern

Tänzlgasse 11

Eine der eindrucksvollsten und schönsten Villen – den massiven Betonanbau muss man ausblenden – befindet sich hinter dem Kurhaus; in diesem Teil Ischls entstehen Anfang der 1880er-Jahre etliche Villen, um den steigenden Bedarf nach standesgemäßen Sommerwohnungen zu befriedigen. Doch keine erreicht die Eleganz und Großzügigkeit der sogenannten Villa Seilern, die den Namen ihrer Erbauerin bis heute trägt.

1881 erwirbt Elise Reichsgräfin von Seilern ein großes Grundstück und beauftragt den Wiener Stadtbaumeister Wilhelm Pils mit der Ausführung des geplanten Hauses – interessant, dass auch bei diesem Projekt keiner der großen Wiener Stararchitekten der Ringstraße zum Zug kommt, sondern ein Praktiker. Ihm gelingt ein Bau, der seinesgleichen sucht, repräsentativ und großzügig zugleich. 1883 kann Elise Seilern bereits in der eigenen Villa absteigen – keine sehr lange Bauzeit für ein so großes Objekt. Über dem Eingang prangt ein Allianzwappen der Familien Seilern und Stürgkh, aus der Elise stammt. Gemeinsam mit ihrer Schwester Anna Gräfin Paar verbringt

Villa Seilern, einst und heute

Grosser Kursaal in Ischl.

Einladung.

Freitag den 14. August, nachmittags 4 Uhr, wird im **Kursalon** eine durch mehrere Damen zum Vorteile des **Armen-** und **Waisenhauses „Charitas“** in Ischl arrangierte

TOMBOLA

stattfinden.

Die Billetten zur Tombola sind am selben Tage von **11 Uhr an im Kursalon** an der Kassa um zwei Kronen zu haben, während höhere Beträge mit Dank angenommen werden.

Diejenigen P. T. Wohltäter, welche Gegenstände zu dieser Tombola schenken wollen, werden ersucht, dieselben an Frau **Gräfin von Seilern,** Villa Seilern, Tänzlgasse Nr. 11, einzusenden.

Diejenigen Billetten, auf welche was immer für ein Gewinnst ausbezahlt wird, dürfen nur dann noch weiter mitspielen, wenn sie gegen Erlag von zwei Kronen zurückgekauft werden.

So wie alle Jahre hat auch heuer der Allerhöchste Hof die Gnade gehabt, viele prachtvolle Gegenstände hiezu zu spenden.

Inserat für die Tombola der Gräfin Seilern, *Curlisten Bad Ischl*, 18.8.1891

sie nun jeden Sommer in ihrem Ischler Refugium und führt hier ein großes Haus. Dabei vergisst sie jedoch nicht, der Ischler Bevölkerung Gutes zu tun, und ruft eine Wohltätigkeitsveranstaltung ins Leben, die 16 Jahre lang zum fixen Bestandteil des Ischler Sommerlebens zählt. 1890 findet erstmals eine Tombola im Kursalon statt, der Erlös kommt dem Armen- und Waisenhaus »Charitas« in Ischl zugute. Inserate in den Kurlisten machen das Publikum aufmerksam, Billetts kosten einen Gulden: »*Diejenigen P. T. [Pleno Titulo] Wohlthäter, welche Gegenstände schenken wollen, werden ersucht, dieselben an Frau Gräfin von Seilern, Villa Seilern, Tänzelgasse Nr. 11, einzusenden.*« Rund um Kaisers Geburtstag am 18. August befinden sich besonders viele Menschen in Ischl, Elise von Seilern nützt dies aus und wählt für ihre Veranstaltung immer ein Datum in zeitlicher Nähe zu diesem Höhepunkt des Ischler Sommerlebens. 1895 gibt es noch einen besonderen Anreiz, wie in der Kurliste propagiert wird: »*So wie alle Jahre hat auch heuer der Allerhöchste Hof die Gnade gehabt, viele prachtvolle Gegenstände zu spenden.*«

Ein Jahr vor ihrem Tod verkauft Elise Seilern im Jahr 1908 ihre Villa um 110 000 Kronen an Ernst Landau, und es kommt die Frage auf, wer sich denn diesen Prachtbesitz leisten kann?[6] Dazu muss man ein wenig ausholen: Ernst Landaus Großvater, geboren im galizischen Brody, hat es in die Welt hinausgezogen. Über Odessa und Budapest ist er nach Wien gekommen, wo er sich als Großhändler erfolgreich etabliert und eine Basis für die kommende Generation legt. Sein Sohn mit dem wunderbaren Namen Horace lebt und wirkt in Triest und kann als Gigant der italienischen Finanzwelt mit großem politischen Einfluss gelten. Sein enormes Vermögen legt er in Büchern und Kunst an – eine beeindruckende Sammlung entsteht. Und wo zieht es einen dermaßen einflussreichen Bankier im Sommer hin? Richtig, nach Ischl, ins Zentrum der Macht. 1886 steigt Horace hier erstmals im Grandhotel Bauer ab.

1908 erwirbt also sein Neffe Ernst die Villa Seilern, er kann auf die großen finanziellen Reserven seiner Familie zurückgreifen, gehört doch seinem Vater Albert das Hotel Imperial in Wien, geerbt von dessen Bruder Horace. Albert wird als *»sehr joviale Persönlichkeit und echter Lebenskünstler«*[7] bezeichnet. *»In weiten Kreisen in Wien und in Budapest kannte man den hageren, aufrechten, heiteren weißbärtigen Greis mit dem sonoren Organ.«* War sein Vater aus Galizien nach Wien gelangt, weitet Albert seine Tätigkeit bis nach Amerika und in den Orient aus – eine äußerst mobile Familie. Zehn Jahre lang dient nun die Ischler Villa als Mittelpunkt des sommerlichen Familienlebens, 1918 verkauft Ernst Landau. Das Ende der Monarchie markiert zugleich auch das Ende des sagenhaften Reichtums der Familie Landau.

Nach einem kurzen Zwischenspiel – die Villa ist für fünf Jahre im Besitz des k. u. k. Hof- und Armeelieferanten Matthias Wotroubek, der auch die benachbarte Nestroy-Villa, die als Egger-Villa bezeichnet wird, erwirbt (siehe Kapitel 3) – prägt ab 1923 eine weitere schillernde Familie die Geschichte der Villa: Oskar und Nelly Inwald von Waldtreu kaufen beide Villen und nennen somit einen Besitz von einem Hektar mitten in der Stadt ihr Eigen.

Oskars Vater Josef hat sein Geld mit Glasfabriken in Böhmen gemacht und hinterlässt seinen zahlreichen Kindern ein großes Vermögen. Oskar studiert Chemie, ein für die Glaserzeugung durchaus bedeutendes Fachwissen, doch ernsthafte Forschung und Produktentwicklung interessieren ihn nur mäßig. Sein eigentliches Faible gilt Autos. Er fungiert als Vizepräsident des Österreichischen

Automobilclubs und ist mit diesem Amt offenbar völlig ausgelastet, seine Tätigkeit als Verwaltungsratsmitglied der familieneigenen Glasfabriken kann wohl eher als repräsentativ angesehen werden. Oskars Privatleben gestaltet sich turbulent: Im Jahr 1900 heiratet er in Washington Meta Wimpffen, die jedoch nur ein Jahr später bei der Geburt ihrer Tochter Maria stirbt. Oskar heiratet ein zweites Mal, seine zweite Frau Nelly stirbt im Jahr 1936 an den Folgen ihrer Drogensucht. Zu diesem Zeitpunkt ist seine Tochter Maria bereits seit zehn Jahren mit Géza Erös de Bethlenfalva verheiratet, dessen Familie Schloss Hüttenstein nahe St. Gilgen besitzt. Auch er stammt aus einer schillernden Familie. Gézas gleichnamiger Onkel war mit Elsa Gutmann[8] aus der bedeutenden Kohlenindustriellen-Familie verheiratet, die in zweiter Ehe den regierenden Fürsten Liechtenstein heiratet, eine etwas unkonventionelle Verbindung. Géza junior und sein Schwiegervater Oskar Inwald teilen die Begeisterung für Autos und stehen im Mittelpunkt der Gesellschaft: Das Hochzeitsfoto von Géza und Maria wird im *Wiener Salonblatt* abgedruckt.

Die Hochzeit von Géza und Maria Erös im *Salonblatt*, 1.11.1925

Nach der Machtübernahme durch die Nationalsozialisten handeln Oskar und Géza rasch, um den Besitz zu erhalten. Im Juni 1938 verfasst ein eifriger Ischler Bürger zahlreiche Informationsblätter über die jüdischen Villenbesitzer mit haarsträubenden Aussagen und Denunziationen. Es geht immer in dieselbe Richtung: Juden, die sich während des Krieges oder der sogenannten Inflationszeit bereichert hätten, würden sich nun in Ischl einkaufen, ein Klischee, das sich durch alle der beschriebenen Fälle zieht. *»Er [Oskar] verkehrte nur mit Juden, hauptsächlich solchen aus der Tschechoslowakei, und war häufiger Besucher des Golfplatzes in Wirling, bei dem der als Kommunist bekannte Mandl eine Funktion hatte.«*[9] Was auch immer diese Informationen zur Sache tun.

Bald bekommen die Behörden jedoch heraus, dass ihnen dieser Besitz, einer der schönsten, größten und wertvollsten in Ischl, weggeschnappt wurde. Und zwar durch einen Kaufvertrag zwischen Oskar und Géza, der, von der Vermögensverkehrsstelle bewilligt, bereits am 8. Oktober 1938 ins Grundbuch eingetragen wurde. Nun zeigt sich einmal mehr, wie radikal die Ischler Nazis sich sogar gegen die Vermögensverkehrsstelle stellen. Am 10. Oktober empört sich Anton Kaindlsdorfer, der Direktor der Sparkasse Bad Ischl und seines Zeichens Ortsgruppenleiter, darüber: *»Dieser Vertrag dient also in Wirklichkeit nur dazu, um diese wertvolle große Liegenschaft in Bad Ischl irgendwie der Familie zu sichern.«*[10] Damit hat er zweifellos recht. Und er schreibt auch gleich an die Gestapo: *»Der Jude Inwald besitzt große Fabriken im Sudetenland und ist sehr reich. Sein Schwiegersohn Géza Erös hat einen großen Lebensaufwand geführt und ist für die Zukunft auch sonst von Seiten dieses Juden versorgt worden.«* Die üblichen Denunziationen.

Dann kommt er auf den Punkt, denn es ist klar, *»dass der Jude Inwald diese Liegenschaft im Werte von ungefähr RM 100 000 verkaufen muss und dass der Kaufpreis dann den Reichsbehörden jederzeit zum freien Zugriffe offensteht. Wenn der Jude Inwald ins Ausland reisen würde, dann muss er auch die Reichsfluchtsteuer zahlen.«* In diese Berechnung fiele nun der Ischler Besitz nicht mehr, da Inwald ein

»entgeltliches Rechtsgeschäft« mit seinem Schwiegersohn *»fingiert«* habe. Auch Géza Erös wird nicht verschont, denn dieser sei *»geistig wenigstens ebenso verjudet«* wie sein Schwiegervater und *»körperlich nach den Mitteilungen, die uns zugekommen sind, zweifellos ein Halbjude«*[11]. Was für ein Ton in der Welt der Denunzianten. Der Gestapo wird dieser Fall nahegebracht, um zu verhindern, dass vielleicht auch andere jüdische Villenbesitzer auf die Idee kommen, ihren Besitz an nichtjüdische Verwandte zu verkaufen – dann wäre der ganze radikale Arisierungsplan der Ischler verdorben. *»Jeder Jude hat dann einen entfernten arischen Verwandten, dem er seine Liegenschaft übergibt und dann lebt wieder die ganze Mischpoche hier.«* Dies würde die Enteignung wertvoller Besitzungen wie der Villa Landauer (siehe Kapitel 13) ernsthaft gefährden. Daher muss die Gestapo sofort eingreifen: *»Unsere ganze mühevolle Arbeit hier ist dadurch wertlos und das dritte Reich, für welches wir kämpfen wollen, hat einen nicht wieder gutzumachenden Schaden.«* Also: Die Gestapo möge die bereits im Grundbuch eingetragene Eigentumsübertragung revidieren und Oskar Inwald und Géza Erös gleich verhaften. Doch die Gestapo denkt überhaupt nicht daran, diesen Vorschlägen nachzukommen, und lässt sich mit der Recherche Zeit. Am 18. Juni 1940 erhält Wilhelm Haenel (siehe Kapitel 25) als Sonderbeauftragter für die Übertragung jüdischen Besitzes ein Antwortschreiben: *»Auf Grund des Ermittlungsergebnisses konnte der Tatbestand der Tarnung jüdischen Vermögens nicht festgesetzt werden.«*[12]

Oskar Inwald stirbt am 31. Dezember 1938 in seiner Wiener Wohnung, Géza und Maria Erös sehen keine Zukunft in Österreich und gehen nach New York. 1951 verkaufen sie die Villa Seilern an die Lehrerkrankenfürsorge für Oberösterreich – auf elegante Aristokratie und mondäne Nouveaux Riches folgen Kurgäste. Auch das ist ein Zug der Zeit des 20. Jahrhunderts.

3 Die Nestroy-Villa

Nestroyweg 1

Johann Nestroy ist in Ischl sehr präsent, trägt doch die Neue Mittelschule im Zentrum der Stadt seinen Namen, gelegen zwischen der Pfarrkirche, dem Café Ramsauer und dem einstmals so mondänen Hotel Post gegenüber. Originellerweise liegt der Schwerpunkt der Schule auf technisch-naturwissenschaftlichen Fächern, hat also mit dem Volkstheater im Sinne Nestroys wenig zu tun. Und trotzdem: Der Name prangt groß auf der Fassade und erinnert an den bekannten Dichter und Darsteller, der so viele Sommer in Ischl verbracht hat. Ein kleiner Spaziergang führt über den Kreuzplatz, wo eine Lehár-Statue neben dem Theater zu finden ist, weiter auf die andere Seite der Stadt hinter das Kurhaus. Dort führt der schmale Nestroyweg steil bergauf – und wieder prangt Nestroys Name auf einer Fassade, diesmal auf einer Villa mit prachtvollem Blick über die Stadt.

Am 11. September 1845 steigt Johann Nestroy, eingetragen als Schauspieler aus München, erstmals in Ischl ab, erst zehn Jahre später kommt er wieder, nun bereits als Direktor des Wiener Carltheaters. Doch auch in der Zwischenzeit bleibt er präsent: Seine Stücke stehen auf dem Spielplan des Ischler Theaters, *Der Zerrissene* ebenso wie *Einen Jux will er sich machen, Das Mädel aus der Vorstadt* oder *Ehrlich währt am längsten.*

1855 findet eine Benefizvorstellung zugunsten der Kinderbewahr-Anstalt unter doppelter Nestroy'scher Ägide statt: *Das Mädel aus der Vorstadt* unter Mitwirkung des *»unsterblichen Volksdichters und Komikers«* selbst, wie der *Ischler Fremden-Salon* schwärmt. Die Vorstellung wird gestürmt, und sehr poetisch beschreibt der *Fremden-Salon* die vorherrschenden Empfindungen: Man fühlte sich bei dem Anblick der Menschenmassen *»zu dem Wunsche gedrängt, es möchten die Mauern des Hauses von Kautschuk geformt sein.«*[13] Da dies jedoch nicht möglich ist, warten zahlreiche Schaulustige vergeblich vor dem Theater. Aufgrund des enormen Erfolges steht

Villa Nestroy

Nestroy ein paar Tage später in einer weiteren Benefizvorstellung als *Titus Feuerfuchs* in seinem *Talisman* auf der Bühne – dass die Liebe und Verehrung der Ischler Bevölkerung ihm sicher ist, liegt auf der Hand. Dies entwickelt sich zu einer Tradition – Jahr für Jahr stellt sich Nestroy in den Dienst der Ischler Wohltätigkeit. Doch tritt er nicht nur auf, sondern nutzt die Sommermonate auch, um neue Werke für die Wintersaison zu erarbeiten – nicht nur als Darsteller, sondern auch als Direktor. Im von Nestroy 1854 übernommenen Carltheater lernen die Wiener erstmals die grandiosen Operetten von Jacques Offenbach kennen. Die Zeitungen berichten, dass er die Operetten *Vent du soir* und *Mesdames de la Halle*, die an dem legendären Théâtre des Bouffes-Parisiens Triumphe feiern, nun auch für Wien adaptiert hat – in Ischl wird also der eigentliche Grundstein für die Wiener Operettengeschichte gelegt.

Ein anderer großer Ischler gilt als einer der grandiosesten Nestroy-Darsteller: Alexander Girardi (siehe Kapitel 37). Er hat Nestroy jedoch nie auf der Bühne gesehen und auch nie kennengelernt, ist er bei Nestroys Tod doch erst zwölf Jahre alt. Girardi erklärt, wie der eine Ischler von dem anderen richtig gespielt werden muss: *»Ich glaub' – ohne Ziererei, wienerisch! Man muß ihm in's Herz schauen können, wie jedem echten Dichter. Bis auf den Grund schauen jeder Sach', sie drehen und wenden, daß Einem Nichts verloren geht, und dann Etwas von der eigenen Individualität dazuthun, daß sie durchscheint – ich glaube immer, daß dann was Richtiges entstehen kann.«*[14]

1860 verbringt Nestroy erstmals den Ischler Sommer in seiner eigenen Villa – und auch Marie Weiler erscheint auf der Kurliste unter dieser Adresse. Sie ist Nestroys Lebensgefährtin, die er jedoch aufgrund seiner Scheidung nicht heiraten kann. Er führt mit ihr eine jahrzehntelange Beziehung, aus der drei Kinder hervorgehen und die von der Umwelt akzeptiert wird. Um das Haus bequemer zu gestalten, setzt Nestroy ein Stockwerk auf das ursprüngliche alte Bauernhaus und lässt rundumlaufende Balkone errichten. Das sehr steile Grundstück wird abgegraben, eine Stützmauer errichtet, um die Feuchtigkeit im Haus zu verringern – also wirklich große Eingriffe, um die Substanz zu verbessern. Auch der Garten wird von Nestroy selbst gestaltet: teils Ziergarten, teils Wald, mittendrin eine »Einsiedelei«, ein Holzhäuschen mit bunten Glasscheiben, in dem Nestroy in Ruhe arbeiten kann. Und auch eine Grotte, die mit Flusssteinen ausgeschmückt ist, findet sich im Garten.[15] Ziemlich aufwendig und fantasievoll.

Nestroy selbst kann seine Villa kaum mehr genießen, nur den Sommer 1861 verbringt er hier, am 25. Mai 1862 stirbt er in Graz. Marie Weiler, seine Universalerbin, überlebt ihn nur um zwei Jahre – im Jahr 1864 verbringt sie ihren letzten Sommer in der Ischler Villa, die sie mit viel Liebe und Aufwand eingerichtet und ausge-

Der extravagante Johann Nestroy

stattet hat. Ihr Sohn Karl kommt bis 1876 jährlich nach Ischl, steigt aber immer im Hotel ab. Und auch nach seinem Tod im Jahr 1880 bleibt die Familie Ischl verbunden: Karls Witwe Stefanie, die ihren Mann um 58 Jahre überlebt und erst am 2. März 1938 mit 89 Jahren in Ischl stirbt, kehrt Jahr für Jahr wieder, wohnt jedoch in der Villa ihrer eigenen Familie Bene von Röjtök – und wieder einmal liegt die Vermutung nahe, dass sich Karl und Stefanie in der Sommerfrische begegnet sind, eine weitere Ehe, die wohl in Ischl gestiftet worden ist.

In der Nestroy-Villa steigt dafür die Witwe eines anderen großen Schriftstellers ab: Therese Stelzhammer, vormals verheiratet mit Franz Stelzhammer, der viele Sommer in Ischl verbracht hat. Die Villa verliert offenbar nicht an Anziehungskraft für Schriftsteller, denn 1904 verbringt hier ein weiterer Literat seinen Sommer: Alexander Ritter von Weilen, Kustos der Hofbibliothek und Verfasser diverser Werke zur Wiener Theatergeschichte – was für eine Inspiration, im Haus eines der größten Dichter zu verweilen und sich von dessen Geist umwehen zu lassen.

Alexanders Vater Josef Weil von Weilen zählte zu den engsten Vertrauten von Kronprinz Rudolf und ist Herausgeber dessen großartigen Werkes *Die österreichische Monarchie in Wort und Bild.* Aufgewachsen in der Atmosphäre des literarisch gebildeten Wiens der 1870er- und 1880er-Jahre widmet sich Alexander der Germanistik, einem noch eher exotisch anmutenden Gegenstand. *»Die neue Zeit mit ihren liberalen Anschauungen erfüllte den ganzen Kreis«*, schreibt Rudolf Holzer in der *Wiener Zeitung* in seinem Nachruf am 27. Juli 1918. Weilen ist Beamter ebenso wie Gelehrter, er ist Künstler und Forscher, Theaterbegeisterter und Professor. Er vereint Theorie und Praxis des Theaters in seiner Person. Manche Beschreibungen in diesem Nachruf muten jedoch etwas eigenartig an, denn *»er war scheinbar von nicht sehr starkem Temperament, aber dies Manko ward reichlich ersetzt durch eine Fülle von positiven Gaben: Charakter, Zuverlässigkeit, Festigkeit, Willen und Klarheit.«* Das klingt nach einem eher faden, aber gescheiten Menschen. Sein literarisches Lebenswerk ist in jedem Fall bemerkenswert: Weilen gelingt es, in seinen großartigen Büchern zur Wiener Theatergeschichte nicht zu belehren, sondern er vermittelt, ohne zu bewerten. *»Durch den Dämon der Berge fand dieses scheinbar dem Leben abgewendete Forscherdasein ein Ende.«* So schließt Rudolf Holzer seinen Nachruf auf diesen Forscher, der im Juli 1918 beim Schwammerlsuchen in den Tod gestürzt ist.

1911 verbringt Laura Egger-Möllwald, Präsidentin des Vereins »Erzherzogin Marie Valerie Wiener Frauenheim«, den Sommer in der Villa, die ihr Vater Alois 1871 gekauft hat. 1918 geht das Haus dann in den Besitz von Matthias und Charlotte Wotroubek über, die es jedoch bereits 1923 an Dr. Oskar und Nelly Inwald weiterverkaufen. Diese erwerben vom Ehepaar Wotroubek auch den benachbarten Besitz, die Villa Seilern, und belassen beiden Häusern die Namen der prominenten Vorbesitzer (siehe Kapitel 2).

4 Ladislaus Dirsztay und seine Söhne

Wiesingerstraße 9 (vormals Elisabethstraße)

42 Jahre ist die sogenannte Villa Herzfeld im Besitze der Familie Dirsztay – eine lange Zeit, die 1938 ein abruptes Ende findet. Den Dirsztays mangelt es nicht an skurrilen und eigenwilligen Persönlichkeiten, die das Haus in Ischl im Sommer bewohnen und wohl im Ort auch auffallen – sei es durch eine große Kutsche und später ein Elektromobil, sei es durch unkonventionelle Kleidung und ebensolches Auftreten und Aussehen.

Beginnen wir mit Ladislaus und Georgine, den Erwerbern der Villa. László Dirsztay de Dirszta, wie er offiziell heißt, gehört zu diesem Zeitpunkt, also im Jahr 1896, seit elf Jahren dem ungarischen Adelsstand an, 1905 wird ihm dann die ungarische Baronie verliehen – eine typische Aufsteigergeschichte des 19. Jahrhunderts. Und auch seinen Namen trägt er erst seit sieben Jahren, denn 1889 lässt er ihn, wie damals üblich, magyarisieren: Aus Ladislaus Fischl de Dirszta wird László Dirsztay de Dirszta. Die Familie Fischl stammt ursprünglich aus Temesvár, wo sie bereits seit der Biedermeierzeit infolge der Napoleonischen Kriege zur jüdischen Oberschicht zählt. Lászlós Vater Gutmann geht von Temesvár nach Budapest, wo er ein Großhandlungshaus gründet und eine Frau der wirtschaftlichen Oberschicht heiratet: Emma Schosberger de Tornya garantiert ihm den Zugang zur Budapester Geschäftswelt – die Basis für den Erfolg ist gelegt. László wächst also in etablierten Verhältnissen auf und arbeitet sich bis zum kaiserlich ottomanischen Generalkonsul hinauf. Seine große Leidenschaft gilt Rennpferden, von denen er einige exquisite erwirbt und mit ihnen bei Rennen große Erfolg erzielt – ein kostspieliges Unternehmen, das jedoch eine der Eintrittskarten zur Wiener Gesellschaft bedeutet. László reist von einer fashionablen Sommerfrische zur nächsten und ist gern gesehener Gast von Abbazia bis Marienbad, worüber Gesellschaftsgazetten wie das *Wiener Salonblatt* regelmäßig berichten.

Die Villa Mendl, später Dirsztay, *Wiener Bauindustriezeitung*, Blatt 31, 1889

Mit 30 Jahren entscheidet er sich, eine Villa in Ischl zu erwerben. Die Familie hält dem Ort schon lang die Treue, Lászlós Onkel Carl Fischl steigt bereits 1853 zum ersten Mal im Hotel Post ab. In den 1880er-Jahren kehrt die Familie wieder zurück, László selbst besucht Ischl erstmals 1894, da ist er bereits in zweiter Ehe mit Georgine Plaut verheiratet. Aus erster Ehe hat er Sohn Viktor, aus zweiter Ehe Sohn Andor. Und auch Georgine bringt zwei Kinder mit in die Ehe, Charlotte und Franz, der von László adoptiert wird. Sie alle verbringen die Sommerfrische gemeinsam in Ischl.

Lászlós Frau Georgine steht ihm in Sachen extravagante Lebensführung um nichts nach. Sie fährt im Jahr 1926 täglich mit einem Elektromobil durch die Straßen Wiens, und auch wenn das prunkvolle Palais am Rennweg zu diesem Zeitpunkt bereits verkauft ist, ist der luxuriöse Haushalt, der nun in der Theresianumgasse geführt wird, stadtbekannt.

Eine Reise nach Hannover im November 2016 bringt eine unerwartete Begegnung mit dem Schriftsteller Viktor Dirsztay: In einer Ausstellung im Sprengel-Museum hängt sein Porträt, gemalt von

Oskar Kokoschka. Zu sehen ist ein hagerer Mann mit Monokel in einem auffallend gestreiften Anzug, der eine lässige Handbewegung macht. Und der Eindruck des Porträts trügt nicht: »*Vor Jahren konnte man bei großen Wiener Premieren, schönen Konzerten und sonstigen Ereignissen einen auffallend häßlichen, jungen Menschen, der sich von den üblichen Wiener Typen durch einen stark geistigen Ausdruck unterschied, an der Seite einer schönen schlanken blonden Frau sehen*«, berichtet eine Zeitung[16] am 20. März 1926 unter der Überschrift *Die*

Oskar Kokoschka porträtiert Viktor Dirsztay.

Tragödie eines geistigen Menschen. »*In den Wiener Restaurants vom Sacher abwärts, im Tabarin und Trocadero kannte man den Baron Viktor Dirsztay als einen liebenswürdigen, im Wesen ziemlich exzentrischen, jungen Mann, der niemals die üblichen Gesten des Viveurs gebrauchte, eher den Eindruck eines Künstlers machte, der sich irgendwie in ein Nachtlokal oder ein mondänes Restaurant verirrt hat. Er verfügte über viel Witz, war mitunter zynisch, doch ein gütiger Mensch, auch in der Gesellschaft beliebt, wurde aber nie ganz ernstgenommen.*«

Aber warum? Eine plausible Erklärung gibt das *Neue Wiener Journal*: »*Wenn man in einem noblen Palais dichtet, hat man es viel schwerer, den Leuten die Überzeugung von wirklich vorhandenem Talent beizubringen, als wenn man ein armer Schlucker ist. So war man eben viel eher dazu geneigt, den jungen Baron Dirsztay als einen liebenswürdigen Dilettanten hinzunehmen, dem die Mäzenatengeste besser zu Gesicht stand als eigenes Schaffen. Die Gunst des Schicksals, nicht im Kampf um das tägliche Brot stehen zu müssen, war nur scheinbar eine Gunst. In Wirklichkeit war sie ein Verhängnis.*«[17] Ein trauriges Resümee, das der Wahrheit näher kommt, der Persönlichkeit Viktor Dirsztays jedoch nicht gerecht wird, beschäftigt er sich doch intensiv mit Sigmund Freuds Lehren und komponiert Kammermusik – ein umfassend gebildeter Mensch, befreundet mit Kokoschka, immer offen für Neues und neugierig auf ungewöhnliche Entwicklungen.

Viktor hat für seine Familie nicht viel übrig, im Gegenteil. Er macht sich über die große Anstrengung, alles Jüdische hinter sich zu lassen, lustig und lässt sich Visitenkarten drucken mit folgendem Text: Baron Viktor Dirsztay, né Fischl.

Nach dem Tod des Vaters im Jahr 1921 versiegt die finanzielle Quelle. Doch gilt Viktor der Geist mehr als das Geld: Er übersiedelt in eine Wohnung in kleinbürgerlichem Ambiente: »*In den letzten Jahren ging es dem kunstsinnigen Mann finanziell nicht mehr so gut wie früher. Er mußte sich mit einem wesentlich niedrigeren Standard bescheiden. Das waren ja nur Äußerlichkeiten, die er ruhig getragen hätte. Er litt keine Not und damit hatte er vollauf genug. Was ihn brach, war das Leiden seiner Frau, mit der ihn eine tiefe und schöne Freundschaft verband.*«[18]

1935 nimmt sein Leben in einem Doppelselbstmord gemeinsam mit seiner Frau Klara ein spektakuläres Ende – ein Skandal aus der Wiener Gesellschaft interessiert immer, doch klingt die Berichterstattung weniger reißerisch als mitleidvoll. Klara Dirsztay litt an einer schweren Gemütsdepression und befand sich in der Heilanstalt Am Steinhof. Auf Revers wird sie in häusliche Pflege entlassen

Baron Dirsztay geht mit Gattin in den Tod.

Originalbericht des „Neuen Wiener Journals".

In den gestrigen Morgenstunden wurden Baron Dr. Viktor Dirsztay und seine 46jährige Gattin Klara in ihrer Währinger Wohnung leblos aufgefunden. Das Ehepaar hatte durch Einatmen von Leuchtgas Selbstmord verübt.

Das Motiv des Doppelselbstmordes war ein schweres Nervenleiden der Baronin Dirsztay, die sich längere Zeit in einer Heilanstalt in Pflege befunden hatte. Sie wurde vor einigen Tagen gegen Revers entlassen, aber ihr Zustand hatte sich nicht wesentlich gebessert; nach wie vor war sie von tiefer Melancholie befallen. Obwohl Baron Dirsztay seit fünf Jahren offiziell von seiner Frau geschieden war, hing er mit inniger Liebe an seiner Gattin. Er sah keine Hoffnung, daß der Zustand seiner Frau sich bessern würde und daher beschlossen die beiden Ehegatten, gemeinsam aus dem Leben zu scheiden.

* * *

Jugendbildnis der Baronin Dirsztay — **Baron Dr. Viktor Dirsztay**

Viktor und Klara Dirsztay, *Neues Wiener Journal*, 7.11.1935

und zieht zu ihrem Mann, mit dem sie im besten Einverständnis lebt, obwohl sie seit Jahren geschieden sind. Die *Neue Freie Presse* berichtet am 6. November 1935, dass Baron Dirsztay geäußert habe, dem Leiden seiner Frau nicht mehr lang zuschauen zu können und er *»Schluß machen wolle«*. Diesen Plan setzt er um: Er dreht das Gas auf, das Ehepaar wird tot in der Küche gefunden. *»Baron Viktor Dirsztay ist aus dem Leben gegangen, sehr diskret, sehr ›con sordino‹«*, schreibt *Der Morgen* respektvoll und wehmütig am 11. November 1935. *»Auf dem Küchentisch lag nur ein Zettel mit den Worten ›im Einverständnis‹. Zwei kurze Worte eines reichen Lebens. Denn der Baron Viktor Dirsztay, der still und ein wenig salopp im Äußeren, im Kaffeehaus saß und über Literatur, Musik, Psychoanalyse debattierte, war ein echter großer Künstler.«* Sein Leben wird vom Zug der Zeit überrollt – sein Leben als gern gesehener Gast großer Theaterpremieren, legendärer Konzerte, skandalöser Ausstellungseröffnungen

Franz und Olga Dirsztay in Bad Ischl, 1950er-Jahre

und hochgeistiger Kaffeehausdiskussionen liegt in der Vergangenheit. »*Die einen erblickten in ihm einen leidenschaftlichen Parteigänger aller neuen künstlerischen und geistigen Bestrebungen, die anderen, weniger mit seiner Haltung und seinem Tagewerk einverstanden, ein extravagantes Original. Die Wahrheit lag wohl auch diesmal wie so häufig in der Mitte.*« Ein Freigeist, der sich den Konventionen um keinen Preis unterordnet und keineswegs langweilen will – Small Talk ist ihm ein Greuel: »*Tatsache ist, daß sich der Baron von allem, was über die Banalitäten des Alltagslebens hinaus zu den freieren Regionen der Geistigkeit hinwies, magisch angezogen fühlte, und Tatsache ist, daß er sich nicht damit genügte, bloßer Zuschauer zu sein, sondern auch sehr ernst zu nehmende Proben einer eigenen und stark persönlichen Begabung ablegte.*«[19]

Auch zu Viktors Adoptivbruder Franz führt eine persönliche Begegnung: Sein Sohn Oliver hat uns bei einem Abendessen im Jahr 2015 viel über die Familie erzählt – ein temperament- und humorvoller Herr, der mit seiner Frau Elyane in München lebt und uns Einblicke in diese bunte Familie gewährt hat. Franz Dirsztay betätigt sich ebenfalls als Schriftsteller – unter anderem publiziert er 1924 den Roman *Kokotte Mann. Der Roman eines erotischen Abenteurers* ebenso wie den Essay *Der höhere Snobbismus*, erschienen 1930 im Amalthea-Verlag. Allein diese beiden Titel lassen erahnen, dass sich auch Franz keinen gesellschaftlichen Zwängen unterordnet, doch gewisse Traditionen schätzt und pflegt. »*In seinem Essay* Der höhere Snobismus *versuchte er mit leiser Selbstironie seine Grande Passion auszudeuten und zu erklären. Und er war auch klug genug, auf große, weithin sichtbare Erfolge offenbar leichten Herzens zu verzichten und sich damit zufrieden zu geben, daß er doch irgendwie mit zum Bau gehörte und zumindest als Publikum Avantgardist anbrechender Ideen und Formen war.*«[20]

Zu den von Franz gepflegten Traditionen zählen die Sommeraufenthalte in der Ischler Villa, die er nach dem Tod des Vaters gemeinsam mit seinen Geschwistern Charlotte und Andor besitzt. Charlotte ist mit Heinrich Freiherr von Menasce verheiratet, dessen Eltern bereits 1899 erstmals im vornehmen Hotel Bauer in Ischl abgestiegen sind. Sie haben einen weiten Weg hinter sich, lebt die Familie doch in Ägypten. Es ist anzunehmen, dass sich Charlotte und Heinrich in Ischl begegnet sind, jedenfalls heiraten sie 1902 hier während der gemeinsamen Sommerfrische. Sie leben zuerst in Alexandrien, dann in Wien und verbringen jeden Sommer in Bad Ischl, doch vorerst nicht in der Familienvilla, sondern meist im Hotel Bauer oder eingemietet in unterschiedlichen Sommerwohnungen. Erst nach dem Tod des Vaters im Jahr 1921 verbringt Charlotte samt ihrer Familie die Sommer meist in der eigenen Villa.

Der Sommer 1938 zählt nicht mehr dazu. Das Gerangel um die Villen in Ischl beginnt, und auf die Villa der Dirsztays hat es die Sparkasse Bad Ischl abgesehen. Mit Erfolg: Am 23. November 1938

»kauft« sie die Villa um 15 000 RM. Das Gutachten eines Sachverständigen errechnet wenig später einen Wert von 24 000 RM – ein Schnäppchen also. Charlotte befindet sich zu diesem Zeitpunkt in Lausanne, Franz und Andor sind in Paris. »*Die Sparkasse hat diese Liegenschaft nicht aus spekulativen Gründen erworben, sondern der SA Standarte J/6 Bad Ischl durch diesen Ankauf die Möglichkeit geboten, die Unterbringung dieser SA Standarte in Bad Ischl zu vollziehen*«, rechtfertigt Wilhelm Haenel (siehe Kapitel 25) das Vorgehen gegenüber der Vermögensverkehrsstelle in Wien.[21] Der Grund dieses Schreibens ist die noch nicht erteilte Genehmigung des Kaufvertrages durch die Vermögensverkehrsstelle, der alle Vermögenswerte der als jüdisch geltenden Menschen gemeldet werden müssen und die bei allen »Kaufverfahren« das letzte Wort hat. Die Angelegenheit zieht sich in die Länge, denn auch der Gau Oberdonau ist an diesem wertvollen Besitz interessiert und setzt 1940 Wilhelm Haenel als Treuhänder ein. Dieser vertritt jedoch nicht die Interessen des Gaues, sondern macht sich für den Verkauf an die Sparkasse stark, was ihm am 20. Juni 1940 auch gelingt – es soll sein eigener Schaden nicht sein.

Noch bevor die Entscheidung fällt, wird man noch auf ein weiteres Objekt der Begierde aufmerksam: ein Safe in der Sparkasse Bad Ischl lautend auf Andor Dirsztay, der eine beachtliche Anzahl an Silbermünzen, Silberbesteck sowie ein »*Taschenuhrgehänge bestehend aus neun Stahlmantelgeschossen und vier russischen Münzen*«[22] enthält. Dies alles wird unter der Bezeichnung »Judendepot« bei der Bad Ischler Sparkasse per 18. Mai 1942 registriert.[23] Am 15. März 1948 wird die Villa an Charlotte, Franz und Andor rückgestellt, 1957 verkaufen die Erben die Villa.

5 Oscar Straus und der Stern'sche Familienclan

Wiesingerstraße 1 (vormals Elisabethstraße)

Am 13. Juni 1878 bezieht die Bankiersfamilie Stern die Villa Pilz in der Brennerstraße 15 (siehe Kapitel 19): Katharina Stern mit ihren Söhnen Alfred und Julius, ihren Töchtern Hermine Rosenbach und Gabriele Straus, Enkeln, einer Nichte, einem Hofmeister, einer Gouvernante und Dienerschaft – alles in allem 15 Personen, die sich für den Sommer in Ischl einrichten. Einer der Enkel heißt Oscar Straus und ist acht Jahre alt. Mehr als 70 Jahre wird seine Verbindung mit Ischl andauern, schon als Vierjähriger wird er in

Oscar Straus, vierjährig in Bad Ischl

ländlicher Tracht abgebildet.[24] Der Familientross hat sich bereits ab 1863 Jahr für Jahr nach Ischl in Bewegung gesetzt – diese Monate der Sommerfrische prägen den heranwachsenden Oscar und pflanzen in ihm eine nachhaltige und tiefe Liebe für Ischl ein.

Oscars Mutter Gabriele heiratet Louis Straus, der im Bankhaus Stern beschäftigt ist – wenig spektakulär. Doch endet diese Ehe dramatisch, denn 1875 begeht Louis Selbstmord: »*Der bekannte Börsenagent und Disponent der Firma Stern und Straus, Herr Louis Straus, stattete gestern nachmittags seiner in der Kärntnerstraße Nr. 20 im vierten Stockwerk wohnhaften Mutter einen Besuch ab. Nachdem er sich von derselben verabschiedet hatte, begab er sich in das Stiegenhaus und stürzte sich über alle Stockwerke hinab, wo er mit zerschmetterten Gliedern todt liegen blieb*«, berichtet die *Neue Freie Presse* am 25. November 1875 in plastischen Worten. Die Gründe für diese Tat liegen im Dunkeln. Oscar wächst dadurch jedoch in der Familie Stern auf: Sein Onkel Alfred nimmt den Neffen unter seine Fittiche und lässt ihm die bestmögliche Ausbildung zukommen. Alfred Stern ist angesehener Rechtsanwalt und ausgewiesener Spezialist des Wiener Finanzwesens, darüber hinaus fungiert er viele Jahre lang als Präsident der Israelitischen Kultusgemeinde und ist als solcher »*der bedeutendste Mann im Kreise des liberalen Judentums*«, wie es in einem respektvollen Nachruf in der *Jüdischen Korrespondenz* vom 5. Dezember 1918 heißt. Ein streitbarer Mann, der für seine Angelegenheiten eintritt und eine feste Meinung hat – auch in Bezug auf den Lebensweg seines Neffen: Ein Musiker entspricht wahrlich nicht den Vorstellungen des Patriarchen. Doch Oscar setzt sich durch.

Trotz aller Differenzen verbindet Onkel und Neffe die große Zuneigung zu Ischl: Alfred und die Familie verbringen hier die Sommermonate und zelebrieren dies. An den Vormittagen wandert man gemeinsam zur Jause, Mutter Katharina Stern wird im Tragsessel transportiert, umrahmt von ihrem Sohn Alfred und zahlreichen anderen Familienmitgliedern. Hinterdrein kommt Oscar, dem die Szenerie, angeführt von einem Diener mit weißen Handschuhen, eher peinlich ist. Großes Theater also – und vielleicht auch eine Inspirationsquelle für kommende Erfolgsoperetten. Am Nachmittag darf Oscar Ischl auf eigene Faust erkunden, er liebt die Konzerte der Kurmusik und dirigiert begeistert mit. Sein Wunsch nach einer Trommel samt Trompete wird erstaunlicherweise erfüllt, nun ist es aus mit den ruhigen Abenden in der Villa, denn Oscar entwickelt eine Methode, beide Instrumente gleichzeitig zu spielen. Die Legende besagt, dass sich Johann Strauß und Johannes Brahms über den Krawall beschwert haben sollen – doch beide wohnen weit entfernt von der Villa in der Brennerstraße, es bleibt aber eine gute Anekdote zu Oscars ersten musikalischen Schritten in Ischl.

Als Musiker reüssiert Oscar Straus erstmals in Berlin. Dort trifft er auch die Geigerin Helene Neumann mit dem Künstlernamen Nelly Irmen, die er 1895 im Wiener Stadttempel heiratet. Ihr wurde das künstlerische Talent bereits in die Wiege gelegt, denn ihre Mutter Bertha schreibt unter den Pseudonymen Reinhold Scheffel und G. Naumann *Dorfgeschichten*, mit einem Vorwort von Ludwig Anzengruber versehen, sowie historische Skizzen und Romane. Helenes Schwester Edwina, genannt Eddy, auch Schriftstellerin, heiratet den Vorstand der Länderbank, Hermann Gruhenberg, und deren Tochter Myra, wiederum eine Schriftstellerin, heiratet 1922 ihren Cousin Leo Straus – nicht so unüblich in diesen Kreisen. Und alle treffen einander in Ischl.

Oscar Straus, 1910
bereits arriviert

Die Ehe zwischen Oscar und Nelly hält nicht, 1908 wird Clara Singer seine zweite Frau. Sie erwirbt 1924 ein Haus in Bad Ischl – das erste Mal, dass sich ein Mitglied des Clans »festlegt«, bis zu diesem Zeitpunkt hat man gemietet. Verkäufer des Hauses ist der Bankier Oskar Deli-Vásárhely, der 1908, aus Hamburg kommend, erstmals in Ischl absteigt. 1920 erwirbt er eine Villa, die er jedoch bereits vier Jahre später an Clara Straus verkauft. 220 000 000 Kronen bezahlt sie in der Inflationszeit. Doch bereits eineinhalb Jahre später verkauft sie das Haus wieder.

Oscar und Clara Straus halten die Tradition der Stern'schen Familie aufrecht, eine Unterkunft zu mieten, die Villa Brennerstraße 30 wird für einige Jahre zur Sommerfrische. Die Villa Vielweib am Rande des Kurparks beziehen Oscar und Clara Straus erst nach ihrer Rückkehr aus dem Exil als letzte Heimat.

Wie kaum einer seiner Kollegen wird Oscar Straus schon sehr früh mit radikalem Antisemitismus konfrontiert: 1897 mobbt ihn eine antisemitische Kampagne aus seiner Position als Kapellmeister in Teplitz-Schönau. Abgesehen von rassistischen Beschreibungen

Villa Vielweib, das Altersdomizil von Oscar Straus

Edmund Eysler, Franz Lehár, Leo Ascher, Oscar Straus in Bad Ischl, Zeichnung von Alfred Gerstenbrand

seines Äußeren kommen die typischen Stereotype zum Tragen: Arroganz, Unhöflichkeit, Unvermögen. Straus zieht die Konsequenz und beendet seinen Vertrag. Berlin bringt ihm nun internationalen Erfolg, im Land selbst äußern sich rechtsgerichtete Stimmen jedoch lautstark – doch wieso? Straus schafft eines seiner Meisterwerke, *Die lustigen Nibelungen*. Und auch ohne etwas vom ironisch-amüsanten Inhalt zu wissen, kann davon ausgegangen werden, dass die hehren Nibelungen für gewisse Kreise nicht als Stoff für eine leichtfüßige Operette geeignet sind.

Oscar Straus macht eine Weltkarriere, seine Werke werden in Frankreich und England ebenso gespielt wie in Amerika – und überall ist der Meister auch selbst zu Gast. Einen ersten großen Einschnitt bringt der Ausbruch des Ersten Weltkrieges, seine Werke werden auf den internationalen Bühnen verboten, man befindet sich ja im Krieg mit Österreich-Ungarn. Was für eine Ironie: 1933 erfolgt das nächste Verbot auf den deutschen Bühnen, nun gilt Oscar Straus als Jude, und seine Werke feiern Erfolge auf den zuvor verbotenen Bühnen – Operettenrezeption als Spiegel der Weltgeschichte sozusagen.

So viel Erfolg erweckt Neid – und dass diesem Neid vor allem in nationalsozialistischen Zeitungen Ausdruck verliehen wird, liegt auf der Hand. Schon 1933, anlässlich der Produktion von *Zwei lachende Augen* am Theater an der Wien unter der Regie Hubert Marischkas, an der auch Trude Lieske mitwirkt (siehe Kapitel 40), hetzt *Der Stürmer*: »*Ein jüdischer Komponist – Oskar Straus. Ein jüdischer Librettist – Ludwig Hirschfeld. Vor den Kulissen – Juden, hinter den Kulissen – Juden. Über allem das Weihnachtsgeschäft. Und alles umarmend, umfassend, umschlingend – Hubert.*«[25] 1938 verlassen Oscar und Clara Straus Österreich und gelangen über Frankreich nach Amerika. Ihr Sohn Walter heiratet Friedl Harrer, die Tochter des Besitzers des Ischler Hotels Goldenes Kreuz (siehe Kapitel 6).

Oscars Sohn Leo ist, wie schon erwähnt, mit seiner Cousine Myra Gruhenberg verheiratet – ihnen gelingt die Flucht nicht, sie enden im Grauen der Konzentrationslager. Dies erfahren Oscar und Clara jedoch erst nach dem Ende des Krieges, den sie in Hollywood überstehen. Doch sobald es möglich ist, kehren sie nach Europa, nach Ischl zurück, um hier ihren Lebensmittelpunkt einzurichten – Oscar bleibt begehrt in der Welt und begibt sich trotz seines fortgeschrittenen Alters unermüdlich auf Reisen, um seine Werke zu dirigieren. Ein Weltstar. Clara führt in Ischl ein großes Haus, ihre Jausen sind legendär und ziehen andere Weltstars nach Ischl. Greta Garbo und der Direktor der New Yorker Met, Rudolf Bing, kommen aus Amerika, der geniale Produzent und Schöpfer des *Weißen Rössls*, Eric Charell, ist ebenfalls ein gern gesehener Gast, ebenso wie die Stars Gregory Peck und Maria Jeritza – die ganze Welt der Unterhaltungsbranche zu Gast bei einer Ischler Jause. Der Verleger und Librettist Armin Robinson kommt täglich vom Haidenhof (siehe Kapitel 40) und verbringt einige Stunden mit Oscar Straus, er ist zu seinem engsten Vertrauten geworden. Am 11. Jänner 1954 stirbt der große, international verehrte Komponist in Ischl, doch zu seinem Begräbnis kommen nur wenige Menschen: Ein Unwetter legt den Verkehr lahm und lässt ein Leben, das so vielen politischen Unwettern standgehalten hat, in einem Schneesturm untergehen. Wie sagte Oscar Straus: »*Wie ich es heute sehe, bin ich in Wien zur Welt gekommen, in Berlin berühmt geworden, in Amerika konnte ich viel Geld verdienen, Paris hat mich freundlich aufgenommen, aber zu Hause bin ich doch in Ischl.*«[26]

6 Die Ischler Hotelierstochter Friedl Harrer und der Filmregisseur Walter Straus

Hotel Goldenes Kreuz, Kreuzplatz 7

Am 6. April 1937 berichtet die Zeitschrift *Der Wiener Film* über die Vermählung von Oscar Straus' jüngstem Sohn Walter mit Friedl Harrer aus Bad Ischl. Viel mehr ist über das Leben und Wirken der beiden nicht zu erfahren, Walter Straus schafft es aber unter eher unkonventionellen Umständen immer wieder in die Tageszeitungen. So unternimmt etwa einer seiner Freunde im Jahr 1934 in seiner Untermietwohnung einen Selbstmordversuch aus unglücklicher Liebe. Ein anderes Mal im selben Jahr hat Walter Straus selbst ein paar Medikamente zu viel erwischt und muss ins Brünner Spital eingewiesen werden. Seine Branche ist der Film, und es liegt nahe, dass ihm sein Vater unter die Arme greift. Denn Walter gerät in eine Strafuntersuchung, da er für einen Film bereits zahlreiche Mitwirkende engagiert hat, die Finanzierung aber nicht zustande bringt – sicherlich eine peinliche Situation für den prominenten Vater, der diese Schwierigkeiten wohl diskret aus der Welt schafft. Ob ihm jedoch die Heirat mit der Ischler Hotelierstochter gefallen hat, soll einmal dahingestellt bleiben.

Dabei ist das Hotel Goldenes Kreuz hoch angesehen, eine Gedenktafel erinnert an Karl Kraus, der hier 1909 und 1910 logiert hat. Seit 1845 steigen Kurgäste in diesem Hotel ab – einem alten Etablissement, das stets ein mittelständisches Publikum beherbergt. Holzhändler und Kunstmaler, Kaufleute und Bankbeamte, Ärzte und Rechtsanwälte, Journalisten und Privatiers von Czernowitz bis New York bevölkern das Haus. Prominente Namen sucht man meist vergeblich, es steigt hier das »normale« Publikum ab, das die Sommerfrische Ischl ausmacht. Auffallend ist die internationale Herkunft der Gäste. In dieser Atmosphäre wächst Friedl Harrer als Tochter des Eigentümers auf, erhält viele Eindrücke und erlebt Begegnungen, die den anderen Ischler Kindern verschlossen sind.

Eine faszinierende Welt, die sich auftut – und Walter und Friedl finden einander in wahrlich nicht einfachen Zeiten. 1937 heiraten sie und glauben an eine gemeinsame, erfolgreiche Zukunft – doch weit gefehlt. 1938 muss Walter rasch das Land verlassen, seine Frau kommt mit ihm. Das ist erwähnenswert, denn es ist damals alles andere als selbstverständlich, dass eine nichtjüdische Ehefrau ihrem Mann in eine äußerst ungewisse Zukunft folgt, doch Friedl lässt sich nicht beirren, wie sie 1948 ausführt: *»Ich war am 13. März 1938 mit einem Juden im Sinne der Nürnberger Gesetze verheiratet und lebte mit diesem im Ausland, um mich nicht den Ausschreitungen gegen Juden und ihre Angehörigen, die im Zusammenhang mit der nationalsozialistischen Machtergreifung erfolgten, aussetzen zu müssen.«*[27]

Nach dem Tod des Vaters im Jahr 1940 leiten Friedls Bruder Karl, der im Jahr 1942 fällt, und dann dessen Witwe Grete das Hotel. Tragisch genug für die Witwe, die nach dem Tod ihres Mannes unter Druck gesetzt wird, das Hotel zu verkaufen. *»Dieser Druck gründete sich in erster Linie auf der Tatsache, dass ich, die Hälftebesitzerin der Liegenschaften, mit einem Juden verheiratet war«*[28], gibt Friedl 1948 zu Protokoll. Dass es tatsächlich so war, beweist das Faktum, dass der Notar Dr. Zimmermann im Zuge der Verlassenschaftsabhandlung nach dem Tod des Vaters Wilhelm Haenel als Abwesenheitskurator für Friedl Straus vorschlägt. Haenel gilt als *»Arisierungs- und Entjudungsbeauftragter von Bad Ischl, der sämtliche Arisierungen im Salzkammergut durchgeführt hat.«*[29] Das Gericht bestellt jedoch statt Haenel den Rechtsanwalt Dr. Amann, der nach dem Tod von Friedls Bruder versucht haben soll, mit Friedl Kontakt aufzunehmen, um eine Vollmacht zu bekommen, auch im Hinblick auf einen späteren Verkauf. Friedl verneint dies: *»Ich habe jedoch keine Zuschriften erhalten und hätte solche auch unbeantwortet gelassen, da ich zu jener Zeit sicher sein konnte, dass man mit mir, als Gattin eines Volljuden, was ja, wie es im Verlassenschaftsakt heißt, ›stadtbekannt‹ war, sicher nicht so verfahren wäre, wie es in dieser wichtigen Angelegenheit notwendig gewesen wäre.«*[30] In einem Brief an den Ischler Dentisten Hans Ecker macht sie deutlich, *»dass ich* *nicht daran denke, mein väterliches Erbe aufzugeben, sondern im Gegenteil bereit bin, dasselbe mit allen mir zur Verfügung stehenden Mitteln zu erhalten.*«[31]

Amann gibt also an, Friedl nicht erreicht zu haben, und übt daraufhin sein Amt aus. In einer Sachverhaltsdarstellung schreibt er, »*es ist richtig, dass die Antragstellerin mit einem Juden verheiratet war. Es wird aber bestritten, dass die Antragstellerin deswegen irgendeiner Verfolgung im Zusammenhang mit der nationalsozialistischen Machtergreifung ausgesetzt gewesen ist.*«[32] Alle Mittel sind recht, um einen Rechtsstreit zu gewinnen.

Und immer wieder dasselbe: Es lasten Schulden auf der Liegenschaft, Grete Harrer wird unter Druck gesetzt, hat nicht genügend Barmittel und sieht sich gezwungen, ihren Anteil zu veräußern. Und Amann verkauft auch gleich die zweite Hälfte mit Vertrag vom 1. August 1942. Friedl schildert die Situation: »*Ich selbst war jedoch durch meine Heirat in wohlsituierten Verhältnissen, sodass es mir nicht schwergefallen wäre, die Nachlassschulden zu bezahlen und das väterliche Erbe zu erhalten. Mein Vermögen bestand allerdings durchwegs in ausländischer Valuta und hätte ich zur Verbringung eines Betrages zwecks Begleichung der Schulden die devisenrechtliche Genehmigung benötigt, die ich als Gattin eines Juden sicher nicht bekommen hätte.*«[33] Der Verkaufspreis beträgt statt des geschätzten Betrages von 246 000 RM nur 185 000 RM, also 75 Prozent. Else und Grete Simon, die das Hotel 1942 erworben haben, müssen die Liegenschaften samt Inventar rückstellen, jedoch nur vorerst. Der Bescheid wird aufgehoben, und sie werden als rechtmäßige Eigentümerinnen bestätigt.

7 Der 18. August. Kaisers Geburtstag

Kaiservilla, Jainzen 38

Ein geflügeltes Wort besagt bis heute: Zu Kaisers Geburtstag ist die Saison zu Ende. Zu Kaisers Geburtstag bricht das Wetter. Doch wie ist es möglich, dass sich der Geburtstag des längst verstorbenen Monarchen Kaiser Franz Joseph I. so festgesetzt hat?

Aus der Tradition der kirchlichen Feste entwickelte sich vor allem in der Barockzeit die Gewohnheit, auch weltliche Feiertage zu begehen – der Geburtstag eines Herrschers bot sich dafür besonders an. Gerade der Geburtstag Kaiser Franz Josephs gehört bis zum heutigen Tag zu den Fixpunkten des Ischler Jahreskreises, wie eh und je wird er mit einem Hochamt in der Pfarrkirche begangen. Und bis heute wird inbrünstig, laut und selbstbewusst die Kaiserhymne als Abschluss gesungen.

Doch was hat das zu bedeuten? Geht es heute wirklich nur mehr darum, den Sommergästen ein pittoreskes Schauspiel zu bieten? Oder den Traditionsvereinen die Möglichkeit zu geben, in alten Uniformen und Trachten durch Bad Ischl zu defilieren und vom Hausherrn der Kaiservilla, Markus Habsburg-Lothringen, empfangen zu werden? Was bewegt die Menschen hundert Jahre nach dem Tod des Monarchen, diesen Tag zu feiern und ihn hochleben zu lassen?

Feiertage tragen zur Identitätsstiftung bei, sind zwar keine Erfindung des 19. Jahrhunderts, in diesem Zeitalter des aufkommenden Nationalismus aber besonders beliebt – doch gerade in dieser Tradition steht Kaisers Geburtstag nicht: Der Kaiser ist das Symbol der Monarchie, des Vielvölkerstaates, und lässt sich nicht von einer Nationalität vereinnahmen. Natürlich bezeichnete sich Franz Joseph als »deutscher Fürst«, trotzdem sieht er sich als Kaiser aller Untertanen, als verbindender und integrierender Faktor.

Selbstverständlich werden daher Gottesdienste in Kirchen und Synagogen abgehalten, Kaiser Franz Joseph steht über Konfessionen und Nationalitäten. Ein Mythos entsteht, der ganz bewusst

Die Kaiservilla

gepflegt und von den großen Städten bis in die kleinsten Dörfer transportiert wird. Die immer gleichen Ingredienzien von Kaisers Geburtstag umfassen ein Hochamt, den Empfang der Delegationen, ein Diner, eine Festvorstellung im Theater und Illumination.

Die Illumination spielt von Anfang an bei allen Geburtstagfestlichkeiten Kaiser Franz Josephs in Ischl (und nicht nur hier) eine enorme Rolle. Die Zeitungen berichten Jahr für Jahr begeistert von kunstvollen Feuerinstallationen und Beleuchtungen. Und wer Ernst Marischkas ersten *Sissi*-Film genauer ansieht, erkennt auch dort die Bedeutung des Lichtes: Die Initialen des Kaisers samt der Jahreszahl 1853 werden in Feuer in den Nachthimmel geschrieben.

Brennende Berge, entzündete Türme, die bunte Beleuchtung der Esplanade, der Brücken und Häuser, leuchtende Gondeln, die auf der Traun fahren – was für ein Schauspiel, das dem Volk da geboten wird. Bereits beim ersten Geburtstag, den Franz Joseph als Kaiser in Ischl begeht, spielt die Beleuchtung eine große Rolle: »*Am Vorabend des a. h. Geburtstagsfestes, war in Ischl großartige und feierliche Beleuchtung*«, berichtet die *Salzburger Constitutionelle Zeitung* am 23. August 1849. »*Ganz Ischl wogte in einem Lichtermeer, und eine sternenlose, stockfinstere Nacht erhöhte dieses Schauspiel. Lange Reihen von Lampen, die in allen Farben strahlten, und ihr magisches Licht über den smaragdenen Spiegel der Traun ergossen, liefen an beiden Ufern des Flusses dahin. Die Brücke und der Triumphbogen, am Eingange der Esplanade, glichen lodernden Feuerbogen. Von dem Gipfel des Hundskogels strahlte herab der Namenszug Sr. Majestät, von tausend Lichtern umflossen. Auf dem andern Berggipfel erhob sich der Kolowrats-Thurm wie eine Feuersäule.«*

Was für ein Riesenunterschied zu den anderen Nächten des Jahres, in denen es stockfinster war: Kaum Straßenbeleuchtung, nur wenige Lichtquellen in den Häusern und gerade einmal ein paar Sterne und der Mond spenden Licht. Heute ist der enorme Stellenwert von Beleuchtung gar nicht wirklich vorstellbar. Auch die Villen werden Teil des Spektakels: »*Hie und da tauchte aus der dunklen und sternenlosen Nacht eine in Feuer strahlende Villa hervor, gleich einem aus Diamanten erbauten Feen-Palaste. Die Villen Wrbna, Sickingen und Kolowrat gewährten einen zauberhaften Anblick, da ihre Bauart sie zu einer Beleuchtung wie geschaffen macht*«, heißt es weiter in der Zeitung.

Dazu die Beflaggung. Große schwarz-gelbe Fahnen vereinen sich mit dem Doppeladler, alle Häuser sind geschmückt und werden Teil der patriotischen Inszenierung. Und dazu die Aufzüge: Sind es in den ersten Jahren Fackelzüge der Salinenarbeiter und Bergleute, ändert sich dies mit der wirtschaftlichen Entwicklung Ischls. Immer öfter defilieren nun Trachtengruppen und diverse Vereine durch den Ort, immer aufgeputzt mit weiß gekleideten Mädchen.

Dass der Kaiser früh aufsteht, bewirkt einen äußerst frühen Beginn der Feierlichkeiten: »*Der heutige Festtag wurde mit einem von der k. k. Salinencapelle um 5 Uhr Morgens ausgeführten Weckrufe eingeleitet*«, so das *Deutsche Volksblatt* am 19. August 1900. Es ist der 70. Geburtstag des Monarchen, der gefeiert wird, auch mit äußerst originellen Ideen: In der Kaiservilla gibt es eine Gratulationskundgebung der besonderen Art in fünf Altersabstufungen: »*Urgroßel-*

Kaisers Geburtstag im Jahre 1906

tern, Großeltern, Eltern, Jüngling und Jungfrau, Knabe und Mädchen in Originaltrachten des jeweiligen Zeitalters und der entsprechenden Gegend. Der Kaiser geruhte die Huldigungsabordnung in Gegenwart sämmtlicher hier weilender Mitglieder des allerhöchsten Kaiserhaues um ½ 12 Uhr huldvollst zu empfangen.« Aber der Höhepunkt der Skurrilität ist noch nicht erreicht, denn nun folgen die Gemeinden mit *»allerunterthänigsten Sträußen aus Alpenrosen, und zwar Gosau Edelweiß, Hallstadt Cyclamen, St. Wolfgang Alpenrosen, Goisern Gentianen, Ebensee Alpenvergißmeinnicht und Ischl Kohlröschen.«*

Auch das Theater spielt eine große Rolle. Interessant ist, dass in der Zeitung immer besonders betont wird, wenn ein Mitglied des Kaiserhauses einer Vorstellung bis zum Ende beiwohnt – es muss sich dabei um eine ganz besondere Auszeichnung gehandelt haben. Der Kaiser besucht an seinen Geburtstagen sehr selten das Theater, sondern zieht sich in die Kaiservilla zurück. Man bekommt fast Mitleid mit ihm: Zu seinem 80. Geburtstag im Jahr 1910 muss er eine Aufführung des von seiner Tochter Marie Valerie verfassten Stückes *Die Huldigung der Alpenblumen* über sich ergehen lassen, Kinder und Kindeskinder wirken mit.[34]

An diesem seinem letzten Geburtstag, den er in Ischl verbringt, tauchen die Bergfeuer und die Traunbeleuchtung die Stadt in ein fast mystisches Licht. *»Alle öffentlichen Gebäude und alle Privathäuser* *waren feenhaft illuminiert. In den Straßen wogte eine freudig bewegte Menschenmenge, welche ihrer Bewunderung über die märchenhafte Pracht, in der heute Ischl erstrahlt, in lautem Jubel Ausdruck gab. Um 8 Uhr Abends gaben Pöllerschüsse das Zeichen zur Höhenbeleuchtung. Auf allen Bergeshöhen rings um Ischl loderten mächtige Freudenfeuer. Auf dem Katrin-Gebirge ist in riesiger Feuerschrift die Zahl 80 zu lesen. Von der Franz-Josephs-Warte auf dem Siriuskogel leuchten die Ziffern 1830–1910, überstrahlt von der Kaiserkrone und den kaiserlichen Initialen, herab. Ein überaus effektvolles Feuerwerk, das hier abgebrannt wurde, wurde mit großem Jubel aufgenommen.«* Dies darf aber nicht zu sehr von der Stadt selbst ablenken, denn »*einen entzückenden Anblick bieten die Traun-Brücken und -Ufer, die mit Tausenden von Lämpchen beleuchtet sind und die rauschenden Fluten der Traun in magischem Lichte erstrahlen lassen. Längs des rechten Ufers der Traun sind in Flammenschrift die Worte zu lesen: ›Gott erhalte unseren Kaiser, Gott beschütze unseren Kaiser.‹«*[35]

Sechs Jahre später stirbt der Monarch, doch der Mythos um seinen Geburtstag bleibt bestehen. 1917, mitten im Krieg, stehen jedoch weniger Vergnügungen als Wohltätigkeit auf dem Programm. Einige Damen der Gesellschaft veranstalten zugunsten des k. u. k. österreichischen Militär-Witwen- und Waisenfonds einen Blumentag, der mit einem Hochamt in der Kirche beginnt. »*Eine große Tombola im Kurhause und ein unter der Leitung des Musikdirektors André Hummer vom Wiener Tonkünstler Orchester aufgeführtes Festkonzert beschlossen die Bad Ischler Kaiserfeier.«*[36] Schon der Vorabend steht mit einem Festkonzert ganz im Zeichen der Wohltätigkeit – eine würdige Art, den verstorbenen Kaiser zu ehren.

Auch der 100. Geburtstag des Kaisers wird entsprechend begangen: Nun, im Jahr 1930, organisieren das Grüne Kreuz und der Verband der Landesjagdschutzvereine Österreichs die Feierlichkeiten – dies entspricht sicherlich den Vorlieben des Kaisers. Nach dem üblichen Hochamt marschiert die Festgesellschaft zum Kaiserstandbild am Lauffener Waldweg, Kränze werden niedergelegt, Reden gehalten und ein überaus eklektisches Musikprogramm zur Unter-

Karikatur zu Kaiser Franz Josephs 100. Geburtstag, *Der Morgen*, 18.8.1930

malung gespielt: der Königsruf aus *Lohengrin* in Kombination mit dem *Radetzky-Marsch* und *Oh Du mein Österreich*. Nur an der Beflaggung fehlt es, denn die Bezirkshauptmannschaft Gmunden verbietet schwarz-gelbe Fahnen und den Doppeladler – offenbar herrschen Unsicherheit und Angst vor restauratorischen Kundgebungen.

Danach wird es viele Jahre still um Kaiser Franz Joseph, doch nach dem Zweiten Weltkrieg muss das Land langsam wieder auf die Beine kommen und sich eine neue – alte – Identität schaffen. Der Blick zurück in die vermeintlich »gute alte Zeit« hilft dabei, Filme tun ihr Übriges – und so kommt der *Sissi*-Trilogie ein enormer Stellenwert zu, die den Blick auf Franz Joseph und Elisabeth bis heute prägt. Sie färbt auch auf Ischl ab, das sich dieser Tradition gern erinnert und das Wiederaufleben als Chance sieht, mit zuckerlrosa Nostalgie Gäste anzulocken. Und dieser Blick zurück funktioniert noch immer sehr gut.

8 Das Rosenstöckl, Ischls Musikerhaus

Esplanade 6a

An der Esplanade befinden sich die ältesten und schönsten Häuser Ischls aus dem 17. Jahrhundert, in denen einst die Salzfertiger im Erdgeschoß das Salz lagerten. Die Traun rauscht vorbei, die Häuser zeigen den gediegenen Reichtum ihrer früheren Eigentümer. Im Jahr 1849 werden die Salzfertigungen aufgehoben, gerade als die Nachfrage für Sommerwohnungen ansteigt – eine glückliche Fügung, können doch die Häuser somit gleich einer neuen Nutzung zugeführt werden. Am berühmtesten ist sicherlich das Hotel Austria, in dem die kaiserliche Familie vorerst absteigt. Fast direkt daneben besitzt Ferdinand Lidl von Lidlsheim aus einer alteingesessenen Salzfertiger-Dynastie ein stattliches Haus, dem 1842 ein Gartenhaus hinzugefügt wird, das sogenannte »Rosenstöckl«. Es muss ein musikalischer Geist mitschwingen, schaffen dort doch Komponisten wie Meyerbeer, Lehár und Kálmán zahlreiche Werke, inspiriert von der Atmosphäre des Biedermeierhäuschens, das inmitten eines wunderschönen Gartens steht, ausgestattet mit Springbrunnen und Salettl.

1848 notiert Giacomo Meyerbeer in sein Tagebuch, dass er sich für die Dauer seines sechswöchigen Ischler Aufenthaltes im Sommer dieses Jahres ein Klavier ausborgen kann – unerlässliches Instrument für den Komponisten, der hier nun seine Oper *Le Prophète* mit dem berühmten Krönungsmarsch vollenden kann. Meyerbeer, der sich in keinem besonders guten gesundheitlichen Zustand befindet, lässt sich in einem Tragsessel in die Wandelhalle tragen und empfängt Bewunderer im Garten des Stöckls. Eine Anekdote besagt, dass er im Kreise seiner Gäste eingenickt sei und diese ganz ruhig, um ihn nicht zu stören, Geschirr und Tischtücher vor einem drohenden Gewitter in Sicherheit gebracht hätten. Meyerbeer sei aufgeschreckt und habe den lautlosen Zug ins Haus gehen sehen – angeblich der Moment der Inspiration für den Krönungsmarsch.

Das Rosenstöckl

Die Musik erinnert jedoch eher an die Militärmärsche, die oftmals durch Ischl gehallt sind. So oder so: Ischl bietet anscheinend die nötige Atmosphäre, um Meisterwerke zu schaffen.

Ein Jahr später verbringen Meyerbeers Frau Minna und die drei Töchter mehrere Monate in Ischl, der Meister kommt auf ein paar Tage zu Besuch. Auch in den folgenden Jahren zählen die Damen Meyerbeer zu den Ischler Sommergästen, sie logieren jedoch nicht mehr im Rosenstöckl, sondern in der Villa Gassner in Roith. Als musikalischen Assistenten beschäftigt Meyerbeer in Ischl den jungen Pianisten Theodor Leschetizky, der bereits als Kind seine Sommer hier verbracht hat und später eine Villa erwirbt (siehe Kapitel 32).

Jahre später mietet Franz Lehár das Stöckl, bevor er seine Villa kaufen kann, und komponiert hier in dieser offenbar so inspirierenden Atmosphäre einige Operetten: 1909 *Zigeunerliebe* und *Graf von Luxemburg* mit Libretti von Alfred Willner und Robert Bodanzky, die im Sommer zuvor selbstverständlich auch in Ischl weilten, um an den neuen Werken zu arbeiten. Zwei Jahre später bringt dasselbe Trio die Operette *Eva* heraus – die erste Operette, die im Arbeitermilieu spielt, eine echte Novität. Und ein weiterer

Librettist mischt mit: Victor Léon, der 1905 den Welterfolg der *Lustigen Witwe* miterschaffen hat. 1909 wird *Das Fürstenkind* uraufgeführt, ebenfalls im Rosenstöckl entstanden.

1915 und 1916 mietet Emmerich Kálmán das Rosenstöckl, das eigentlich keine Villa, sondern ein kleiner Bungalow mit nur drei Zimmern ist. Der Komponist erinnert sich: »*Vor dem Häuschen blühen tausende von Heckenrosen und bilden eine dichte Blumenmauer, aus der kleine alte Skulpturen schelmisch herausgucken. Unzählige rote und rosa Rosen blühen hier jedes Jahr – die Natur schenkt ihre Blüte unbekümmert um Krieg und Frieden ...*«[37]

Lehár hatte dem Komponistenkollegen geraten, das Rosenstöckl zu mieten, und ihm nebenbei erzählt, dass er dort *Das Fürstenkind, Graf von Luxemburg* und *Zigeunerliebe* geschrieben habe – die Atmosphäre scheint für musikalische Einfälle also ausgesprochen günstig zu sein. Und es geht tatsächlich weiter: Die so erfolgreiche *Csárdásfürstin* und *Die Faschingsfee* erblicken hier, in diesem von Rosen umkränzten Haus, das Licht der Welt – und die Grundlage für so manch anderes Meisterwerk entsteht in Form von Skizzen, Melodien, Ideen. Kálmán schätzt vor allem die versteckte Lage des Stöckls: Von der Esplanade, auf der sich das Ischler Gesellschaftsleben zum Großteil abspielt und wo es dementsprechend laut und lustig zugeht, führt ein Gang durch das Vorhaus, den es erst zu passieren gilt – der Komponist nennt diesen seine »Zugbrücke«, an die ein »Wassergraben« in Form des Gartens anschließt, der erst durchquert werden muss, um endlich ins Stöckl zu gelangen – kein Wunder, dass jenes von Kálmán als »Kastell« bezeichnet wird. Nur diese Schutzmaßnahmen lassen ein ruhiges Arbeiten mitten im Ischler Wirbel zu. Aber auch ein Idyll hat Nachteile – das Stöckl ist nicht unterkellert und dementsprechend feucht, Kálmán entschließt sich daher, es gegen die Sarsteiner-Villa zu tauschen (siehe Kapitel 20).

Béla Jenbach, der Textdichter der *Csárdásfürstin*, findet ebenfalls Geschmack an Ischl – und am Rosenstöckl, das er ab 1923 für einige Wochen mietet, um mit »seinem Komponisten« Lehár in Ruhe weitere Meisterwerke zu schaffen. Die inspirierende Atmosphäre funktioniert also nicht nur beim Komponisten, sondern auch beim Librettisten: Mit *Paganini* im Jahr 1925 und *Der Zarewitsch* zwei Jahre später erreichen sie den Gipfel ihres Erfolgs, gemeinsam mit Richard Tauber, dem die Hauptrollen auf den Leib geschrieben sind.

Das Rosenstöckl im Jahr 1932

Was macht die Atmosphäre eines Hauses so speziell, dass sich Künstler die Klinke in die Hand geben, eintreten und mit neuen Werken wieder herauskommen? Eine Frage, die nur durch die Bewohner beantwortet werden kann – und diese reißen nicht ab: In denselben Jahren wie Jenbach verbringt der Opernkomponist Julius Bittner einige Sommer hier – und auch sein Werkverzeichnis wächst munter weiter. Ein anderes Genre, die Erfolge bleiben jedoch ebensowenig aus.

Und dann gibt es hier noch zwei wahre Originale: die Schriftsteller Emil und Arnold Golz, Zwillinge mit markanten Gesichtszügen, einander so ähnlich, dass sie kein Mensch auseinanderhalten kann. Und sie kultivieren dies auch: Sie sprechen mit den gleichen Worten, haben die gleichen Gebärden, tragen die gleichen Anzüge und die gleichen Hüte. All ihre Stücke schreiben sie gemeinsam und können enorme Erfolge verzeichnen: Ihre Lustspiele, Possen und Komödien erfreuen sich größter Beliebtheit und erobern die Bühnen, für Carl Michael Ziehrer und Edmund Eysler verfassen sie Operettenlibretti. Eine unglaubliche Produktivität, die sich von 1924 bis 1937 auch im Rosenstöckl speist.

Emil und Arnold Golz, genannt die Golze: nicht zu unterscheiden

Die Golze, wie sie allgemein genannt werden, setzen spöttisch dem Ischler Sommertreiben mit ihrem Artikel *Die Wallfahrt nach Ischl* in der *Bühne* vom 20. Juli 1925 ein Denkmal: »*Wir haben unseren Musentempel mitten im Trubel und Jubel des Theaterstädchens auf der Esplanade errichtet und sind voll Erwartungen einer* regen *Saison. Der Regen hat sich schon vor Wochen pünktlich eingestellt, was man aber von der Saison nicht gut behaupten kann.*« Sogar das sich sehr seriös gebende *Jahrbuch der Wiener Gesellschaft* aus dem Jahr 1929 setzt an den Anfang seiner Brüder Golz-Biografie eine amüsiert-respektlose Anekdote: »›*Wir sind*‹, *erzählte einmal Emil Golz,* ›*in Ischl mit dem Kaiser Franz Josef spazierengegangen, und da haben die Leute gefragt:* ›*Wer ist denn der vornehme, alte Offizier, der mit den Brüdern Golz spazierengeht?*‹«

Die Nazis hassen diese amüsanten, spöttischen – und jüdischen – Brüder, und einmal mehr ist unverständlich, weshalb Humor und Witz als solch große Bedrohung angesehen werden. Erstaunlicherweise heiratet nur einer der Brüder, Emil Golz – die wahrscheinlich einzige Ungleichheit im Leben der Brüder. Seine Frau Fanny gilt nicht als jüdisch, obwohl sie anlässlich der Hochzeit 1915 zum Judentum übergetreten ist – und das wird ihnen zum Verhängnis: Die Kultusgemeinde bemüht sich, jüdischen Personen die Ausreise zu ermöglichen – Fanny zählt nicht dazu. Alle anderen Organisationen versuchen, nichtjüdischen Verfolgten zur Flucht zu verhelfen – Emil und Arnold zählen nicht dazu. Ein unüberwindbares Hindernis, wie eine verzweifelte Korrespondenz zwischen Fanny Golz und Alfred Grünwald, der mittlerweile im sicheren New York gelandet ist, zeigt. Fanny Golz berichtet Alfred Grünwald am 22. März 1941: »*Vom hiesigen Amerikanischen Generalkonsulat endlich davon verständigt, zur Einreise in die USA an die Reihe zu kommen, erklärt die hiesige israelitische Kulturgemeinde apodiktisch, nur Emil und Arnold Schiffkarten zu beschaffen, während sie eine solche für mich als Arierin verweigert. Nachdem es nun ganz unmöglich ist, diese Schiffkarte für mich irgendwie zu erlangen, wollten Emil und Arnold allein die Fahrt unternehmen, da erklärt das hiesige Amerikanische Konsulat, uns nur dann die Visa zu erteilen, wenn wir gemeinsam, also zu dritt die Reise antreten. Drum meine tiefherzliche, meine flehentliche Bitte an Sie verehrter Herr Grünwald, uns zur Erreichung unseres Reisezieles Ihren gütigen Beistand nicht zu versagen. Von diesem allein hängt die Zukunft Emils und Arnolds ab, deren Sehnsucht beide nach USA zieht, wo ihrer seit langem unsere Affidavitgeber harren. Und nun: Mein Appell, meine Bitte, mein Gebet: Erlegen Sie so rasch wie nur möglich an American Joint Distribution den Betrag für eine Schiffkarte für Fanny Golz-Goldstein. … Sie sind, verehrter Herr Grünwald, als der vielgerühmte Poet zu klug und als der herzensgute Mensch zu einsichtsvoll, um nicht die Notwendigkeit und das überaus Dringende meines Ansuchens verstehend, es auch zu entschuldigen. Drum – helfen Sie! Helfen Sie vor allem den beiden, deren Dank Ihnen sicher ist.«*[38]

Es gelingt nicht. Arnold wird am 20. August 1942 nach Theresienstadt deportiert und stirbt 76-jährig am 2. Oktober 1942. Emil stirbt am 22. November 1944 in einer »Sammelwohnung«, wie die Ghettos in Wien beschönigend genannt werden, mit 78 Jahren. Dies alles muss Fanny ertragen. Sie stirbt am 14. April 1951 im jüdischen Altersheim in der Seegasse 9.

So nimmt die Geschichte der Bewohner einer so inspirierenden, anregenden und positive Energie versprühenden Villa ein tragisches Ende.

9 Villa Max Tauber

Traunkai 17

Was für Abgründe tun sich auf! Ein Beamter des Grundbuchamtes im Bezirksgericht Bad Ischl empört sich über einen »Judenbrief«, zerreißt ihn voller Wut und wirft ihn in den Papierkorb. Der Leiter des Amtes findet diesen zufällig und setzt die Teile wieder zusammen – denn das geht so auch wieder nicht, der Brief könnte sich in Zukunft als wichtig erweisen. Doch was ist der Inhalt? Max Tauber, Richard Taubers Cousin und Impresario, Eigentümer einer wunderschönen Villa am Ufer der Traun, macht klar, dass er seine Villa weder verkauft hat, noch die Absicht hat, dies zu tun. Wir schreiben das Jahr 1939.

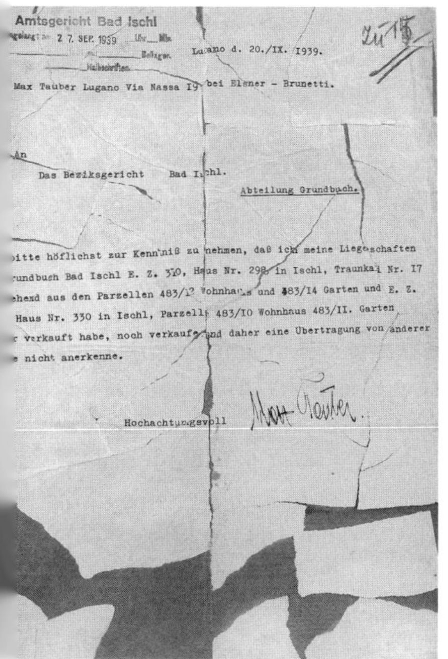

Amtsgericht Bad Ischl
Eingelangt am 27. SEP. 1939 Uhr Min.
Beilagen
Halbschriften

Lugano d. 20./IX. 1939.

Max Tauber Lugano Via Nassa 19 bei Elsner – Brunetti.

An

Das Beziksgericht Bad Ischl.

Abteilung Grundbuch.

…bitte höflichst zur Kenntniß zu nehmen, daß ich meine Liegenschaften …Grundbuch Bad Ischl E. Z. 310, Haus Nr. 298 in Ischl, Traunkai Nr. 17 …stehend aus den Parzellen 483/12 Wohnhaus und 483/14 Garten und E. Z. … Haus Nr. 330 in Ischl, Parzelle 483/10 Wohnhaus 483/11. Garten …r verkauft habe, noch verkaufe und daher eine Übertragung von anderer …e nicht anerkenne.

Hochachtungsvoll Max Tauber.

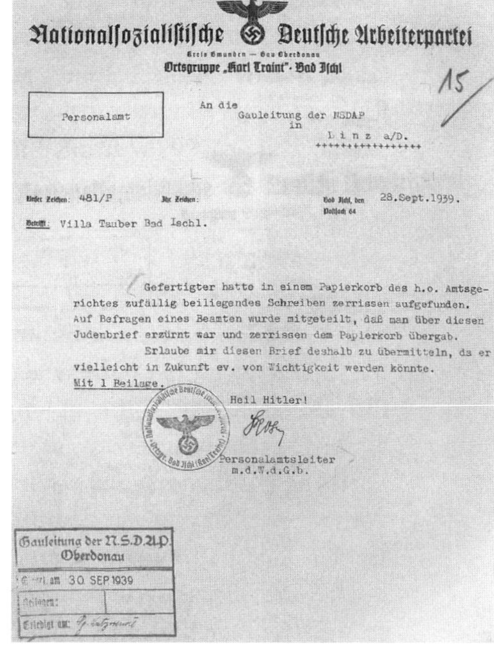

Nationalsozialistische Deutsche Arbeiterpartei
Kreis Gmunden – Gau Oberdonau
Ortsgruppe „Karl Traint“ · Bad Ischl

15

Personalamt

An die
Gauleitung der NSDAP
in
Linz a/D.

Unser Zeichen: 481/P Ihr Zeichen: Bad Ischl, den 28.Sept.1939.
Postfach 64

Betrifft: Villa Tauber Bad Ischl.

Gefertigter hatte in einem Papierkorb des h.o. Amtsgerichtes zufällig beiliegendes Schreiben zerrissen aufgefunden. Auf Befragen eines Beamten wurde mitgeteilt, daß man über diesen Judenbrief erzürnt war und zerrissen dem Papierkorb übergab.

Erlaube mir diesen Brief deshalb zu übermitteln, da er vielleicht in Zukunft ev. von Wichtigkeit werden könnte.

Mit 1 Beilage.

Heil Hitler!

Personalamtsleiter
m.d.W.d.G.b.

Gauleitung der N.S.D.A.P.
Oberdonau
… am 30 SEP 1939

Der zerrissene »Judenbrief« – und die Reaktion

Max Tauber hat keine Chance. Er hatte dem Rechtsanwalt Dr. Alois Amann eine Vollmacht erteilt, 3000 Schilling aus offenen Rechnungen einzutreiben, jedoch nicht das Haus zu verkaufen, was Amann aber dennoch tut. Die Villa erwirbt Helene Pinsker Mehles[39], der offiziell bescheinigt wird, national eingestellt und die Witwe eines »alten Kämpfers«, wie die Nazis der ersten Stunde genannt werden, zu sein. Grund genug, den Zuschlag für diese Liegenschaft zu erhalten. Doch erteilt die Vermögensverkehrsstelle in Wien die Genehmigung nur für den Verkauf der Villa ohne das umfangreiche Inventar, trotzdem kann die Käuferin auch dieses über den Anwalt Dr. Amann erwerben – ein neuerlicher Streitpunkt, hatten doch bereits andere Stellen darauf spekuliert, da auch ein wertvoller Mercedes dazu zählt. Eine Liste der Einrichtungsgegenstände ist erhalten und zeigt eine erstaunliche Menge an Hausrat und Möbeln auf, die akribisch festgehalten ist, ohne dass der Wert der einzelnen Gegenstände aufscheint. Dafür ist man über Wandvertäfelungen, Vorhänge und Fleckerlteppiche informiert, kennt die Anzahl der Teller, Schüsseln und Gläser, weiß um die Existenz einer Badewanne samt heizbarem Wasserspeicher. Das Schlafzimmer ist ganz in Blau gehalten, im Herrenzimmer hängen drei alte Bilder ohne nähere Beschreibung, im Fremdenzimmer finden wir einen Teewärmer, der eine Amme darstellt, und im Garten steht ein rot lackierter Tisch samt Bank.

Amann selbst gerät 1940 in den Fokus der Nazibehörden, denen sein Verhalten in der »Entjudungsfrage« verdächtig erscheint und die daher ein Strafverfahren gegen ihn einleiten. Doch was macht ihn so verdächtig? Zum einen hatte er vor 1938 wie auch Max Tauber Verbindungen zur Heimwehr, einem der Christlichsozialen Partei nahestehenden Selbstschutzverband, zum anderen wird ihm vorgeworfen, dass er aus dem Erlös des Verkaufes Forderungen von Ischler Geschäftsleuten sowie eine Hypothek abgelten möchte, doch *»die eigene grundbücherlich sichergestellte Forderung verschweigt er zartfühlend.«*[40] Eine sehr poetische Formulierung in einem Amtsschreiben. Außerdem zweifelt die Behörde an, dass

Amann tatsächlich befugt sei, Tauber zu vertreten. Doch wen soll man fragen, um die Sache aufzuklären? Den Eigentümer selbst! Und so ergibt sich eine groteske Situation: »*Die Sachlage veranlaßte mich, das deutsche Konsulat in Lugano um die Einvernahme des Juden Tauber zu ersuchen*«, liest man erstaunt in dem Akt. Wie reagiert wohl Tauber auf dieses Ansinnen? Er will das Haus nicht verkaufen und bestätigt daher auch, dass die Vollmacht diesbezüglich ungültig sei. Das hindert Amann aber nicht am Verkauf, der eine weitere Dimension erhält: Frau Pinsker Mehles fehlen offenbar die Mittel für den Erwerb der Liegenschaft, die wenige Wochen später an den Optiker Max Oemer weiterverkauft wird. Als »Honorar« erhält die Strohfrau die Erlaubnis, das Inventar zu verkaufen – auch kein schlechtes Geschäft.

Zusammenfassend bestehen folgende Verdachtsmomente: Dr. Amann habe sich der Urkundenfälschung schuldig gemacht

Die Villa
Max Taubers

und die Liegenschaft *»gegen den Willen des jüdischen Verkäufers«* verkauft. *»Dies kommt einer Zwangsentjudung gleich, welche nur mit Zustimmung des Reichswirtschaftsministers zulässig ist, weil Tauber tschechoslovakischer Staatsbürger ist und sich außerdem im Ausland aufhält.«* Dies schreibt die Nazibehörde am 10. Oktober 1940! »Zwangsentjudung« ja, aber nur unter dem Deckmantel rechtlicher Korrektheit.

Gehen wir einen Schritt zurück ins Jahr 1924: Max Tauber erwirbt die Villa gemeinsam mit Luise Soffer, drei Jahre später nehmen Max Tauber und das Ehepaar Soffer ein Darlehen in Höhe von 15 000 Schilling auf, um den noch ausständigen Kaufbetrag zu begleichen. Dies übersteigt jedoch offenbar die Möglichkeiten des Ehepaares, denn Luises Mann, der Juwelier Alexander Soffer, gerät 1929 in finanzielle Schwierigkeiten und muss 1931 Konkurs anmelden. Nun kommt Max' prominenter Cousin ins Spiel: Richard Tauber springt 1930 ein, kauft Frau Soffer ihren Anteil ab, begleicht das Darlehen und lässt den Kaufvertrag 1932 wieder aufheben. Luise Soffer bekommt ihre Hälfte lastenfrei zurück. Sie befindet sich gerade in einem Ausgleichsverfahren, da sie für zehn Prozent der Forderungen an ihren Mann haftet und diese nun dank der Großzügigkeit Richard Taubers begleichen kann.[41] In den 1910er-Jahren hatte Luise Soffer noch zu den Damen der Gesellschaft gezählt und besuchte Bälle in Roben, die zahlreiche Zeitungsberichte wert waren. Längst vergangene Zeiten.

Am 1. Oktober 1938 übernimmt der BdM, der Bund deutscher Mädchen, einige Räume der Tauber-Villa zur Nutzung. Am 14. März 1939 legt Wilhelm Haenel in einem Brief an Landesrat Danzer von der Landeshauptmannschaft Oberdonau seine Meinung über Max Tauber dar: Er sei *»ein gehässiger Gegner unserer Bewegung und war schon früher Kommunist.«* Wie ein Kommunist gleichzeitig der christlichsozialen Heimwehr angehören konnte, ist interessant. Man erfährt auch etwas über das Gesellschaftsleben, denn *»in seinem Hause verkehrten als Gäste nur Leute, die als gehässige Gegner der NSDAP und ihrer Ziele bekannt, verdächtig und als*

»Meinem lieben Richard das siebente Tauberlied gewidmet. Franz.« Franz Lehár und sein Starsänger Richard Tauber, 1930

solche bereits bestraft wurden: Ing. Klein, Rittmeister Weller, Baron Erös, Dr. Mandl, Dr. Amann, Robinson, Oscar Straus usw. Er führte ein ziemlich kostspieliges Haus mit Weingelagen und unterhielt zu vielen Frauenspersonen, darunter auch Arierinnen, Beziehungen.« Dies ist ein häufiges Stereotyp: Der jüdische Mann, dem die Frauen hilflos ausgeliefert sind. Und das nächste Stereotyp, jenes des jüdischen Ausbeuters, folgt, soll Tauber doch das arische Hauspersonal nicht adäquat bezahlt haben – eine Unterstellung, die sich in fast allen Akten wiederfindet.

Die Rückstellung der Liegenschaft verläuft nicht weniger komplex: Das Gericht anerkennt, dass Amann rechtmäßiger Vollmachtbesitzer gewesen und der Verkauf an Frau Pinsker Mehles zum wahren Wert des Besitzes erfolgte – dass der Eigentümer davon nichts sah, steht auf einem anderen Blatt. Doch ein Satz im Rückstellungsgutachten vom 13. April 1948[42] sticht ins Auge, denn die

Kommission ist der Ansicht, »*dass den Antragsgegnern die Stellung eines redlichen Besitzes deshalb zuzubilligen ist, weil bei der Vermögensentziehung im übrigen die Regeln des redlichen Verkehrs eingehalten wurden.*« Regeln des redlichen Verkehrs schauen eigentlich anders aus. Die Antragsgegner, das Ehepaar Oemer, sind also redliche Besitzer, trotzdem hätten sie der Urkundensammlung entnehmen müssen, dass darin der vormalige Verkäufer explizit als Jude bezeichnet wird. Sich also auf die Position zurückzuziehen, man hätte nichts gewusst, akzeptiert die Kommission ausdrücklich nicht. Die Liegenschaft wird zurückgestellt, Tauber muss dem Ehepaar Oemer jedoch eine aus dem Kaufpreis, der auf dem Sperrkonto gelegen ist, rückbezahlte Hypothek abgelten.

Max Tauber stirbt am 13. Dezember 1981 und vererbt die Villa seiner Tochter Mädy, die in der Schweiz lebt. Max Taubers Frau Anni[43] ist die Schwester des Verlegers und Librettisten Armin Robinson, der den Haidenhof besitzt – ein weiteres Zentrum der Künstler in Bad Ischl (siehe Kapitel 40).

10 Franz und Sophie Lehár

Lehárkai 8

In der Lehár-Villa mit Blick auf die Traun, die Pfarrkirche und einen in die Jahre gekommenen Wohnblock scheint die Zeit stillzustehen. Alles wirkt unberührt, versteinert, erstarrt. Welche Energie herrschte früher in diesem Haus! Wer ging hier nicht aller ein und aus – und ließ dem Komponisten trotzdem genug Ruhe, Muße und Konzentration, neue Werke zu schreiben, neue Melodien zu ersinnen. Eine versunkene Welt, die in dieser Villa gleichsam einbalsamiert ist.

Und dies entspricht auch Lehárs letztem Willen, bemerkt er doch in seinem Testament explizit: »*Aus der Villa ist ein Franz-*

Die Lehár-Villa

Lehár-Museum zu bilden, sie hat ausschließlich dem Zweck eines Franz-Lehár-Museums zu dienen und ist in gutem Zustande zu erhalten. Diese Villa und ihre gegenwärtige Einrichtung ist in dem Zustande zu belassen, in dem sie von der Legatin übernommen wird. Die in der Villa befindlichen Einrichtungsgegenstände, also Möbel, Teppiche, Kunstwerke, kurz alles, worüber ich nicht anderweitig verfügt habe, hat diese Legatin ebenfalls zu erhalten und zu dem gedachten Zweck zu verwenden.«[44]

Am 19. August 1902 steigt Franz Lehár, als Kapellmeister in der Kurliste eingetragen, erstmals in Ischl ab, im Hotel Zum schwarzen Adler. 46 Jahre bleibt er dieser Stadt treu, die ihm Heimat bedeutet und die nötige Inspiration bietet, ungeachtet all der Librettisten, Starsänger, Soubretten, Verleger und Theaterdirektoren, die ihm während des Sommers die Ruhe rauben, gleichzeitig aber auch Ideen, Bücher und Verträge bescheren.

Und Ischl beschert ihm auch seine Ehefrau Sophie – kein Wunder also, dass die beiden der Stadt als Anfangspunkt ihrer Beziehung innig verbunden bleiben. Dabei gestaltet sich dieser Anfang alles andere als einfach. Im Juli 1903 steigt der junge Kapellmeister Lehár im Hotel Goldenes Kreuz ab, zur selben Zeit bezieht eine Familie eine Sommerwohnung in der Grazerstraße 35: Es handelt sich um den Kaufmann Sigmund Paschkis samt Gemahlin und Tochter Sophie Meth. Ob es schon in diesem Jahr zu einem ersten Zusammentreffen zwischen Franz und Sophie gekommen ist, bleibt im Dunkeln. Zwei Jahre später finden sich jedoch wieder beide Namen in den Kurlisten. Sophie diesmal ohne ihre Eltern, Franz ebenfalls allein – er wohnt in der Bahnhofstraße 5, sie auf Nummer 9. Zwischen den beiden entspinnt sich eine Romanze, die auf viele Widerstände stößt. Zum einen ist Sophie seit 1901 mit dem Kaufmann Heinrich Meth verheiratet, zum anderen stammt sie aus einem traditionellen jüdischen Haus, da ist ein junger Kapellmeister nicht so gern gesehen wie ein gediegener Kaufmann. Sophie setzt sich durch, lässt sich 1904 scheiden und ist 20 Jahre lang die Frau in Lehárs Schatten, ohne Trauschein.

Franz Lehár am Klavier in seiner Villa, 1910

Franz und Sophie verbringen jeden Sommer in Ischl, wohnen aber nie an derselben Adresse, jedoch immer in benachbarten Häusern. Der Schein muss gewahrt werden, außerdem braucht der Meister völlige Ruhe, um zu arbeiten. 1905 hat sich sein Leben mit dem unglaublichen internationalen Erfolg, den ihm *Die lustige Witwe* eingebracht hat, von Grund auf gewandelt. Erst am 13. August 1912 geben beide ihre Adresse mit Villa Lehár an, mit einer winzigen Unterscheidung: Lehárs Adresse lautet Rudolfskai 6, Sophie gibt die Hausnummer 8 an – und das entspricht auch der Realität: Lehár besitzt das große und repräsentative Haus, Sophie ist die Eigentümerin des Stöckls, also des hinteren Hauses. Das hat durchaus praktische Gründe: *»Ich bin einmal in Ischl drei Monate lang nicht ausgegangen, weil ich damit zu tun hatte, acht zu geben, daß niemand meinen Mann stört«*, erzählt sie in einem ihrer sehr seltenen Interviews mit dem *Neuen Wiener Journal* am 24. Mai 1931.[45] Sophie kümmert sich um Besucher und Adoranten, lässt sie ein oder weist sie ab: *»Ich habe den ganzen Aufstieg meines Mannes mitgemacht und es immer als meine Aufgabe betrachtet, ihm die Alltäglichkeiten und Mißhelligkeiten des Tages fernzuhalten.«*[46]

Franz Lehár am Balkon seiner Villa, 1923

Die Vorbesitzerin der Villa war die 1905 verstorbene Herzogin Adelheid von Sabran Ponteves – und dieses Prädikat hat wohl Lehárs Librettisten Victor Léon und Leo Stein dazu inspiriert, ihre *Lustige Witwe* in das schöne Balkanreich Pontevedro zu versetzen. Erbe der Herzogin ist ihr noch minderjähriger Neffe Alexander Graf Kálnoky, der die Villa Franz Lehár 1912 verkauft. Mit dem 17. August 1912 beginnt Lehárs Leben als Ischler Villenbesitzer, ein Datum, das für ihn wohl wichtiger ist als der darauffolgende Tag, an dem der Geburtstag Kaiser Franz Josephs gefeiert wird.

Franz und Sophie setzen sich über die Konventionen hinweg, für die damalige Zeit ein sehr ungewöhnlicher und von der Gesellschaft sicherlich argwöhnisch betrachteter Schritt. Bis zur Heirat dauert es noch lang, erst am 20. Februar 1924 schließen sie die Ehe vor dem Wiener Magistrat. Eine andere Möglichkeit gibt es für gemischt-konfessionelle Ehen nicht. Anlässlich von Lehárs 50. Geburtstag am 30. April 1920 schreibt Karl Marilaun im *Neuen Wiener*

Journal vom 29. April, dass der Komponist *»zurückgezogen und einsam«* lebe. – Ersteres entspricht sicherlich der Wahrheit, ein Gesellschaftstiger ist Lehár wahrlich nicht, doch auch nicht einsam, die »wilde Ehe« von Franz und Sophie findet jedoch in der Öffentlichkeit keine Erwähnung.

Wien feiert Lehár,
Der Morgen, 5.5.1930

Zehn Jahre später – ein neuerlicher runder Geburtstag, dasselbe Bild. Die Zeitungen sind voll von Jubelartikeln, Sophie ist und bleibt im Hintergrund – und dies genügt ihr: *»Die Frau eines berühmten Mannes zu sein, ist eine zitternde Freude. Aber bei meinem Mann wird sie dadurch verstärkt, daß er ein Mensch voll von Liebenswürdigkeit und Güte ist, der immer tut, was er mir an den Augen absieht. Im Grunde sind doch alle diese Männer, die nur von ihrem* *schöpferischen Geiste erfüllt sind, große Babys!«*[47] Die Stadt Bad Ischl hält ein besonderes Geburtstagsgeschenk für ihren Mann bereit und benennt den ehemaligen Rudolfskai, der seit 1922 Stelzhammerkai heißt, nun ein weiteres Mal um: in Lehárkai als Reverenz an den großen Meister.

Die Machtübernahme durch die Nationalsozialisten in Deutschland lässt auch viele Lehár-Werke von den Bühnen verschwinden, denn die Libretti stammen zumeist von jüdischen Autoren. Doch können und wollen die Theaterdirektoren nicht auf die zugkräftigsten Operetten verzichten, würde dies doch eine schwere finanzielle Einbuße bedeuten. Deshalb wird zu einem Trick gegriffen: Auf den Büchern, den Theaterzetteln und Programmankündigungen prangt nun einzig Lehárs Name in großen Lettern und zieht das Publikum weiter in die Theater. Und auch Adolf Hitler erklärt Lehár zu seinem Lieblingskomponisten – die Aufführung der von Fritz Fischer zur Revue umgemodelten *Lustigen Witwe* in München besucht er mehrfach. Diese »Gunst« wird für den Komponisten zum Segen und Schaden zugleich. Nach dem Einmarsch der Nazis in Österreich muss Lehár um das Leben seiner Frau bangen. Sie verlassen Wien, um sich ganz in Ischl niederzulassen. Doch auch hier erscheinen Gestapo-Männer, um Sophie abzuholen. Lehár, der gerade zu Hause ist, telefoniert mit Gauleiter Bürckel, der die Männer zurückpfeift – Rettung in letzter Minute.

1940 gelingt es Lehár, das Stöckl auf sich selbst übertragen zu lassen, ein Umstand, der zu diesem Zeitpunkt normalerweise nicht gestattet wird – doch für den großen Komponisten verbiegen sogar die Nazi-Behörden ihre Vorschriften und akzeptieren, dass im Schenkungsvertrag steht: *»Frau Sofie Lehár gilt nach dem ungarischen Gesetze als Arierin.«* Dies stimmt zweifellos, denn in Ungarn gelten die Nürnberger Rassegesetze nicht, und so kann die für die Nazis als Volljüdin geltende Sophie zu einer »ungarischen Arierin« gemacht werden. Ein riskantes Unterfangen, doch ihr Leben und das Haus können so vor dem Zugriff der Nazis geschützt werden.

Nach dem Ende des Krieges muss Lehár eine bittere Bilanz ziehen: Viele der alten Freunde und Kollegen sind ermordet oder vertrieben – und Lehár muss mit dem Vorwurf leben, seinen Freund Fritz Löhner-Beda nicht gerettet zu haben. Seine letzten Jahre sind überschattet von Krankheit und Leiden, aber auch vom Tod Richard Taubers, des wohl größten Werbeträgers der Lehár'schen Melodien. Denn erst das legendäre Tauberlied, meist in der Ischler Villa ersonnen, brachte den großen Operetten wie *Friederike, Paganini* und *Das Land des Lächelns* den herausragenden Erfolg. Wenige Monate vor dem Verlust Richard Taubers ereilt Lehár der größte Schicksalsschlag: Sophie stirbt an einem Herzanfall – die Frau, zu der er in sehr guten und auch sehr schlechten Tagen immer gestanden ist, die ihm den Rücken freihielt, im Hintergrund agierte und ihr Schattenleben akzeptierte. Noch eine Woche vor ihrem Tod besucht sie eine *Paganini*-Aufführung und erlebt die Begeisterung des Publikums – ein Erfolg, der auch ihr zuzuschreiben ist. Sophies letzte Ruhestätte befindet sich auf dem Ischler Friedhof an der Seite ihres Mannes, der ihr am 24. Oktober 1948 nachgefolgt ist.

11 Velours de Vienne. Die Villa der Familie Reichert

Siriuskoglgasse 9

Prämierte Seiden, ausgezeichneter Samt in bunten neuen Farben – das war das Metier der Familie Reichert. 1828 gründet Franz Reichert eine kleine Seidenfabrikation in Wien, seine Söhne Rudolf und Gustav gehen ins Zentrum der österreichisch-ungarischen Seidenherstellung nach Mähren. In Mährisch-Trübau finden sie den idealen Standort: Hier dominiert die Tuchweberei, jetzt kommt die elegante und feine Seide hinzu. Doch wo holt man sich die besten Anregungen und Ideen für die elegantesten und hochwertigsten Produkte? Natürlich in Frankreich, und hier vor allem im Seidenzentrum Lyon, wo Rudolf und Gustav Reichert etwas ganz Neues entdecken und nach Mährisch-Trübau mitbringen: Velours double, also doppelten Samt, für dessen Herstellung zwei Stücke Samt auf dem Webstuhl übereinandergelegt werden. Mit diesem sogenannten »Velours de Vienne« kreiert die Firma Reichert ein einzigartiges Produkt und wird schlagartig bekannt, was sich auf die Auslas-

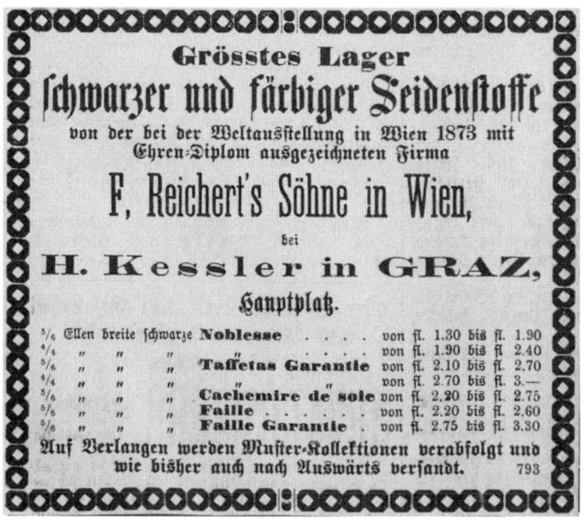

Inserat der Firma Reichert, *Grazer Tagblatt*, 30.7.1874

Ischler Idylle mit Blick auf die Berge: Villa Reichert

tung der Fabrik überaus positiv auswirkt. Sogar der verwöhnte französische Markt interessiert sich dafür.

1873 findet in Wien die Weltausstellung statt, im Zuge derer die besten Produkte präsentiert werden – eine wahre Leistungsschau der Industrie. Selbstverständlich darf Reichert's Söhne, wie die Firme nun heißt, nicht fehlen, denn sie »*kann mit Recht die Perle der österreichischen Seidenindustrie genannt werden, was ich auch von Fachmännern des In- und Auslandes bestätigen hörte*«, berichtet ein Beobachter sogar ins ferne Vorarlberg für die *Feldkircher Zeitung* am 2. August 1873. Die Begeisterung ist groß: »*Stoffe von blendender Farbenpracht, tadelloser Qualität und unübertroffener Ausführung gruppieren sich hier in geschmackvoller Reihenfolge. Da findet man Gros-grains [Seidenrips] in den elegantesten und neuesten Farben aller Schattierungen sammt dem damit harmonierenden Seidensammt; billige Waare, wie sie der Blumenfabrikant und die Modistin gebrauchen, bilden links eine schöne Gruppe und zwischen den saftigen Tinten der modernen Farben sind schwarze Waaren der vorzüglichsten und schwersten Qualität als angenehme Ruhepunkte für das Auge drapiert.*«

Und auch der Hinweis auf das Samt-und-Seiden-Mekka Lyon darf nicht fehlen: *»In Lyon ist Bonnet das berühmteste Haus, und jede französische Dame von Stand hat ihre Robe von Bonnet im Schrank; es gehört zum guten Ton und ist eine unerläßliche Sache, wie Schiller und Goethe in einer deutschen Hausbibliothek. Ich glaube, Österreich hat an Reichert auch seinen Bonnet gefunden, und jede Dame kann unbedenklich ihre Seidenkleider aus dieser Fabrik beziehen und sagen: Das kommt vom Bonnet Wiens!«* Was für ein überschwängliches Lob. Die Anerkennung lässt nicht lang auf sich warten, Reichert's Söhne wird mit dem Ehrendiplom ausgezeichnet, eine seltene und daher umso bedeutendere Ehre.

Bereits 1858 – die Erfolge auf der Weltausstellung liegen noch in weiter Ferne – verbringt Rudolf Reichert erstmals den Sommer in Bad Ischl, sein Bruder Gustav folgt ihm fünf Jahre später nach – noch steigen beide im Hotel Post ab. 1882, ein Jahr nach dem Tod seines Vaters, des Begründers der Firma, erwirbt Gustav Reichert einen Besitz in der Siriuskoglgasse, zu dem eine Villa, ein Gartenhaus und ein Nebenhaus gehören. Eine gute Gelegenheit, das Erbe anzulegen, aber nicht die einzige: Gustav stellt mit den Jahren eine kleine, feine Kunstsammlung zusammen und besitzt vor allem Gemälde aus Romantik und Impressionismus, wie sich sein Enkel Franz erinnert, der seinen Großvater nur von einem Porträt kennt: *»Es zeigt meinen Großvater mit einem seiner Gemälde und einer Meerschaumpfeife: ein Wiener Patrizier aus der Makartzeit, ein wenig stolz, streng, körperlich etwas zu schwer vom genußreichen Leben, durch und durch Geschäftsmann und doch – kein Zufall – als Attribut seiner Würde ein Kunstwerk in Händen haltend, wie etwa ein Prälat ein Kreuz.«*[48] Was für eine poetische Beschreibung. *»Musisches repräsentiert höchstes Gut für den Wiener Fabrikbesitzer. So sitzt er da mit einem Stück Welt, die ihm letztlich noch fremd bleibt, mit Sehnsucht nach künstlerischer Kreativität, die er bewundert und respektiert.«*

Der weitblickende Industrielle, in dessen Fabriken mehr als tausend Menschen arbeiten, und honorige Wiener Bürger stirbt 1895. Seelenmessen werden in Wien und Bad Ischl gelesen, Letzteres war

Sommer und Sonne.
Im Hintergrund Bad Ischl

schon lang zu seinem zweiten Zuhause geworden. Bis zum Ausbruch des Ersten Weltkrieges verläuft das Leben in gewohnten Bahnen, die jedoch nicht immer so ruhig sind, wie erwünscht: In den Fabriken wird noch zu Lebzeiten Gustavs immer wieder gestreikt – und je nach Weltanschauung der berichterstattenden Zeitungen sind entweder die Arbeiter oder die Fabrikanten die Schuldigen, jedenfalls leiden alle darunter: *»Die Fabrik ist vollständig leer, ein Theil der Arbeiter sucht Beschäftigung beim Landbau.«*[49] Wenige Jahre später bricht ein »Strike«, wie man das Wort damals schreibt, aus, der jedoch völliges Unverständnis auslöst, denn es geht nur um eine neue Art der Erfassung der geleisteten Arbeit, die abgelehnt wird – diese Veränderung ist nicht willkommen, obwohl sie *»keinen materiellen oder sonstigen Nachteil verursacht«*, wie die *Neue Freie Presse* am 12. August 1899 erstaunt feststellt. Besonders hart erweisen sich die Fronten jedoch im Jahr 1905, da dauert der Streik 23 Wochen lang. Viele Arbeiter beschließen in ihrer Not, nach Amerika auszuwandern.

International bleibt die Firma weiterhin erfolgreich. Im Jahr 1900 zeigt sie auf der Pariser Weltausstellung ihre Produkte, dazu gehört eine *»Nuancenkarte, welche nicht weniger als 500 Farben aufweist. G. Reicherts Söhne präsentieren sich in Paris mit einem Artikel, in welchem bisher Frankreich als nicht übertroffen galt; sie treten somit in die Weltconcurrenz ein, und der reiche Inhalt der Exposition läßt den Fachmann sofort erkennen, daß dieses Haus weder die Lyoner noch die Concurrenz anderer Städte von Sammt und Seide zu scheuen hat«*, berichtet das *Wiener Salonblatt* am 29. April 1900.

Die repräsentative Villa Reichert

Den Ersten Weltkrieg überstehen Familie, Besitz und Fabriken, in Ischl herrscht Idylle, und Franz Reichert, oben erwähnter Enkel, schreibt das Drama *Wo Tiroler Herzen schlagen*, das in Ischl von der jungen Generation einstudiert und aufgeführt wird. Gustavs Wunsch, musische und kreative Talente hervorzubringen, verwirklicht sich so gerade in seinem Haus in Ischl. Die von Franz initiierte Theatervorstellung stellt den Auftakt eines Theaterlebens dar – und dieses beginnt in Ischl im Jahr 1927: Josef Jarno (siehe Kapitel 21) leitet das Ischler Theater und engagiert den jungen Franz, der Jarnos Frau, die gefeierte Hansi Niese, zutiefst verehrt. *»In ihr steckte«*, so Franz, *»etwas vom männlichen Wiener Wurstel des vorigen Jahr-*

hunderts – ja, sie war geradezu seine Inkarnation.«[50] Und mit ihr steht Franz nun auf der Bühne, sie im glänzenden Mittelpunkt, er am Rand. Ein wenig des Glanzes fällt jedoch auch auf ihn. Als Ischler können sie jedenfalls auf Augenhöhe agieren: Beide Seiten bewohnen eigene Villen auf gegenüberliegenden Seiten des Ortes, getrennt durch die Traun.

Finanziell gerät die Fabrik durch die politischen und wirtschaftlichen Veränderungen nach dem Ende des Ersten Weltkrieges in Turbulenzen: Die Hauptfabriken liegen nun in der Tschechoslowakei, in Wien befindet sich nur eine kleine Niederlassung. Das Jahr 1926 erweist sich für die gesamte Textilbranche als sehr schwierig – dies gilt auch für F. Reichert's Söhne: *»Am meisten aufsehenerregend ist die Insolvenz der seit hundert Jahren bestehenden Seidenweberei G. Reichert Söhne. Auch diese Firma erstrebt einen außergerichtlichen Ausgleich mit einer Quote von 35 %«*, informiert das *Prager Tagblatt* am 3. August 1926 – zu dieser Jahreszeit verbringt die Familie normalerweise schöne Sommertage in Ischl. Wenige Jahre zuvor hat Gustavs Witwe Mathilde ihren fünf Kindern den Besitz zu gleichen Teilen geschenkt – eine fatale Entscheidung, die in der kommenden Generation zu einer schwierigen und unlösbaren Situation führt, denn die Schar der Nachkommen ist groß – zu groß. 1958 wird der Besitz verkauft.

12 Villa Sickingen-Starhemberg

Grazerstraße 27

»Das Prachtgebäude des k. u. k. Herrn Kämmerers Grafen Wilhelm von Sickingen bildet ein Quadrat und wird wegen der schönen Bauart, herrlichen Lage und vortrefflichen Eintheilung von Jedermann bewundert. Die Zufahrt befindet sich an der Rückenseite durch den sehr großen Park. Über einer Terrasse befindet sich der Eingang, und an der Vorderseite ist ein zweifacher Balkon angebracht. Das Wirthschaftsgebäude und das Glashaus stehen etwas entfernt vom Hauptgebäude.«[51] So beschreibt ein Reiseführer aus dem Jahr 1843 das Gebäude, das 1838 fertiggestellt wurde und fortan zu den Ischler Sehenswürdigkeiten zählt.

Ansichtskarte der Villa Sickingen-Starhemberg

Die Villa Sickingen dient nicht nur als Sommersitz, sondern zählt zu den vielen Besitzungen der Familie, die je nach Saison und Laune von einer zur anderen zieht. Ischl jedoch entwickelt sich für einige Familienmitglieder zum Lebensmittelpunkt, so etwa für Sophie Sickingen, die 1860 Camillo Fürst von Starhemberg heiratet und nach dem Tod ihres Vaters Franz die Villa auch erbt – von dieser Generation an lautet der Name des Besitzes Villa Starhemberg. Camillo Starhemberg zeichnet sich durch eine unkonventionelle Natur aus und ist als Liberaler politisch äußerst aktiv – dieses Engagement setzen die kommenden Generationen auch intensiv fort. Er übernimmt nach dem Tod seines Vaters dessen Sitz im Herrenhaus und stößt mit seiner allerersten Rede 1873 die konservativen Mitglieder vor den Kopf, denn er lehnt eine geplante Wahlrechtsreform vehement ab – mit der Begründung, diese bedeute eine Prolongierung der bestehenden Interessenvertretung, ohne die Anliegen der Arbeiter zu berücksichtigen und der sozialen Frage Rechnung zu tragen: *»Ebenso wie die Vernachlässigung der Schulen ein großes Unglück für den Staat war, eben ein solches ist es, wenn die Regierungen den brennenden socialen Fragen stets ausweichen und dem Grundsatze zu huldigen scheinen: Après moi le déluge.«*[52] Diese Rede bringt ihm den Beinamen »rote Durchlaucht« ein.

Im Privatleben huldigt er selbst dem angeprangerten Motto »Nach mir die Sintflut«, seine wirtschaftliche Gebarung entwickelt sich äußerst ungünstig, und er sieht sich gezwungen, den größten Teil seines Besitzes zu verkaufen. Auch seine Ehe verläuft alles andere als positiv. Und das hängt eng mit einer Operettensoubrette zusammen: Die Schwestern Milli und Lori Stubel glänzen nicht nur auf der Bühne, sie haben offenbar noch ganz andere Talente, die sie großzügig und äußerst erfolgreich einsetzen. Milli Stubel ist Mitglied des Balletts der Wiener Hofoper – und jedes Klischee erfüllt sich in ihrer Person: Erzherzog Johann Salvator verliebt sich in sie, alles Weitere ist eine wohlbekannte Geschichte. Die beiden heiraten, der Erzherzog mutiert zu Johann Orth, muss das Land verlassen, und ihr Schiff verschwindet auf ungeklärte Weise auf dem Weg nach Amerika. Auch Lori Stubels Ambitionen reichen in die höchsten Kreise: Bei einem Engagement in London wird sie »wegen Vulgarität« der Bühne verwiesen, doch das kümmert sie kaum, im Gegenteil. Ihr Ruf macht sie interessant, und sie hat Verhältnisse mit diversen hocharistokratischen Herren der englischen Gesellschaft. In Wien verläuft ihr Leben auch nicht anders, denn es zahlt sich aus, und Lori kann auf ein beträchtliches Vermögen verweisen. Außerdem befindet sie sich nach ihrem Engagement ans Theater an der Wien im Jahr 1869 in den 1870er- und 1880er-Jahren auf dem Höhepunkt ihrer Karriere und zählt zu den beliebtesten Soubretten. Und: *»Die Stubel war stadtbekannt durch ihre Beziehungen zu einem Fürsten, der für sie in munifizenter Weise sorgte.«* Dieser Umstand wird sogar noch anlässlich ihres Todes im *Neuen Wiener Journal* vom 24. Juni 1922 erwähnt – 50 Jahre sind mittlerweile seit dem Skandal vergangen! Nun wird klar, warum Fürst Camillo seine Besitzungen verkauft, nicht nur wirtschaftliche Schwierigkeiten liegen dem zugrunde, sondern wohl diese Frau, die, weniger hübsch denn pikant, als »beauté de diable« beschrieben wird. Die Angelegenheit eskaliert, die Zeitungen berichten gern über den Skandal, die Satire-Zeitung *Die Bombe* macht Stubel in einer *»Zukunfts-Szene«* bereits zur Fürstin Starhemberg, und es wird über eine bevorstehende Heirat des Fürsten mit der Operettenprinzessin spekuliert. *»Es geht uns natürlich nichts an, warum Seine Durchlaucht an dieser Dame so großen Gefallen bekunden, aber da man dieses Gefallen zu einer Stadtgeschichte aufbläst, so dürfen wir schon unsere Betrachtungen daranhängen«*, rechtfertigt sich die *Morgenpost* am 23. Juli 1876 für die weiteren Indiskretionen und Spekulationen. *»Vielleicht liebt er sie aus Pietät für die väterliche Verlassenschaft. Das Starhemberg'sche Freihaus hat er nicht mehr, also will er wenigstens ein Mädchen haben, das von allen sonstigen Verhältnissen frei ist, denn die Stubel hat es nicht mehr Noth, jene bei Theatern übliche Verhältnisse zu haben, sie hat bereits ein vier Stock hohes Haus in der Apfelgasse.«*

Fürst Camillo ergreift die Flucht – im wahrsten Sinne des Wortes: Er schifft sich nach Amerika ein, wird in Sportkreisen herumgereicht und begibt sich auf die Büffeljagd, auch eine Art der Problemlösung. Seine Frau bringt in der Zwischenzeit die Scheidungsklage ein, nicht nur wegen Lori Stubel, sondern auch wegen

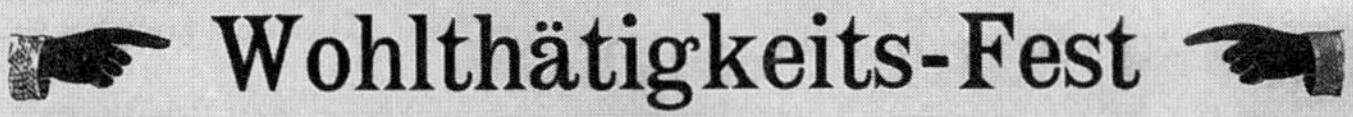

Samstag den 30. August 1890

Wohlthätigkeits-Fest

im **Gräflich Sickingischen Garten** zu Gunsten des

Kaiser Franz Josef Alpen-Hospizes.

Eintritt 20 kr. Anfang 2 Uhr nachmittags.

Gegenstände zum Glückshafen werden bei Ihrer Exzellenz Gräfin **Zichy**, Kaltenbach, Lindaustrasse dankbarst entgegengenommen.

Das Damen-Comité:

Gräfin **Khevenhüller**, Gräfin **Seilern**, Gräfin **Paar**, Gräfin **Bombelles**, Fürstin **Taxis**, Gräfin **Zichy.**

Alles Nähere durch Plakate.

Auch im Garten der Familie Sickingen finden Benefiz-Veranstaltungen statt. Ankündigung in den *Curlisten Bad Ischl,* 30.8.1890

böswilligen Verlassens. Camillo beschließt, nach Europa zurückzukehren, doch er erkrankt an Typhus, was die Rückreise um Monate verzögert. 1876 wird die Scheidung ausgesprochen, doch Lori Stubels Ziel, Fürstin zu werden, erreicht sie nicht, im Gegenteil. 1890 söhnen sich Camillo und Sophie aus und kommen wieder zusammen. Seinen 60. Geburtstag am 31. Juli 1895 begeht Camillo in Ischl, er gerät fast zu einer Konkurrenzveranstaltung zu Kaisers Geburtstag zwei Wochen später mit großem Feuerwerk, Galadiner für Familie und die fürstlichen Beamten und einer Auszeichnung des Forstmeisters – ein Fest, das eines Fürsten würdig ist.

All diese für Sophie so schwierigen Jahre verbringt sie in ihrer Villa in Ischl, ihrem Refugium, wo Ruhe und Ordnung herrschen – glaubt man jedenfalls. Denn auch der Lebenswandel ihres Bruders Joseph Sickingen entspricht nicht den Usancen der Gesellschaft: 1865 bekommt die 20-jährige Anna Steininger, Tochter eines Ischler Gasthausbesitzers, ein Kind. Vater des kleinen Mädchens ist Joseph Sickingen. So etwas kann natürlich passieren, wider Erwarten hält die Beziehung: 1870 heiraten Joseph und Anna, drei weitere Kinder folgen. Nach nur neun Jahren endet die Ehe mit dem Tod der gerade einmal 34-jährigen Anna.

In die Ischler Villa zieht eine neue Generation ein. Camillos und Sophies Sohn Ernst Rüdiger heiratet Fanny Gräfin Larisch, eine bemerkenswerte Frau. Ihr Engagement gilt der Politik, in der sie aktiv tätig ist und sich als Mandatarin der Christlich-Sozialen Partei vor allem für Frauenbelange einsetzt. Ab 1914 fungiert sie für 20 Jahre als Präsidentin der neu gegründeten Katholischen Frauenorganisation, nimmt 1921 als Delegierte am Weltkongress des Roten Kreuzes in Genf teil und ist von 1920 bis 1931 Mitglied des Bundesrates. Fannys karitatives Engagement erstreckt sich auch auf Ischl, wo sie 1915 das Protektorat für einen Hilfstag für den Witwen- und Waisenfonds des Landes Oberösterreich als Aktion der Frauenorganisationen übernimmt. Das Organisationskomitee besteht aus Ischler Persönlichkeiten und aus Gästen – alle ziehen am selben Strang. Mädchen im ganzen Land verkaufen kleine Broschen mit dem oberösterreichischen Wappen, der Reinerlös fließt den Witwen und Waisen zu. Eine besonders großzügige Spende überreicht Fannys Nachbar Georg Landauer dem Bürgermeister: 1000 Kronen für den Hilfsfonds, gewidmet speziell für Witwen und Waisen von gefallenen Bad Ischler Soldaten.[53]

Im darauffolgenden Jahr übernimmt Fanny einmal mehr das Protektorat für die Feierlichkeiten zum Geburtstag des Kaisers, nicht ahnend, dass dies sein letzter sein sollte, gerät das Fest besonders glanzvoll und steht natürlich wieder ganz im Zeichen von Spenden für den Witwen- und Waisenfonds. Alles, was Rang und Namen hat, nimmt daran teil – im Publikum befindet sich unter den Sommergästen auch der amerikanische Botschafter. Auf der Bühne der Festakademie im Kurhaus stehen Franz Lehár und Emmerich Kálmán am Dirigentenpult, die Hofschauspielerin Gusti Wittels deklamiert das Kriegsgedicht *Gott erhalte*, der Heldentenor Hans Nachod schmettert Lehárs Tondichtung *Im Fieber*; auf diese patriotischen Kundgebungen folgt Leichteres: Die beliebte Hansi Niese bringt Schlager, und der großartige Komiker Paul Morgan hält *Heitere Vorträge*. Der Reingewinn beträgt mehr als 10 000 Kronen.

Fanny ist eine starke und engagierte Frau, die ihre Ansichten und Ideen auch durchzusetzen weiß. In dieser Atmosphäre wachsen ihre Kinder auf, und es verwundert nicht, dass ihr Sohn Ernst Rüdiger ebenfalls die Politik bestimmen möchte, was zu nicht unbeträchtlichen Differenzen zwischen Mutter und Sohn führt. Ernst Rüdiger Starhembergs Welt gerät 1918 aus den Fugen. Die alte Ordnung bricht zusammen, er begibt sich auf die Suche nach einer neuen Ausrichtung. Diese Suche führt ihn nach Innsbruck, wo er wenig ambitioniert Staatswissenschaften studiert und sich viel engagierter der Tiroler Heimwehr anschließt. 1923 fasziniert ihn Adolf Hitlers Rednertalent in München, doch tritt er der NSDAP nicht bei – auch das ist nicht sein Weg. 1927 stirbt sein Vater, und Ernst Rüdiger tritt als nunmehriger Fürst sein Erbe an, das sich mithilfe seiner Mutter wieder stabilisiert hat. Seine Karriere entwickelt sich ab diesem Zeitpunkt konsequenter: 1929 wird er zum Landesführer der oberösterreichischen Heimwehr gewählt und nimmt aktiv an der österreichischen und europäischen Politik in diesen turbulenten, schwierigen und letztlich katastrophalen Jahren teil. Seine Mutter unterstützt diese Ambitionen anfangs und pusht den Sohn in die richtigen Positionen, dennoch kommt es immer wieder zu Konflikten.

Nach der nationalsozialistischen Machtübernahme 1938 wird Fanny kurzzeitig verhaftet – daraufhin beschließt sie, den Ischler Besitz ihrem Sohn Georg zu verkaufen. Dies bedarf einer Genehmigung durch die Vermögensverkehrsstelle, freihändiger Verkauf ist auch politisch andersgesinnten Personen nicht mehr gestattet. Doch es gelingt, Georg Starhemberg ist per 5. April 1939 neuer Eigentümer. Der Gau Oberdonau versucht trotzdem, diesen besonders schönen und wertvollen Besitz zu ergattern, doch werden diese Versuche von Amtswegen abgewiesen.

1969 verkauft die Familie den Besitz der Republik Österreich, schon 1957 ist das Gymnasium eingezogen, und viele Schüler und Schülerinnen aus Ischl und der weiteren Umgebung erinnern sich an diese Zeit. 1974 geschieht das heute Unfassbare: Um die Schule

Das Gymnasium heute: die Starhemberg-Villa musste weichen.

zu vergrößern und der Zeit anzupassen, wird die wunderbare Villa abgerissen und ein Neubau errichtet – warum ein Anbau nicht in Betracht gezogen wird, erscheint aus heutiger Sicht unverständlich. Aber der Zeitgeist der 1970er-Jahre radiert vieles, was das alte Ischl ausgemacht hat, radikal aus – und so verschwindet die Villa Starhemberg, die einst als eine der wichtigsten Sehenswürdigkeiten Ischls galt, für immer.

13 Villa Landauer

Frauengasse 2

Eine der außergewöhnlichsten Villen Ischls zieht die Blicke sofort auf sich: die Villa Landauer. 1822 von einem Baron Wenker erbaut, ließ sie die spätere Besitzerin Flora Gräfin Wrbna im Tudorstil umgestalten – ein doch etwas extravaganter Stil für Ischl.[54] Dies ist auch schon in einem Reiseführer aus dem Jahr 1843 zu lesen. Zu entdecken sei dort ein *»Prachtgebäude, welches durch seine architectonische Ausführung in gothischen Formen, so wie der dabei angelegte herrliche Blumengarten den edlen Geschmack der hohen Besitzerin dieser eleganten Villa, der Frau Gräfin von Wrbna, beurkundet. Diese edle Frau, eine wahre Zierde der höheren Societät, lebt hier in Gesellschaft ihrer Freundin, der geistreichen Frau Fürstin von Jablonowska, ganz im Genusse der schönen, herrlichen Alpennatur, und ihrem wohlthätigem Hange, Arme und Nothleidende zu unterstützen.«*[55] Schon in diesen Jahren trifft sich in der Villa alles, was Rang, Namen und Geist hat – die beiden Damen korrespondieren mit Politikern und Intellektuellen und verleihen der Villa eine kultivierte Atmosphäre inmitten einer umfangreichen Biblio-

Die Villa Landauer, einst und jetzt

thek aus dem Besitze der Fürstin Jablonowska. Sogar der *Wiener Zeitung* ist die Freundschaft zwischen den beiden Damen eine Meldung wert, und sie berichtet noch am 23. Mai 1890, dass die beiden vor Jahrzehnten in Ischl »*das fünfzigjährige Jubiläum ihres Zusammenlebens gefeiert haben*« – eine doch sehr bemerkenswerte Mitteilung.

1871 erwirbt Adolf Landauer die Villa – und auch er füllt das Haus mit interessanten Persönlichkeiten, öffnet ihm doch seine Tätigkeit als Bankier mit intensiven geschäftlichen und familiären Beziehungen zur Finanz-Aristokratie bis zur Familie Rothschild alle Türen. Seine Karriere beginnt in Ägypten, 1857 heiratet er in London Ellen Worms. Landauer beteiligt sich am Bankhaus seines Schwagers Friedrich Schey, mit dem er besonders eng verbunden ist, denn Friedrich Schey heiratet nacheinander drei Schwestern Adolf Landauers! Die erste stirbt im Kindbett, die zweite an Typhus, erst mit der dritten ist ihm ein langes gemeinsames Leben beschieden.[56]

Adolf Landauer legt den Grundstein für eine lang andauernde, sehr intensive Beziehung seiner Familie zu Bad Ischl – 83 Jahre ist die Villa, mit einer erzwungenen Unterbrechung von zehn Jahren, im Besitz der Familie. Mit 2. September 1913 löst sein Sohn Georg Landauer seinen Geschwistern alle Anteile an der Villa ab und verlegt seinen Hauptwohnsitz aus Wien nach Ischl, offenbar aus finanziellen Gründen. In seiner unmittelbaren Nachbarschaft hat sich eine illustre Gesellschaft angesiedelt: Die direkten Nachbarn sind Erzherzogin Gisela und ihr Mann Leopold Prinz von Bayern, die nach dem Ersten Weltkrieg aus München nach Ischl geflüchtet sind und nun ebenfalls hier leben. Ebenfalls in nächster Nähe befindet sich die Villa Starhemberg, seit 1855 im Familienbesitz. Georg Landauer und Ernst Rüdiger von Starhemberg sind in enger Verbindung und politisch ganz auf einer Linie, so ist Landauer selbstverständlich auch Mitbegründer der Heimwehr in Ischl. Die gesamte Sommerfrischegesellschaft verkehrt im Hause Landauer ebenso wie die Größen der lokalen Verwaltung jenseits konfessioneller Grenzen, wie das in dieser Schicht üblich ist. Religion spielt keine Rolle.

1928 heiratet Georgs Sohn Adolf Maria Leithner, die Tochter des Ischler Bürgermeisters, was wiederum doch erstaunlich ist – gesellschaftlicher Kontakt ist das eine, familiäre Verbindungen stehen aber doch auf einem anderen Blatt.

Die Villa Landauer ist nach der Machtergreifung durch die Nazis ein sehr begehrtes Objekt – und natürlich steht Wilhelm Haenel gleich als Treuhänder bereit. Am 15. Oktober 1938 schreibt er einen akribisch formulierten Brief an Landauers Anwalt Max Vladimir Allmayer-Beck, in dem er ihn auffordert nachzuweisen, ob er überhaupt berechtigt sei, einen *»jüdischen Mandanten«* zu vertreten. Als solcher sieht sich Georg Landauer sicher nicht, ist er doch 1920 zum Katholizismus konvertiert, den er auch praktiziert. Dass Hitler das Sakrament der Taufe negiert und außer Kraft setzt, haben viele getaufte jüdische Familien nicht glauben können – und viele müssen dafür mit ihrem Leben bezahlen, trotz aller guten politischen Beziehungen.

Haenel weist in seinem Brief weiters darauf hin, dass es seine Pflicht sei, *»bei allen Verkäufen jüdischen Besitzes die Interessen der Partei und des Staates wahrzunehmen«*. Wie diese genau aussehen, formuliert er nicht weiter – dass es sich um eine rasch durchgeführte Enteignung handelt, liegt auf der Hand. Ein selbstbestimmter Verkauf ist nicht möglich, da die Gestapo sich vorbehält, *»den Käufer einer jüdischen Liegenschaft abzulehnen, der als partei- oder staatsfeindlich bekannt oder verdächtig ist.«* Georg Landauer wird gezwungen, die Villa um 15 000 RM an den Gau Oberdonau zu verkaufen – wie immer in diesen Fällen entspricht diese Summe natürlich nicht einmal annähernd dem wahren Wert. Für den Verkäufer bleibt diese Tatsache jedoch irrelevant, das Geld liegt auf einem Sperrkonto und kommt ihm ohnehin nicht zugute.

Nicht nur die Villa erregt das Interesse der NS-Behörden, auch ihr Inventar und die umfangreiche Bibliothek. Wenige Möbelstücke und Bücher kann Georg Landauer nach London, wohin er flüchtet, mitnehmen, der Großteil der wertvollen Einrichtung bleibt zurück. Und der Streit, wem denn nun die Villa zugutekommen solle, setzt sich – auch das ist üblich – fort, bis es der »Ortsgruppe Karl Treint« zu bunt wird und sie die Villa einfach besetzt. Auch eine Methode, ans Ziel zu kommen. Die Familie vermeint trotz aller Widrigkeiten, sich in einem Rechtsstaat zu befinden, daher wendet sich Landauers Nichte Eleonore von Sterneck in einem Schreiben an den Finanzlandesrat von Oberdonau, Franz Danzer, um ihm den Zustand der Villa zum Zeitpunkt der Besetzung zu schildern: Die Villa war *»vollständig möbliert u. a. drei Salongarnituren, ein wertvolles Empire-Zimmer, Biedermaier-Möbel, zwei Klaviere, Vitrinen, Luster, die Bibliothek von nahezu 5000 Bänden.«* Die Bibliothek erregt Aufsehen, aber dazu später. Georg Landauer erweist sich großzügig gegenüber seinem Personal, dem er die jeweilige eigene Zimmereinrichtung schenkt. Für sich selbst reserviert er *»einen verschwindend kleinen Teil des Mobiliars, alle Familienbilder, Nippes und damals allerdings das ganze Familiensilber aus dem Safe.«*[57] Das Silber verbleibt in Ischl, Haenel sorgt persönlich für den Abtransport und lagert es praktischerweise vorerst in seiner eigenen Villa, um es dann in einem Safe im Ischler Rathaus unterzubringen. Und auch anderes verschwindet, wie die späteren Bewohner Wehofer und Pflugbeil nach dem Ende des Krieges berichten: *»Während das Land Oberdonau Besitzer war, wurde das Haus für Dienststellen der NSDAP eingerichtet. Alle wertvollen Gegenstände verschwanden. Die NSV schleppte z. B. das gesamte Bettzeug fort.«*[58]

Die Bibliothek inspiziert Adolf Reim, der Leiter der Ischler Bücherei, der von der Ortsgruppenleitung der NSDAP Bad Ischl den Auftrag hat, *»die in Bad Ischl vorhandenen Bibliotheken einer Musterung zu unterziehen, um alle Werke jüdischer, pazifistischer und deutschfeindlicher Autoren auszuscheiden.«*[59] Es kommt jedoch auch ein beeidigter Sachverständiger nach Ischl, um die Bibliothek zu schätzen. Er spricht von 6000 vorhandenen Bänden, Georg Landauer selbst vermerkt in seiner Hauschronik 3500. Wie auch immer – eine Schätzung erfolgt nicht. Wohin nun mit den Büchern? Zuerst soll die Staatsbibliothek in Wien, also die Nationalbibliothek, den Zuschlag erhalten, doch kommt es wie in so vielen Fällen zu Unstimmigkeiten zwischen einzelnen Nazi-Beamten. In einer ersten Tranche landen 887 Bücher in der Studienbibliothek in Linz und werden auf 244,60 RM geschätzt, ein äußerst geringer Betrag. Im Lauf der Jahre kommen noch weitere Bände hinzu.

Interessant ist, dass die Landauer-Bücher ihr Exlibris behalten und es daher nach dem Krieg relativ einfach ist, die Bücher zuzuordnen. Bei anderen Bibliotheken werden die Exlibris vorsichtig herausgelöst, um die Herkunft zu verschleiern. Man stellt sich ganze Abteilungen vor, die über Wasserdampf diese künstlerisch gestalteten Visitenkarten der Eigentümer vernichten. Diesen Aufwand betreibt die Studienbibliothek nicht, die Bücher werden samt Exlibris inventarisiert.

Georg Landauers Exlibris

Das vereinfacht die 1948 eingeleitete Rückstellung der Bibliothek oder zumindest der verbliebenen Teile nicht. Denn wer ist die zuständige Behörde? Das Land Oberösterreich oder die Finanzprokuratur als Vertreterin der Republik? Einer putzt sich am anderen ab – nichts Neues, aber jedes Mal beschämend. Kleinkrämerische Bürokratie erschwert und verzögert eine unkomplizierte Rückgabe gestohlenen Eigentums. Nach mühsamem Hin- und Hergeschiebe stellt sich heraus, dass die Linzer Studienbibliothek nicht Eigentum des Landes, sondern des Bundes ist – am 30. Juni 1949 muss die Republik Österreich als Antragsgegnerin *»zwei Kisten Bücher, sämtliche mit einem Lesezeichen, einen schwarzen Kater am Fensterbrett sitzend darstellend, versehen, binnen 14 Tagen zurückstellen.«*[60] Dass diese beiden Kisten nicht alle enteigneten Bücher enthalten, liegt auf der Hand. Manche bleiben in der Studienbibliothek, andere tauchen in der Nationalbibliothek auf – die Gesamtheit der Bibliothek ist ein für alle Mal zerstört.

Georg Landauer stirbt am 15. Oktober 1943 in Tunbridge Wells, sein Sohn und Erbe Adolf fordert die Villa und auch das separat verwahrte Silber zurück – zwei verschiedene Verfahren sind dafür nötig. Die Villa war 1940 vom Gau Oberdonau mit enormem Gewinn an Johann und Magdalena Wehofer weiterverkauft worden, 1948 kommt es zu einem Vergleich, und die Villa wird mit 25. November 1948 auf Adolf Landauer im Grundbuch eingetragen. Doch ist sie nicht mehr dieselbe, da Familie Wehofer die einstmals großbürgerliche, großzügige Villa in eine Pension umgebaut hat – aus ihrer Sicht wirtschaftlich nachvollziehbar, doch ein enormer Eingriff in die ursprüngliche Konzeption. Familie Wehofer erreicht, dass sie vom Land Oberösterreich mit 40 000 Schilling ebenfalls entschädigt wird, was in Anbetracht des Gewinnes aus dem Verkauf für den Gau Oberdonau eine geringe Summe ist. Jetzt fehlt noch das Silber: Antragsgegner ist in diesem Fall Wilhelm Haenel, der es schließlich 1949 rückstellen muss.

Eine kleine Randnotiz: 1945 wohnt für einige Monate ein amerikanischer Offizier in der Villa: Stephan Heller, André Hellers Vater.

14 Die Villa am Gries oder Villa Gisela

Frauengasse 4

1854 schenkt Erzherzogin Sophie ihrem Sohn Kaiser Franz Joseph anlässlich seiner Hochzeit mit Elisabeth die Villa Eltz (siehe Kapitel 7). Die Präsenz der kaiserlichen Familie nimmt dadurch in den kommenden Jahren immer mehr zu. Ischl steht im sommerlichen Mittelpunkt. Um die große Familie ebenfalls standesgemäß unterbringen zu können, erwirbt Erzherzogin Sophie zwei Jahre später die Griesvilla in der Frauengasse 4, die zuvor im Besitz der Gräfin Ugarte stand und einen wunderbaren Blick auf die Traun und die Berglandschaft bietet. Die Kaisermutter selbst steigt hier ab, meist im Herbst und oft in Begleitung einer ihrer Schwestern: *»Die Königin von Sachsen und die Erzherzogin Sophie machen häufig Fußtouren Arm in Arm. Sie wohnen zusammen in der kleinen Villa am Gries,*

Villa Gisela, einst und jetzt

fern von jedem Geräusche und selbst dem Schatten einer Unterhaltung.«[61] Auch die danebenliegende Villa gehört einige Jahre der kaiserlichen Familie, bevor sie 1871 von der Familie Landauer erworben wird (siehe Kapitel 13). Hier steigt Erzherzog Ludwig Viktor ab.

Die Griesvilla dient als Dépendance der Kaiservilla, alle Mahlzeiten nehmen die Bewohner in der Kaiservilla ein – die Griesvilla verfügt über keine entsprechende Küche. Mit den Jahren wird die Villa immer öfter Kronprinzenvilla genannt, da hier Kronprinz Rudolf mit seiner Familie eine standesgemäße Unterkunft findet. *»1881 besuchte Kronprinzessin Stephanie mit ihrem Gemahl zum erstenmal Ischl und wohnte mit dem Kaiser der Eröffnung des Monumentalbrunnens am Erzherzog-Franz-Karl-Platz bei. Das junge Paar hatte die Griesvilla bezogen, welche zu diesem Anlasse neu möbliert und modern hergerichtet worden war.«*[62] Nach dem Tod Kronprinz Rudolfs 1889 bietet der Besitz, nunmehr als *»ehemals kronprinzliche Villa«*, seiner Schwester Gisela mit Familie ein Sommerdomizil, und langsam bürgert sich auch der Name Villa Gisela ein.

Erzherzogin Gisela fährt Rad. Die neue Mode, genauer ausgeführt in Kapitel 26

Am 14. November 1918 geht die Villa aus dem Nachlass Kaiser Franz Josephs in das Eigentum Prinzessin Giselas über – nur zwei Tage zuvor war die Republik Deutsch-Österreich ausgerufen worden. Das Ende einer Welt. Die weitere Geschichte der Villa zeigt die Veränderung Ischls: die Neuorientierung des Ortes nach dem Ende des so lange dominanten Hoflagers, die Suche nach neuen Sommergästen und die Etablierung der »Operettenbörse« in wirtschaftlich und politisch schwierigen Zeiten. 1919 stellt die junge Republik die Weichen: Der Adel wird abgeschafft und das Vermögen der Familie Habsburg eingezogen.

Die 1920er-Jahre stellen Ischl vor große Probleme. Es ist die Zeit der Inflation, die Preise ändern sich oft zweimal täglich; was in der Früh etwas wert war, ist am Abend wertlos. Eine Zeit, in der Geld nicht viel zählt und Spekulationen Tür und Tor geöffnet sind. Was gibt es da Besseres, als ein Kasino zu gründen? Schon 1914 werden solche Pläne in den Zeitungen kolportiert: *»Eine Spielbank in Bad Ischl? Bei der am 6. d.M. abgehaltenen Sitzung der Kurkommission Bad Ischl berichtete Gemeinderat Berkovits über den Antrag einer französisch-belgischen Gesellschaft, in Bad Ischl ein Spielkasino zu etablieren, in dem aber keine Hazard-, sondern nur Geschicklichkeitsspiele gespielt werden sollen.«* Als ob dies irgendjemand glauben würde. Der Gemeinde Ischl soll die Genehmigung versüßt werden: *»Das Angebot wäre mit materiellen Vergünstigungen für den Kurort verbunden. Es wurde beschlossen, den Akt der Bezirkshauptmannschaft zur Äußerung zu übergeben. Es ist indessen wohl kaum zu erwarten, daß die Behörde in die Errichtung einer Spielbank in der Sommerfrische des Kaisers einwilligt.«*[63]

Nun gibt es die Autorität des Kaisers nicht mehr, 1922 öffnet ein »Sporting-Club« in Kaltenbach seine Pforten, ein Eldorado für die neue Sommerfrischegesellschaft: *»Equipagen und Autos fahren vor; ihnen entsteigen Damen in großer Abendtoilette und Herren in Smoking«*, berichtet der *Morgen* unter dem Titel *Monte Carlo in Ischl* am 21. August. Dies bringt dem Ort große Einnahmen, die jedoch nicht alle abgeliefert werden. Das Casino wird geschlossen. Zwei

Jahre später erhält nun das Wiener Kasino die Genehmigung, eine Niederlassung in Ischl zu eröffnen. Zu diesem Zweck wird die Villa Gisela für sechs Jahre gemietet. *»Das Ischler Geselligkeitskasino soll Kunst, Musik und vorwiegend den Tanz pflegen.«*[64] Zum Präsidenten wird Generalmusikdirektor Felix Weingartner gewählt, Leiter der Philharmonischen Konzerte. Trotzdem: Die Philharmoniker musizieren im neuen Kasino nicht, doch es wird dort, obwohl es in der Zeitung unerwähnt bleibt, sehr wohl gespielt, und zwar ein neues Spiel, das ganz Europa in seinen Bann zieht: Mah-Jongg.

„WIENER KASINO"
Bad Ischl
Griesvilla, Frauengasse Nr. 4
Telephon 51 Telephon 51

GESELLIGKEITS-KLUB
mit täglichem Goal-Game
MA-JONG
Bridge, Ecarté, gleichwie anderen Klub-Spielpartien, sowie modernsten Tänzen unter Leitung erster Fachkräfte

Die Aufnahme von ordentli
außerordentlichen Mitglieder
durch Ballotage vom Vor
Erstklassige Wiener
ab 4 Uhr nachmittag

Annonce in den *Curlisten Bad Ischl*, 22.7.1924

124 Steine mit bunten Bildern, gespielt von vier Personen. Das macht den um sich greifenden Mah-Jongg-Rausch aus, *»der stärker als die Grippe auf dem ganzen Erdball grassiert.«*[65] Die Zeitungen berichten laufend über Geschichte und Details des exotischen Spiels, offenbar amüsiert und erstaunt zugleich über diesen Hype. In China bestehen die Steine aus teurem Elfenbein, in Österreich entsteht eine praktikablere Variante aus Holz. *»Dieses Erzeugnis verrät seine österreichische Abstammung schon dadurch, daß die Aufschriften teils aus chinesischen Schriftzeichen, teils aus arabischen Ziffern und teils aus in lateinischen Lettern angebrachten Abkürzungen englischer Bezeichnungen gebildet sind; ein schöneres Sprachengewirr hat nicht einmal das alte Österreich aufzuweisen gehabt.«*

Ein Glücksspiel, bei dem die Einsätze nicht allzu hoch sind und das sich daher großer Beliebtheit erfreut – auch wenn es wohl nicht das einzige Glücksspiel ist, dem im Ischler Kasino gefrönt wird, wird es doch zu einem Anziehungspunkt für Falschspieler, Hasardeure und windige Gestalten. Doch die Abgaben, an denen die Gemeinde Ischl gut verdient, werden – jedenfalls zum Teil – abgeliefert, und so sehen sich die Behörden nicht gezwungen einzugreifen und lassen die Spieler gewähren.

Geworben wird mit Inseraten in den Ischler Kurlisten, die das vergleichsweise harmlose neue Modespiel in großen Lettern in den Mittelpunkt stellen.

Was machen jetzt die Herrn und Damen? Sie spielen nur Mah-Jong, sie spielen nur Mah-Jong. Man spricht nicht mehr vom Tutanhamen, man spielt jetzt nur Mah-Jong! Blues von Beda und Jara Beneš, 1924

Mah-Jongg entwickelt sich zum gesellschaftlichen Muss auch abseits von »Geselligkeits-Klubs«, wie zahlreiche »Erlebnisberichte« dokumentieren. *»›Sie müssen Mah-Jongg lernen!‹, flötete die Hausfrau. ›Sie dürfen sich nicht ausschließen! Das Spiel ist ent-zükkend und so einfach!‹«*[66], berichtet der Schriftsteller Otto Roeld ironisch. Mah-Jongg-Lehrer inserieren in den Zeitungen, Turniere finden statt, Klubs wachsen aus dem Boden, Lehrbücher werden publiziert. Fritz Löhner-Beda (siehe Kapitel 39) beschäftigt sich in seinen Schlagern immer mit aktuellen Moden aller Arten – und so verwundert es nicht, dass er 1924 gemeinsam mit dem Komponisten Jara Beneš seinen Blues *Mah-Jong* veröffentlicht.

Die Gründe für diese enorme Popularität liegen jedoch auch in der wirtschaftlichen Lage: Ein Barbesuch wird für die meisten Menschen unerschwinglich, daher bieten viele Bars ein neues, billigeres Vergnügen an: die Favoriten Bridge und Mah-Jongg. *»Die Dame der Gesellschaft empfängt nicht mehr zu Hause, man trifft sich zum Spiel in der Bar. Umständliche und teure Einladungen werden vermieden, und das gesellschaftliche Leben Wiens wird neue Impulse erhalten. Unsre spiellustigen Frauen haben ihr Refugium gefunden.«*[67]

Zwei Jahre später endet der kurze Hype auch schon wieder, die schnelllebige Zeit verlangt ununterbrochen nach neuen Anregungen und Beschäftigungen. Mah-Jongg gerät in Vergessenheit, doch noch heute gibt es zumindest einen Haushalt im Salzkammergut, wo zum Ritual der Sommerfrische das abendliche Mah-Jongg-Spiel zählt.

15 Villa Wild-Kux

Frauengasse 10

Eine der prägendsten Persönlichkeiten für die Entwicklung des Ischler Theaters ist Ignaz Wild, der eigentlich Stiassny heißt. »*Was an guten Stücken in Wien gebracht wurde, das konnte man sicher auch in Ischl wiederfinden*«, schreibt die *Neue Freie Presse* am 31. März 1894 aus Anlass der Übernahme des Theaters in der Josefstadt durch Wild. Nun hat er noch mehr Möglichkeiten: »Seine« Schauspieler bescheren dem Ischler Sommertheater noch größere Erfolge, das Publikum muss in den Sommermonaten nicht auf seine Lieblinge verzichten. Und auch den Mitgliedern des Theaters ist damit geholfen, denn bis zu diesem Zeitpunkt sind sie gezwungen, sich für die viermonatige Theaterpause Gastspiele zu organisieren, um sich zu erhalten.

Wild kann auf eine erfolgreich verlaufene Karriere zurückblicken: begonnen als kleiner Schauspieler in Linz, danach die übliche Tour durch die Provinz, die wohl nicht den ambitionierten Erwartungen entspricht. Wild wechselt die Seite und gründet eine Theateragentur – dieses Unternehmen bringt endlich den gewünschten Erfolg. 1885 übernimmt Wild außerdem für fast 20 Jahre die Direktion des Ischler Theaters, wo alles, was Rang und Namen hat, auf der Bühne steht: Alexander Girardi (siehe Kapitel 37) und Josef Jarno (siehe Kapitel 21), die beide dem Ort so verbunden sind, dass sie hier eigene Villen besitzen, ebenso wie Louis Treumann und Mizzi Günther, die Stars in Lehárs *Die lustige Witwe,* oder die große Tänzerin Isadora Duncan und der Pariser Revue-Star Yvette Guilbert.

Von 1878 bis 1899 gibt Wild seine *Wiener Theater-Zeitung* heraus, ein ideales Forum, um eigene Produktionen und Künstler zu promoten. Biografische Abrisse, Rezensionen internationaler Zeitungen, Gastspiel- und Engagementvereinbarungen zeugen von einem überaus erfolgreichen Agieren der Wild'schen Theateragentur. Und es wird klar, wieso so viele internationale Gäste am Ischler Theater zu sehen sind – Wilds Künstler-Portfolio ist quer durch den deutschsprachigen Raum gut gefüllt und will auch präsentiert und vermittelt werden. Und es ist fast rührend, wenn in der Ausgabe vom 15. Juni 1891 zu lesen ist, dass es Direktor Wild gelungen sei, *»das Sommertheater in Ischl auf das Niveau eines wirklichen Kunst-Instituts zu heben«*, wie die glänzende Saison verspricht: Oper, Operette, Komödien und Possen bilden einen vielfältigen Spielplan, nicht zu seicht, aber auch nicht zu anspruchsvoll – gerade richtig für den Sommer, den Familie Wild ab 1895 in ihrer eigenen Villa verbringt. Die Familie besteht aus Ignaz und Bertha und den Kindern Robert und Paula.

1930 kauft Paula, mittlerweile mit Gustav Kux verheiratet, ihrem Bruder seine Hälfte der Ischler Villa ab und kann noch wenige Sommer in ihrem Haus verbringen. Am 29. Juni 1938 werden der Bad Ischler »Ortsgruppe Saureis-Unterberger« erste »Erhebungen« mitgeteilt: *»Die genannte Jüdin hat im Jahre 1930 die Villa Frauengasse Nr. 10 von ihrem Vater, dem Juden Wild, damals Kurtheaterdirektor in Bad-Ischl, geerbt. Paula Kux ist eine fanatische Hasserin der NSDAP und war bis zum Umbruch Anhängerin des Schuschnigg-Systems.«*[68] Die Tatsache, dass ihr 25-jähriger Sohn Viktor sich aktiv für die Wahl Schuschniggs eingesetzt hat, rückt ihn in den Augen der Nazis in die Nähe der Kommunisten – eine eigenartige Sicht der Dinge.

Am 7. Mai 1940 muss Paula wie so viele andere Villenbesitzer in Bad Ischl eine Vollmacht unterzeichnen, mit der Wilhelm Haenel als allein Verfügungsberechtigter eingesetzt wird – ein Standardvertrag. Zu diesem Zeitpunkt befinden sich Gustav, Paula und Viktor Kux bereits in Australien, wo sie am 1. Oktober 1939 in Melbourne angekommen sind. 1943 wird das Haus zugunsten des Deutschen Reichs eingezogen, 1944 bekommt der Landrat in Gmunden/Kreisselbstverwaltung den Zuschlag. Untergebracht werden in der Villa Krankenschwestern des Ischler Spitals, was noch zu Diskussionen führen wird.

Nach dem Ende des Krieges strebt Viktor Kux die Rückstellung an – Paula ist 1945 in Australien gestorben. Wie alle Rückstellungsverfahren dauert auch dieses viele Jahre: Erst 1953 kann ein Vergleich ausverhandelt werden. Sieben Jahre Enteignung durch die Nazis, acht Jahre Rückstellungsverhandlungen. Der Schriftverkehr wirft ein erschreckendes Bild auf die Zustände nach 1945: Es fehlt jeder Wille, rasche, unkomplizierte und vor allem unbürokratische Lösungen zu finden – im Gegenteil. Die Hürden sind enorm, das Prozedere unendlich langwierig, kompliziert, eine staatliche Stelle blockiert die andere, Neid, Missgunst und kleingeistige juristische Spitzfindigkeiten hinterlassen einen mehr als schalen Beigeschmack.

1951 kommt es endlich zu einem ersten Vergleichsentwurf, der jedoch noch einige offene Punkte beinhaltet. Unter anderem entlarvt er das fast schon erpresserische Verhalten der Behörden, wenn die Bezirkshauptmannschaft Gmunden der oberösterreichischen Landesregierung unter dem Titel »*Vertraulich!*« mitteilt: »*Wie in Erfahrung gebracht werden konnte, ist der Familie Kux an dem Abschluß des Vergleiches sehr viel gelegen, wohl mehr als dem hiesigen Amte.*«[69]

Doch so rasch geht es nicht – und so eilig scheint es Viktor Kux auch nicht zu haben. Im Jahr 1952 folgt ein Vergleichsangebot[70], das das Land Oberösterreich verpflichtet, die Liegenschaft zum vereinbarten Zeitpunkt zu räumen und das vereinbarte Nutzungsentgelt zu bezahlen. Eigentlich erscheint dies selbstverständlich, doch zehn Monate später gerät Viktor Kux wieder unter Beschuss: Der Unterton eines Briefes an die Abteilung für Außenhandel in Linz verdeutlicht einmal mehr die wahre Einstellung: Der nunmehrige Eigentümer Viktor Kux weigere sich, einen Bestandsvertrag mit dem Land Oberösterreich abzuschließen – aber warum sollte er dies denn tun? Es bestünde nämlich »*die latente Gefahr, dass das Land Oberösterreich zur Räumung des Hauses gezwungen wird, wodurch der Betrieb des Krankenhauses nicht nur erschwert, sondern – insbesondere während der Saison – lahmgelegt werden könnte.*«[71]

Dem Eigentümer wird also unterstellt, den Spitalsbetrieb zu boykottieren. Und dann hat er auch noch die »Frechheit«, sich den Kaufpreis in australischen oder britischen Pfund oder in US-Dollar ausbezahlen zu lassen. Da er in Australien lebt, scheint dies wohl als die vernünftigste Lösung, wird jedoch wiederum negativ ausgelegt und bereitet die nächste Schwierigkeit: Devisen sind in diesen Jahren Mangelware, und die Nationalbank lehnt den Antrag ab. Ein weiterer Stolperstein in dieser schon so langwierigen Prozedur. 1953 gelingt der Verkauf, das Land Oberösterreich kauft die Villa, der Kaufpreis landet auf einem Sperrkonto der Länderbank. Und im Kaufvertrag ist die standardmäßige Floskel zu lesen, dass der Verkäufer an Eides Statt erklärt, *»daß er nicht zu dem Personenkreis gehört, dessen Vermögen gemäß des Verbotsgesetzes gesperrt ist.«* Das letzte Zeichen für den unsensiblen Umgang mit den Menschen, die nichts weiter wollen, als ihr Eigentum zurückzubekommen.

16 Villa Grünwald

Kaltenbachstraße 9

Die Recherche zu Alfred Grünwald und seiner Villa führen nach New York, genauer gesagt in die Public Library for Performing Arts im Lincoln Center. In Kartons verpackt ruhen dort die Erinnerungen an eine glänzende Karriere, die einst in Bad Ischl ihren Höhepunkt hatte. Alfred Grünwald gilt als einer der erfolgreichsten Librettisten seiner Zeit, der in den Wiener Kabaretts zu Beginn des 20. Jahrhunderts anfing und sich zu Hits wie *Die Rose von Stambul, Die Bajadere, Gräfin Mariza* oder *Die Herzogin von Chicago* für Komponistenstars wie Leo Fall, Emmerich Kálmán und Edmund Eysler aufschwingt – und all die Genannten haben auch einen Bezug zu Ischl, das also getrost als Geburtsort dieser Werke bezeichnet werden kann. In der Ischler »Operettenbörse« begeben sich Komponisten, Librettisten, Sänger und Soubretten, Journalis-

Alfred Grünwald am Schreibtisch in seiner Ischler Villa

ten und Verleger auf die Suche nach neuen Sujets, fertigen Büchern, zündender Musik, großartigen Rollen und lukrativen Verträgen. Eine ziemlich geschäftige und zugleich kreative Atmosphäre, in deren Mittelpunkt Alfred Grünwald steht.

Am 4. Mai 1921 erwirbt er das Haus Kaltenbachstraße 9, an der Esplanade gelegen, wo sich heute auch eine Gedenktafel befindet. *Die Bühne* berichtet am 20. Juli 1925, »*Grünwald liebt mehr die Einfachkeiten; er will hier wirklich nur arbeiten. Gerade er, der Lyriker, ist der einfachste* …«, im Vergleich zu dem mondänen Emmerich Kálmán oder dem soliden Franz Lehár. Ischl ist Grünwald nicht fremd, 1908 erscheint er erstmals in der Kurliste und steigt im Hotel Zum goldenen Hufeisen ab, einige Aufenthalte folgen, bis er sein eigenes Refugium findet. Seine Frau Minna, Tochter Meta und Sohn Heinz Anatol verbringen viele Sommer ebenfalls in Ischl – und diese Kinder wie so viele andere auch verklären im Rückblick die heile Welt der Sommerfrische, die Monate der Freiheit, und schildern ein offenes Haus, in dem Künstlerfreunde ein- und ausgehen.

Alfred Grünwald mit seinem Sohn, dem späteren US-Botschafter Henry Grunwald

1934 taucht in der Kurliste der Chemiker Walter Maass auf – nur ein Jahr später heiratet er Meta Grünwald im Wiener Stadttempel. Walter Maass' Mutter hat 1912 eine repräsentable Villa in der Lindaustraße 7 erworben (siehe Kapitel 29), so ist es wohl nicht ganz von der Hand zu weisen, dass Meta und Walter einander in Ischl nähergekommen sind – Operetten- und Heiratsbörse gehören eben zusammen.

1938 flieht Alfred Grünwald mit Frau und Sohn nach Paris. Um seine Reichsfluchtsteuer bezahlen zu können, muss er seine Ischler Villa verkaufen. Es handelt sich um einen der wenigen Fälle, bei denen ein »alter Kämpfer«, wie die illegalen Nazis genannt werden, ohne große Diskussionen den Zuschlag erhält – bei den meisten Liegenschaften brechen zwischen den Nazi-Organisationen langwierige Diskussionen und Streitigkeiten darüber aus, wer sich denn nun bereichern dürfe. 1939 wird ein Kaufvertrag zwischen Alfred Grünwald, wohnhaft in Paris in der Rue de Galilei 9, vertreten durch den Devisenberater Wolfgang Börner, und dem Ischler Arzt Dr. Franz Hörnisch abgeschlossen, der Kaufpreis beträgt 16 600 RM. Dass Alfred Grünwald von diesem Geld nichts sieht, ist klar. Mehr als 10 000 RM gehen an das Finanzamt Moabit/Berlin als »Sühneabgabe«, 2000 RM gehen ans Finanzamt, 3000 RM werden auf ein »Auswanderer-Sperrguthaben« bei der Creditanstalt eingezahlt.

Alfred Grünwald gelingt es, auf abenteuerlichem Wege über Marokko nach New York zu gelangen, wo er in einer Art Scheinwelt lebt, Libretto um Libretto schreibt, doch den Anschluss an die Realität verloren hat.

Nach dem Ende des Krieges versucht er, seine Besitzungen und vor allem seine Tantiemen zurückzuerhalten. In diesen Jahren gibt es ein großes Bedürfnis nach Unterhaltung, nach heiler Welt – und so stehen die Operetten, die als jüdisch verpönt waren, sofort wieder auf den Spielplänen, einzig: Die Tantiemen werden auf Konten in Österreich und Deutschland überwiesen, ohne Möglichkeit, diese nach Amerika zu transferieren. Allein dieser Kampf nimmt viel

Zeit und Kraft in Anspruch, da ist Alfred Grünwald froh, als sich plötzlich Wolfgang Börner wieder meldet, der 1938 als sein Vertreter den Verkauf der Ischler Villa durchgeführt hat. »*Sie wissen, dass ich den ›Verkauf‹ für diese lächerliche Summe nur unter der Drohung durchgeführt habe, dass mir die Nazis anderenfalls alles andere konfiszieren würden und um das Geld für die – vollkommen ungesetzliche und gewaltsame Judenabgabe des Herrn Goering – aufzubringen. Selbstverständlich anerkenne ich alle diese erzwungenen Transaktionen nicht*«, schreibt Grünwald am 7. März 1946 an Börner, der mittlerweile in Bad Aussee lebt. Und weiter: »*Vor allem anerkenne ich nicht die Vorschreibung der Reichsfluchtsteuer, die ich in der Höhe von Mark 45 000 zu zahlen hatte und für die ich alle diese Transaktionen durchführen musste, weil man mir drohte, mich nach Dachau zu schicken, wenn ich es nicht tun würde.*«

In der Korrespondenz zwischen Grünwald und Börner zeigen sich die ganze Skepsis, das Misstrauen und das Unverständnis für die Situation des jeweils anderen. »*Ich erinnere mich noch Ihrer unglaublichen Tüchtigkeit in solchen Dingen – wenn Sie also etwas machen können, wäre ich sehr froh.*« Doch nun kommt Grünwald auf den Punkt: »*Bevor ich Ihnen aber eine Vollmacht senden kann, muss ich natürlich wissen, wie die Sache steht: Sind Sie selbst irgendwie mit der Nazipartei kompromittiert? Ich weiß natürlich, dass Sie im Herzen niemals ein Nazi waren, oder ich glaube das wenigstens, aber Sie wissen doch, dass man gerade jetzt in diesen Dingen sehr penibel ist, und ich glaube nicht, dass irgend jemand, der offiziell der Partei angehört hatte, in solchen Angelegenheiten etwas machen kann.*«

Die Korrespondenz bleibt von beidseitiger Skepsis geprägt, Börner gelingt es jedoch als Grünwalds Vertreter, die Rückstellung der Ischler Villa relativ rasch abzuwickeln – wohl auch aus dem Grund, weil es sich um einen einfachen Vertrag ohne langwierige Beschlagnahmungen, Treuhänder, Behördenstreitigkeiten handelt, sondern um ein »Geschäft« zwischen zwei Privatpersonen. Das Mobiliar jedoch wurde bei einem Spediteur untergestellt und, da die Lagerungskosten nicht bezahlt wurden, 1941 beschlagnahmt und 1944 an den Notar Dr. Liesko um 6000 RM verkauft. Auch dieses Geld liegt auf einem gesperrten Konto.

Am 17. Dezember 1947 verfügt die Rückstellungskommission, dass das Eigentumsrecht an der Villa wieder Alfred Grünwald einverleibt wird. Wenige Tage später bittet Grünwald seinen nunmehrigen Privatsekretär Börner, an der Villa eine Messingtafel mit den Worten »Villa Grünwald« anbringen zu lassen in völliger Unkenntnis der wirtschaftlichen Lage in Österreich. *»Ihrer Bitte, ein Messingschild anzubringen, kann ich nicht nachkommen!«*, antwortet Börner, denn *»Messing ist ein Artikel, den man evt. beim Schleichhändler bekommt, und da ist er mir etwas zu teuer!«* So müssen Holzschilder reichen, um augenscheinlich zu machen, dass die Villa wieder dem rechtmäßigen Besitzer gehört.

Die Sorgen um die Ischler Villa bleiben bestehen, sind doch seit dem Jahr 1939 keinerlei Renovierungsarbeiten gemacht worden, und das Haus befindet sich daher in einem nicht sehr guten Zustand. Börner holt einen Kostenvoranschlag ein, den Grünwald

Die Librettisten Julius Brammer und Alfred Grünwald

jedoch empört zurückweist – wozu so viel in ein Haus investieren, das einen sentimentalen Wert hat, aber doch zu einem Leben gehört, das längst vergangen ist und aus dem man gewaltvoll hinausgestoßen worden ist. Bittere Worte folgen: »*Wir können alle nichts dafür, dass uns Hitler in diese Lage gebracht hat. Ich wäre viel lieber in Wien geblieben, in einem ruhigen und anständigen Wien, und im Sommer nach Ischl gegangen, wie ich es Jahre lang tat, ehe das Gewitter eintrat!*«[72]

Emmerich Kálmán kommt im Sommer 1949 nach Ischl und berichtet dem Librettisten Gustav Beer auch von der Villa Grünwald, deren Zustand er als gar nicht so schlecht empfindet, doch fällt ihm auf, dass eine »*unwahrscheinlich große Menge von Leuten*« die Villa bevölkert.[73] Kein Wunder, herrscht in Ischl nach dem Krieg doch eine große Wohnungsnot, auch aufgrund der vielen Menschen, die zu Ende des Krieges vor Bomben und Vertreibung ins Salzkammergut geflüchtet sind.

Alfred Grünwald stirbt 1951, ohne Ischl je wiedergesehen zu haben. Für ihn war Österreich wie in einem Erdbeben untergangen. An seinen ehemaligen Chauffeur Rudolf Müllegger resümiert er: »*So sehr ich Österreich liebe, wo ich doch mein ganzes Leben verbrachte und meine Karriere aufbaute, so bitter empfinde ich jetzt noch alles, was ich dort in den letzten Monaten, die ich dort war, erleben musste. Ich kann wohl kaum vergessen, wie man mich in ›Schutzhaft‹ nahm, was ich in der Karajangasse ansehen musste.*«[74]

Nach seinem Tod verkauft die Familie die Villa, die zu den Wiegen der Operettengeschichte zählt. Sein Sohn Heinz Anatol wurde 1986 als Henry Grunwald amerikanischer Botschafter in Österreich und setzte sich für das Andenken seines Vaters ein.

17 Die Villa einer Wohltäterin

Kaltenbachstraße 20

Ein ungarischer Großgrundbesitzer mit exzentrischen Zügen und seine wohltätige Tochter, die den Herzog von San Marco heiratet. Die Operettenlibrettisten kommen wahrscheinlich deswegen so gern nach Ischl, weil sie hier nur die Ohren und Augen öffnen müssen, um die großartigsten Plots zu entdecken.

1870 erwirbt Johann Graf Nákó de Nagy-Szentmiklos[75] eine Villa in der Kaltenbachstraße/Ecke Bauerstraße. Heute ist von der einstigen Pracht nicht mehr viel zu sehen, an die früheren Eigentümer erinnert nur mehr die Inschrift »Pension San Marco«. Vor den Nákós stand die Villa im Besitz der Familien Kinsky und Wenckheim. Graf Nákó entstammt einem alten ungarischen Adelsgeschlecht mit Hauptbesitz in Nagy-Szentmiklos, heute in Rumänien und übrigens auch der Geburtsort von Béla Bartók, der 1903 den Sommer in Bad Ischl verbringt. Sicher kein Zufall, denn bereits sein Großvater war der erste Direktor der von den Nákós in Nagy-Szentmiklos gestifteten Schule.

Johann Nákó hat ein Faible fürs Theater und eine starke künstlerische Neigung. Auf dem ungarischen Familienbesitz gibt es ein eigenes Theater, an das vor allem Schauspieler aus Wien engagiert werden, Johann selbst sorgt für die Ausstattung und malt auch Bühnenbilder. Eines seiner prunkvollsten stellt eine Nachbildung des Louvre dar. Doch auch in die Aufführungen mischt er sich ein, was ein Lexikon dazu veranlasst, in nicht gerade sachlicher Art zu berichten, dass er bei Missfallen einer Szene *»mit dünner Stimme die Schauspieler anschrie.«*[76] Dies stellt nur eine der exzentrischen Seiten des Grafen dar: *»Meine Schauspieler müssen ebenso wie meine übrige Dienerschaft Livree tragen«*, teilt er dem Theateragenten Adalbert Prix mit. *»Die Herren erhalten vollständige Bekleidung; die Damen rote Röcke, blaue Kopftücher, weiße Schürzen; die Hemden werden nicht geliefert.«*[77] Dies schreckt die Künstler und Künstlerinnen jedoch nicht ab, Graf Nákó bekommt immer erstklassige Kräfte vermittelt.

Bereits 1858 steigt Johann Nákó erstmals mit Familie in jener Villa in Kaltenbach ab, die er zwölf Jahre später kaufen wird. Ein herrschaftliches Haus mit zahlreichen Gesellschaftsräumen im Parterre, weiteren Salons und den Privatgemächern im ersten Stock sowie Gäste- und Personalzimmern im zweiten Stock, alles mit wertvollen Möbeln und einer wachsenden Kunstsammlung luxuriös ausgestattet.

Im Oktober 1877 würdigt Ischl die 50. Wiederkehr des ersten Sommeraufenthaltes Erzherzog Franz Karls, lang nach dem Ende der Saison. Und doch findet ein aufwendig gestaltetes Fest statt, an dem der Erzherzog mit seinen Söhnen Karl Ludwig und Ludwig Viktor teilnimmt. Alle Häuser sind beflaggt, nach der Festmesse gibt es einen Festzug, der alles aufbietet, was an Pracht zu finden ist. Der Wirer-Platz erhält den Namen des Jubilars – und alles wartet auf die abendliche Illumination, die sich tatsächlich als herausragend erweist: *»Kein Haus, keine Hütte ohne Lichter und Lämpchen«*[78], dazu bunte Lampions entlang der Esplanade. Und auch die Villa Nákó fehlt natürlich nicht und schließt sich diesem Lichterreigen an.

Johanns einzige Tochter Mileva heiratet 1856 Giulio Capece Zurlo Herzog von San Marco, Kämmerer von König Franz II. von Neapel. Er ist *»ein treuer Diener seines himmlischen Herren und ebenso treu seinem irdischen, dem König von Neapel, auch in trüben Tagen. Nach der Entthronung des Königs von Neapel verbrachte er die meiste Zeit in Österreich, den Sommer und Herbst gewöhnlich in Ischl. So oft sein König in die Nähe von Ischl kam oder sonst seiner bedurfte, waltete er freudig seines Amtes.«*[79] König Franz II. beider Sizilien wurde 1861 im Zuge des Risorgimento abgesetzt – er flüchtete mit seinem gesamten Hofstaat, der sich in halb Europa niederließ. Den Herzog von San Marco verschlug es dabei nach Ischl. Hier widmet er sich vor allem seiner Kunstsammlung, die die Räume seiner Villa füllt: *»In dem im Parterre sich befindenden Speisesaal steht ein Renaissance-Ofen, welcher aus farbigen, glasierten Hochreliefkacheln aufge-*

Renaissanceofen aus dem Besitz des Herzogs von San Marco

baut wurde«, verzeichnet ein Inventar der Villa.[80] Der Herzog stirbt am 6. November 1888 in Ischl und wird auch auf dem hiesigen Friedhof beigesetzt, später jedoch nach Ungarn überführt; in seiner Ischler Gruft ruhen heute Priester. Nach seinem Tod widmet Mileva die Kunstsammlung dem Christlichen Museum im ungarischen Esztergom, wo sie sich noch heute befindet.

Ein Jahr nach ihrem Mann verliert Mileva auch den Vater und tritt das umfangreiche Erbe an. Die kinderlose Witwe widmet sich in den folgenden Jahrzehnten ausschließlich der Wohltätigkeit, vor allem liegt ihr das Wohl der alten Menschen am Herzen. Sie studiert in Frankreich moderne Pflegeeinrichtungen und stiftet in Budapest ein Haus der Barmherzigkeit, das nach neuesten Erkenntnissen ausgestattet wird und Platz für vorerst 300 Personen bietet. Mileva beschließt, ihren gesamten Besitz wohltätigen Zwecken zuzuführen – und deren gibt es unendlich viele. In derselben Straße wie das Haus der Barmherzigkeit, der San-Marco-Straße, gründet sie *»das Kloster der guten Hirtinnen, in welchem etwa hundert gefal-*

lene Mädchen sich sittlich aufrichten und zu einem besseren Lebenswandel zurückkehren können.«[81]

Milevas Landbesitz in Ungarn umfasst 6000 Hektar, deren Erträgnisse in die Verbesserung der Lebensumstände der Bevölkerung fließen. Sie lässt eine katholische Mädchenschule errichten, spendet für wohltätige Organisationen und hat immer ein offenes Ohr für die Anliegen der Menschen. Auch ihre Tante Berta Nákó verfolgt dieselben Ziele – eine Familie, die ihren ganzen Reichtum in die Infrastruktur der Region investiert, Kirchen, Spitäler und weitere Schulen erbaut, Arbeitsplätze schafft und den Ausbau der Eisenbahn fördert. Mileva überwacht die Verwaltung ihres Besitzes selbst, um für ihre sozialen Einrichtungen die höchstmöglichen Mittel einsetzen zu können, sie selbst lebt zurückgezogen von einer

Die letzte Erinnerung an die Herzogin von San Marco

kleinen Rente. Doch das Ende des Ersten Weltkrieges verändert ihre Welt grundlegend: Durch die Verträge von Trianon fällt das Komitat, in dem sich ihre Besitzungen befinden, an Rumänien – das Ende des großen freien Europa. Am 3. Februar 1926 stirbt sie 88-jährig auf ihrem Besitz Nagykomlos. Ihre Villa in Ischl vermacht sie der Institution, die ihr vor allen anderen am Herzen gelegen ist: dem Haus der Barmherzigkeit in Budapest. Nur ein Jahr später verkauft dieses die Villa an die Kongregation der Barmherzigen Schwestern vom heiligen Karl Borromäus, die ganz im Sinne der ehemaligen Eigentümerin ein Altersheim in der Ischler Villa einrichtet.

18 Eine Staatsaffäre um die Bundesbahn

Bauerstraße 10

1874 kommt der Wiener Bankier Edmund Grün erstmals nach Bad Ischl, sein Sohn Ernst setzt die Tradition gemeinsam mit seiner Frau Hilda Ujhazi fort. 1917 erwerben sie eine prächtige Villa, in der sie die Sommer mit ihrer 1910 geborenen Tochter Mimi verbringen. Ernst Grün erfreut sich eines besonderen Rufes als Händler exotischer Papiere an der Börse – exotisch im Sinn von unüblich, er handelt in Nischenbereichen und führt das im Jahr 1871 begründete Bankhaus Edmund Grün nach dem Tod seines Vaters 1917 höchst erfolgreich weiter. Ernst Grün gibt ab 1898 auch ein *Kursblatt exotischer Wertpapiere* heraus, das über Kurse und Kursschwankungen der »Exoten« informiert. Zu diesen zählen unter anderem auch Aktien von Lokalbahnen – ein Umstand, der in späterer Folge noch an Bedeutung gewinnen wird.

Die Bankkonzessionen der vielen kleinen Privatbanken unterliegen besonderen Beschränkungen und werden oft als »kleines Bank-

Villa Grün-Willet

gewerbe«[82] bezeichnet; dies gilt auch für das Bankhaus Grün, das folgende Konzession besitzt: *»Betrieb des Bankgewerbes mit Ausnahme des Rechtes zur Entgegennahme von Einlagen gegen Einlagebücher und Kassenscheine sowie des Rechtes zur Ausgabe von Pfandbriefen, Obligationen oder Teilschuldverschreibungen welcher Art auch immer«*.[83]

1924 erleidet Ernst Grün auf der Rückreise von einem Erholungsurlaub in Mailand einen Herzschlag und stirbt in der Bahn bei Wiener Neustadt – sogar das *Prager Tagblatt* widmet ihm einen Nachruf. Seine Witwe steht nun plötzlich allein mit der Bank da und führt diese mit erfahrenen Mitarbeitern an ihrer Seite weiter. 1928 heiratet sie Dr. Leo Willet, der ebenfalls ein Bankhaus betreibt und nun als Gesellschafter ins Bankhaus Grün einsteigt.

Hildas Tochter Mimi wächst behütet und in Wohlstand auf, 1918 annonciert die Mutter in der *Neuen Freien Presse*, um ein tüchtiges Kinderfräulein *»für mein achtjähriges Mäderl«* zu finden, *»perfekt in Pflege, Erziehung und Schulnachhilfe«*.[84] Mimi wird als hübsch, talentiert, selbstbewusst und erfolgreich beschrieben, und doch nimmt ihr Leben mit erst 23 Jahren ein tragisches Ende. Wie auch bei Viktor Dirsztay (siehe Kapitel 4) sind ihrer Karriere als Schriftstellerin all diese Vorzüge hinderlich – hat es eine elegante junge Frau aus gutem Haus notwendig zu schreiben, wo es so viele arme Schriftsteller gibt, die davon leben müssen? Trotzdem gelingt es ihr, einen Fortsetzungsroman in einer Tageszeitung zu platzieren. Von ihrem ersten Honorar kauft sie sich einen Silberfuchs – mondän und schön mit ihren stolzen Eltern, im Mittelpunkt von Opernpremieren und in angeregte Gespräche mit arrivierten Schriftstellern bei Fünf-Uhr-Tees vertieft. Und doch existiert eine andere Seite ihres Wesens, *»es war etwas Dunkles, Unruhiges in ihren Themen«*, erinnert sich der Journalist Rafael Hulla mit Wehmut in einem langen Nachruf in *Der Morgen* am 12. März 1934. *»Angst, Grauen, Furcht vor dem Unheimlichen, gemischt mit einem seltsamen, beinahe erotischen Verlangen nach Tod und Blut in ihren Novellen.«*

Da hilft das von außen betrachtet gelungene Leben nichts – Mimi Grün nimmt sich am 5. März 1934 das Leben.

Der Tod und das Mädchen
Zum Tode der Schriftstellerin Mimi Grün
Von Rafael Hualla

Mimi Grün: eine tragische Gestalt, *Der Morgen*, 12.3.1934

Doch zurück nach Ischl. Auch Leo Willet ist hier nicht unbekannt, erstmals hat er 19-jährig den Sommer 1914 in Ischl verbracht, bevor er in das Grauen des Ersten Weltkrieges gestoßen wird. »*Dem Sohn des Redakteurs M. F. Willet, Fähnrich Leo Willet, wurde für sein tapferes Verhalten vor dem Feinde die große silberne Tapferkeitsmedaille verliehen*«, meldet die *Neue Freie Presse* am 19. November 1916. Zurückgekehrt aus dem Krieg, fasst Leo Willet rasch im Geschäftsleben Fuß und gründet gemeinsam mit Dr. Nikolaus Kaufmann ein Bankgeschäft.

Am 3. März 1931 schafft es Leo Willet mit der Überschrift *Der Börsianer Willet als Kreditvermittler der Bundesbahnen* auf die Titelseite der *Arbeiter-Zeitung*. Und damit befinden wir uns mitten in einem Riesenprozess um die Bundesbahnen, Geheimkonten und ein Kohlekomplott rund um den designierten Bundesbahn-Generaldirektor Dr. Franz Georg Strafella.[85] Dieser Prozess spiegelt auch die sehr raue Wirklichkeit der Ersten Republik wider, die vom Klassenkampf geprägt ist: hie sozialdemokratische Belegschaft, da christlichsoziale Führungsschichte – dass dies zu Konflikten führen muss, liegt auf der Hand.

Strafella gerät zum Angelpunkt der Affäre: Prälat Seipel und Vizekanzler Vaugoin betreiben seine Bestellung als Generaldirektor der Bundesbahnen. Sein größtes Atout besteht darin, einen Straßenbahnstreik in Graz niedergeschlagen zu haben – keine gute Grundvoraussetzung, um in späteren Konflikten zu deeskalieren, im Gegenteil. Die *Arbeiter-Zeitung* als Sprachrohr der Sozialdemokratie beginnt eine Kampagne gegen ihn, die in vielen Punkten wohl auch der Realität entspricht. Strafella geht zum Gegenangriff über und verklagt den Chefredakteur Oskar Pollak – ein medial offensiv ausgetragener Prozess, in dem viele »Nebenschauplätze« Aufmerksamkeit erhalten, ist die Folge. Ein wesentlicher Punkt ist der Vorwurf von Insider-Geschäften – und da kommt das Bankhaus Edmund Grün mit Leo Willet ins Spiel.

»Wie kommen denn die Bundesbahnen ausgerechnet zu der alles eher als bodenständigen Bankfirma?«, fragt die *Arbeiter-Zeitung* am 3. März 1931. *»Der Name Willet spielt in der Geschichte des Herrn Dr. Strafella, insbesondere in seinem Prozess gegen die* Arbeiter-Zeitung, *eine große Rolle. Der frühere Inhaber der Firma Kaufmann und Willet war der Herr Dr. Leo Willet, der jetzt zum Chef der Börsenfirma Edmund Grün avanciert ist. Diese Firma Grün ist ein Bankgeschäft, das mit sogenannten Exoten (seltenen Aktien), also vor allem mit den beim Herr Dr. Strafella so beliebten Lokalbahnaktien, handelt. Die* Arbeiter-Zeitung *hat im Strafella-Prozess unter Beweis gestellt, daß der Herr Dr. Strafella durch dieses Bankgeschäft eine Reihe von Lokalbahnaktiengeschäften gemacht hat und mit der Firma Edmund Grün, beziehungsweise ihrem Chef, dem Herrn Dr. Willet, in ständiger Verbindung gestanden ist.«* Und nun folgt ein Totschlagargument, denn es sei klar gewesen, dass *»der Herr guten Grund hatte, den Mantel jüdischer Nächstenhilfe über die deutscharischen Geschäfte des Herrn Dr. Strafella mit Lokalbahnaktien zu breiten.«*

Es geht um einen Schweizer Kredit, der über zwei Ecken gewährt wird. Involviert ist auch das Wiener-Schweizer Bankhaus Kux, Bloch und Co., das im Übrigen auch einen Konnex zu Bad Ischl hat: Gustav Kux, der Bruder des Bankiers Emil, besitzt eine Villa in der Frauengasse (siehe Kapitel 15) – man kennt sich eben aus Wien und Ischl, das gilt für die Theaterwelt ebenso wie für die Finanzwelt.

Fakten stehen in dieser Pressekampagne zumeist nicht im Vordergrund, die emotional aufgeladene Stimmung zeigt Wirkung. Zuerst wird vom Presserat eine Gegendarstellung veröffentlicht, die Leo Willet eigentlich entlasten sollte – doch rückt die *Arbeiter-Zeitung* nicht von ihrer kämpferischen Linie ab: »*Wir halten alle Behauptungen aufrecht*«, postuliert sie am 16. März 1931 und schreibt Willet eine Schlüsselrolle zu. Außerdem wird er wegen Erpressung angezeigt: Willet habe erklärt, dass er seine Angestellten entlassen würde, wenn sie über die Geschäftsverbindungen zu Strafella aussagen würden. »*Es sei überhaupt keine Zeugenaussage im Gerichtssaal möglich. Wenn der wirtschaftlich Stärkere mit dem von ihm abhängigen wirtschaftlich Schwächeren zu Gerichte gehe und ihn unter Androhung eines empfindlichen wirtschaftlichen Schadens zwinge, keine Zeugenaussage zu machen.*«[86]

Bundeskanzler Schober weigert sich nach dieser Schlammschlacht, Strafella zum Generaldirektor zu ernennen – und stürzt darüber: Im Juni 1931 demissioniert er samt seinem Kabinett. Sein Vizekanzler Vaugoin übernimmt das Ruder gemeinsam mit Ernst Rüdiger Starhemberg, nun ist der Weg frei für den neuen Generaldirektor Strafella. Die *Arbeiter-Zeitung* berichtet laufend über den verhassten Generaldirektor, von teuren Reisen und Freundschaftsdiensten ist die Rede. Auch in zweiter Instanz wird der Ehrenbeleidigungsprozess für Oskar Pollak entschieden, obwohl dieser in einigen Punkten als schuldig befunden wird. Welch große Kreise dieser Skandal in der Gesellschaft zieht, zeigt die Aufnahme der Affäre in Kabarettprogramme – sogar ein eigener Strafella-Schlager wird auf die populäre Melodie *Wenn die Elisabeth nicht so schöne Beine hätt'* getextet.

Die Bundesbahnen kommen auch weiterhin nicht zur Ruhe – die Affäre um die Waffen der Hirtenberger Patronenfabrik hat noch viel katastrophalere Folgen. Sigmund Mandl, der Onkel des Hirtenberger Generaldirektors Fritz Mandl, hat die Villa vis-à-vis der Grün-Willets besessen. Ein Zufall? (Siehe Kapitel 19.)

Am 28. Juli 1937 scheinen Leo und Hilda Willet zum letzten Mal in der Kurliste auf, am 19. Oktober 1938 verkauft Hilda die Villa um 35 000 RM an Johannes Ott, einen Direktor aus Kleinmünchen. »*Von Seiten der nationalsozialistischen Deutschen Arbeiterpartei werden keine Einwendungen erhoben*«, teilt Wilhelm Haenel als »*VJB-Beauftragter der NSDAP Bad Ischl*« der »Ortsgruppe Saureis-Unterberger« in Bad Ischl mit. Somit ist dieser Privatverkauf bewilligt, ein ungewöhnliches Vorgehen, ist es Juden doch nun verboten, frei über ihren Besitz zu verfügen. Im Kaufvertrag wird festgehalten, dass Hilda Willet Jüdin ist. Ihr Bankhaus wird liquidiert, die Überschuldung beträgt fast 10 000 RM – dieser Umstand zwingt sie, die Ischler Villa sofort zu verkaufen, ziehen die Nazis doch ihr Privatvermögen zur Abdeckung der Schulden heran. Mit 27. Oktober 1939 wird das Bankhaus aus dem Handelsregister gelöscht.

Hilde und Leo Willet gelingt es, mithilfe der »Aktion Gildemeester« zu emigrieren. Diese Organisation hilft Menschen, die nach den Nürnberger Rassegesetzen als jüdisch gelten, aber nicht Mitglied der Kultusgemeinde sind, das Land zu verlassen. Zielgruppe sind vermögende Menschen, die zehn Prozent ihres Vermögens in einen Fonds der Aktion einbezahlen müssen, um dadurch ärmeren Juden die Ausreise zu ermöglichen.

Nach dem Ende des Krieges stellt Hilda Willet, die mittlerweile in England lebt, Antrag auf Rückstellung. Ein langer Rechtsstreit folgt, da der Vertrag zwischen zwei Privatpersonen abgeschlossen worden war und eine Diskussion über die Höhe des Kaufpreises geführt wird – dies ist der Knackpunkt, ob der Vertrag als redlich gilt oder nicht. Zeugen, die sich an nichts erinnern, werden einvernommen. Sätze wie »*Das wird schon so sein. Wenn er [sein Sohn] es sagt, wird's schon stimmen. Er erinnert sich allweil leichter als ich. Ich bin immerhin schon 82 Jahre alt*«, gibt der Realitätenvermittler Martin Berkovits aus Ischl am 15. Juni 1949 zu Protokoll.[87] Ein weiterer Ischler Realitätenvermittler, Gebhard Flatz, wird als Sachverständiger vereidigt und gibt zu Protokoll, dass die Preise der Liegenschaften nach 1938 höher waren als zuvor. Nicht sehr differenziert dargestellt: Sie mögen vor dem März 1938 wegen der schlechten Wirtschaftslage tatsächlich stagniert haben, doch ab diesem Zeitpunkt war der Immobilienmarkt des Salzkammergutes plötzlich überschwemmt. Die den Eigentümern zu lächerlichen Summen abgepressten Besitzungen verkaufte meist der Gau Oberdonau um den doppelten Betrag weiter – und dieser entsprach in den meisten Fällen auch dem wahren Wert. Der Gutachter gibt des Weiteren an, dass für gleichwertige Liegenschaften ähnliche Schätzsummen genannt worden seien. Der Haken dabei ist: Es werden ausschließlich Liegenschaften angeführt, die sich ebenfalls in jüdischem Besitz befanden. »*Speziell im Salzkammergut bestand ein übergroßes Anbot von Villen-Besitzen, vom kleinsten bis zum vornehmsten; beispielsweise im Bezirk Bad Ischl nebst anderen alleine ca. ein halbes Hundert jüdischer, wodurch auch die Preise der arischen Besitze in Mitleidenschaft gezogen wurden.*«[88] Eine grundsätzlich korrekte Aussage, doch was zwischen den Zeilen steht, ist offensichtlich.

Die Rückstellungskommission prüft all diese Aussagen und kommt mit 12. Dezember 1949 zu dem Schluss, dass der Verkauf rechtmäßig abgeschlossen worden war, und lehnt eine Rückstellung ab. Hilda Willet legt Beschwerde ein, ein mühsames Hin und Her an Deutungen und Interpretationen einzelner Formulierungen setzt ein. Und die Rückstellungskommission erlässt ein erstaunliches Teilerkenntnis: Der Antragsgegner muss den Besitz zurückstellen, obwohl der Kaufvertrag den Regeln des redlichen Verkehrs entsprochen hat.[89] Rechtlich höchst problematisch und ungenau, eine korrekte Entscheidung schaut anders aus. Der Antragsgegner legt daraufhin wieder Beschwerde ein – vertreten wird er von Dr. Georg Jochmann, Rechtsanwalt in Bad Ischl. Er hatte bereits 1938 den Kaufvertrag errichtet, eine der vielen bruchlosen Karrieren zwischen 1938 und 1949. Zu den vielen Beweismitteln beider Seiten zählen auch wirklich interessante: fünf Interieur-Fotos der Villa vor 1938, in schlechter Qualität erhalten, aber immerhin eine Möglichkeit, einen Blick in das Innere einer Villa zu werfen.

Nach langen Verhandlungen kommt es 1951 zu einem Vergleich. Das Ende eines sehr langen Verfahrens.

19 Munition, Telefone und der König der Hochöfen. Villa Adele, später Freya

Brennerstraße 15

Was war das für eine Villa! Auf dem großen Terrain Ecke Bauerstraße/Brennerstraße ist nichts mehr vom vergangenen Glanz zu bemerken. 1979 musste die Villa einem Gebäudekomplex der Sozialversicherung der gewerblichen Wirtschaft weichen – eine Bausünde der 1970er-Jahre, die 2016 teuer renoviert wurde, hat die Erinnerung an eine Villa ausgelöscht, die außergewöhnliche Familien beherbergt hat.

Die Villa, einst und jetzt

1902 erwirbt Sigmund Mandl den Besitz, der bereits seit 1892 von verschiedenen Verwandten gemietet worden ist, es ist also kein fremdes Haus. Ab 1880 hatte er seine Sommerfrische in Bad Vöslau verbracht, nun lässt er sich in Ischl nieder. Die Familie Mandl[90] zählt in vielerlei Hinsicht zu industriellen Pionieren: Sigmund und sein älterer Bruder Ludwig wenden sich dem Munitionsgeschäft zu. Und aus einem kleinen Anfang in Hernals in der Fabrik von Sigmunds Schwiegervater Michael Fröhlich nimmt eine sagenhafte Erfolgsstory ihren Lauf: die Geschichte der Hirtenberger

Munitionsfabrik. 1884 werden die Brüder Mandl alleinige Eigentümer der »Wiener Jagdhülsen-Patronen und Zündhütchen Fabrik L. Mandl & Co.«, rasch wächst das Geschäft im In- und Ausland, und es werden Expansionsmöglichkeiten gesucht. Im Jahr 1887 erwirbt Ludwig Anteile der Hirtenberger Patronenfabrik und baut sie zu einem der einflussreichsten Unternehmen der Monarchie aus. Nach seinem Tod im Jahr 1893 erbt Sigmund seine Anteile und setzt sich 1898 ein Denkmal: Er stiftet gemeinsam mit seinem Kompagnon Anton Keller anlässlich des 50-jährigen Regierungsjubiläums Kaiser Franz Josephs die Ortskirche von Hirtenberg, die mit großem Pathos und Pomp eingeweiht wird.

Ein einflussreicher und angesehener Mann also, der die Sommerfrische wechselt, Ischl erscheint ihm wohl als standesgemäßer und als besseres Pflaster, um Kontakte zu knüpfen und zu vertiefen. 1911 stirbt Sigmund. »*Als Sohn eines angesehenen Arztes hatte Siegmund Mandl durch eigene Tätigkeit das Etablissement zu seiner ganz besonderen Stellung gehoben*«, betont das *Neue Wiener Tagblatt* am 1. Februar 1911. »*Das Leichenbegängnis bot einen Beweis, welcher Wertschätzung sich der Verstorbene erfreute und welche außerordentliche Beliebtheit er bei seinen Beamten und Arbeitern sowie bei der Bevölkerung von Hirtenberg genoss.*«

Seine Tochter Adele Fischel erbt die Villa und verkauft sie am 30. Mai 1918 an den Industriellen Max Hahn, der jedoch bereits 1925 nach einer Blinddarmoperation stirbt. Der Generaldirektor der Österreichischen Telephonfabrik AG war gleichzeitig ihr Gründer und bester Mitarbeiter, wie das *Neue Wiener Journal* am 20. September 1925 konstatiert. 30 Jahre zuvor hatte er eine kleine Fabrik mit zehn Arbeitern gegründet, zehn Jahre später beschäftigte er bereits 400 Arbeiter und Angestellte. Die Familien Mandl und Hahn dürften miteinander bekannt gewesen sein: Sigmund Mandls Mutter Julie Sterk und Hahns Frau Grete Sterk sind miteinander verwandt, Gretes Bruder Willi Sterk zählt außerdem zu den bedeutendsten Operetten-Librettisten und hält sich selbstverständlich ebenfalls oft in Ischl auf.

Nun tritt ein Industrie-Gigant besonderen Formats auf den Plan: Adolf Sonnenschein erwirbt ein »Schnäppchen« aus der Verlassenschaft von Generaldirektor Max Hahn, ein Schätzungsgutachten legt die Situation deutlich dar: »*Wir teilen Ihnen mit, dass mit Rücksicht auf das Darniederliegen des Realitätenmarktes und weiters im Hinblicke auf die allgemeine wirtschaftliche Krise, Luxusobjekte, zu welchen auch die gegenständliche Villa zu zählen ist, als sehr schwer verkäuflich seither im Werte gesunken sind.*«[91] Die Villa wird auf 130 000 Schilling geschätzt, Adolf Sonnenschein bezahlt 197 500 Schilling und bekommt dafür auch die Einrichtung dazu.

Wer ist nun dieser Adolf Sonnenschein? Es gibt wohl wenige Karrieren, die mit der seinen vergleichbar sind. Man kann ihn ohne Übertreibung den König der Hochöfen nennen, obwohl seine Ausbildung etwas stockend begann. Aber lassen wir Sonnenschein selbst erzählen. Aus Anlass des 75-Jahr-Jubiläums seiner Schule, der Realschule in Linz, erinnert er sich am 8. August 1926 in der *Linzer Tages-Post* seiner holprigen Anfänge. Wegen Differenzen verlässt er in der siebten Klasse das Gymnasium in Linz und begibt sich nach Wien: »*Mein Vater kam nach Wien und es entspann sich mit ihm am Praterstern folgende Unterhaltung: ›Du willst also wieder nach Linz zurück?‹ ›Jawohl, Vater.‹ ›Nein, du bleibst hier in Wien und gehst zu Gottlieb Taussig, Seifen- und Parfümeriefabrik in Gaudenzdorf, als Volontär ins Bureau.‹ Ich erwiderte: ›Das mach ich nicht, Vater!‹, worauf er einem Omnibus mit der Aufschrift Westbahnhof winkte, Richtung Linz einstieg und mich als Nebenmonument beim Tegetthoff-Denkmal am Praterstern stehen ließ.*«

Adolf wird für ein Jahr Volontär, danach verlangt er jedoch Bezahlung, die ihm nicht gewährt wird, und er arbeitet als Korrespondent und Buchhalter bei der Firma E. Reimelt am Getreidemarkt, einer »Agentur für Papier und dgl.«. Die Militärpflicht naht, Adolf lernt für die Einjährig-Freiwilligen-Prüfung, und endlich gestattet der Vater die Rückkehr nach Linz, damit er sich auf die Prüfung vorbereiten kann. Adolf nimmt Kontakt mit seinem ehemaligen Schuldirektor auf und fragt, ob es möglich wäre, den Stoff von zweieinhalb Jahren nachzuholen und gleichzeitig mit den Klassenkameraden zu maturieren. *»Mit großen Augen maß mich Direktor Klekler von oben bis unten und meinte: ›Ja, Sonnenschein, Sie sind einer unserer besten Schüler gewesen, versuchen Sie es, vielleicht gelingt's. Wenn Sie irgendeine Unterstützung bei Ihren Studien brauchen, kommen Sie zu mir und ich gestatte Ihnen den Besuch der 7. Klasse, um bei der Rekapitulation des Stoffes gegenwärtig zu sein.‹«* Dies spornt den jungen Adolf an, und *»ich stopfte in meinen Kopf schöpflöffelweise das notwendige Wissen. Ich konnte mich im Mai zur schriftlichen Matura stellen, auf Grund derer ich im Juni zur mündlichen Matura zugelassen wurde, die für mich als Externist nicht weniger als 14 Gegenstände umfaßte.«*[92]

Der Generaldirektor der Witkowitzer Bergbau- und Eisenhüttengewerkschaft Dr. techn. h. c. Ing. Adolf Sonnenschein, Präsident des nordmährisch-schlesischen Industriellenverbandes, begeht am 3. April seinen 70. Geburtstag.

Zu Adolf Sonnenscheins 70. Geburtstag, *Das interessante Blatt*, 31.3.1932

Dieses Durchhaltevermögen prägt auch seinen weiteren Lebensweg: Er studiert an der Technischen Hochschule und geht konsequent einen Weg, der keine geografischen Grenzen kennt und selbst für die damalige Zeit außergewöhnlich ist. Anlässlich seines 70. Geburtstages im Jahr 1932 erscheinen Zeitungsartikel mit geradezu hymnischen Würdigungen seines Wirkens – und es stimmt traurig, dass bei seinem Tod sieben Jahre später in Genf kein Nachruf mehr erscheint. *»Hier ist ein Mann, der rastlos tätig war, dessen Tüchtigkeit den Mißerfolg bannte und der tausenden und abertausenden Men-*

schen Arbeit, Aufgabe und Lebenszweck gegeben hat.« So enthusiastisch würdigt die *Wiener Sonn- und Montagszeitung* am 4. April 1932 den Erfinder, Pionier und Industriellen, dessen »*Tätigkeit keine Grenzen des Geistes oder des Landes gesetzt waren, fast in ganz Europa zeugen rauchende Hochöfen, pochende Hämmer, schwebende Kräne, bienenfleißige Menschen von den Früchten seiner Arbeit.«*

Sein Werdegang beeindruckt tatsächlich: Nach kurzer Zeit als Ingenieur in Witkowitz geht er als General Manager der Bengal Iron & Steel Co. Lt. nach Barakar in Vorderindien, heute Westbengalen – nicht gerade die naheliegendste Adresse. Dort zeigen sich sofort sein enormes Talent und seine Tatkraft, gelingt es ihm doch, in dieser vollkommen fremden Umgebung die Produktion zu steigern und Probleme aus der Welt zu räumen. Neue Hochöfen entstehen, er modernisiert den Bergbau, sucht und findet auf Expeditionen bessere Erzvorkommen und vieles mehr. Die Sommerfrische verbringt er mit seiner Frau Emma in – Bad Ischl, die Kurliste listet ihn mit dem Wohnort Calcutta auf. In Indien wird auch sein Sohn Fritz geboren, ihm folgen die Töchter Lilli und Helene. Fritz nimmt am 9. November 1919 ein tragisches Ende: Mit nur 25 Jahren stirbt er nach langem Siechtum an schweren Verletzungen – man kann das Drama nur erahnen, dem der junge Mann offenbar selbst ein Ende gesetzt hat.

Nach fünf Jahren erfolgreicher Tätigkeit in Vorderindien hinterlässt Adolf Sonnenschein dort ein blühendes Unternehmen und kehrt nach Europa zurück – von Witkowitz führt die nächste Mission über einen kleinen, sehr erfolgreichen Zwischenstopp, bei dem er im ungarischen Rudabánya eine elektrisch betriebene Drahtseilbahn baut und sozusagen im Vorübergehen den Erzbergbau modernisiert, 1898 nach Lappland. Dort hatte die Witkowitzer Gewerkschaft Grubenfelder des »Aktiebolaget Freya« erworben, ein kleines Detail, das uns wieder nach Bad Ischl zurückführt, gibt Adolf Sonnenschein seiner Villa doch den Namen »Villa Freya«.

In Lappland zeigt sich dasselbe Bild, wie ein Wirbelwind erledigt Sonnenschein seine Aufgaben und hinterlässt Unmengen an gefördertem Erz – innerhalb eines Jahres steigert er die Produktion von 13 000 auf sagenhafte 300 000 Tonnen. Bis weit in die 1940er-Jahre hinein bleiben diese von Sonnenschein modernisierten Betriebe die wichtigsten Standbeine von Witkowitz. Dorthin kehrt Sonnenschein auch wieder kurz, bereits als Direktor, zurück, um 1905 die nächste Mission in Angriff zu nehmen. Diesmal führt ihn der Weg nach Südrussland, um den verfallenen Manganerzbergbau Krasnogrigorjewka in eine moderne Anlage umzuwandeln. *»Er erbaute daselbst eine große Aufbereitungsanlage, eine elektrische Kraftzentrale, eine entsprechende Verladestation und zahlreiche Wohnhäuser und Wohlfahrtseinrichtungen für Beamte und Arbeiter und schuf dadurch die Möglichkeit, in kurzer Zeit die Förderung auf eine Höhe von 100 000 Tonnen jährlich zu bringen.«*[93]

Nun ist es jedoch an der Zeit, sich von diesem unsteten Leben zu verabschieden und die Tätigkeit auf Witkowitz zu konzentrieren. Auch dort gibt es viel zu tun, und in kürzester Zeit entsteht der erste, nach amerikanischem Vorbild errichtete Hochofen – das klingt so leicht, doch welche Energie, Schaffenskraft und Begeisterung müssen vorhanden gewesen sein, um all dies zu bewerkstelligen? 1916 erfolgt die Ernennung zum Zentraldirektor, 1920 zum Generaldirektor des Witkowitzer Eisenwerkes.

Wie kann ein einziger Mensch so viel erschaffen, erreichen und ersinnen? *»Ungeheurer Arbeitswille, unermüdliche Arbeitskraft, sowie ein phänomenales Gedächtnis machen Generaldirektor Dr. Sonnenschein nicht nur zum nominellen Inhaber all dieser Titel, Stellungen und Würden, sondern zu einem in allen sachlichen Einzelheiten eingeweihten Leiter und Führer, der sogar das Kunststück zu leisten vermag, für seine Privatinteressen Zeit zu erübrigen, seiner Passion als Jäger zu huldigen, die Schönheit der Natur zu verehren und für Literatur, Malerei und Musik, denen er leidenschaftlich ergeben ist, freie Stunden zu finden.«*[94]

Nach der Machtübernahme durch die Nationalsozialisten flüchtet Adolf Sonnenschein in die Schweiz, wo er am 26. September 1939 in Luzern stirbt und seine Tochter Lilli Marker zur Erbin ein-

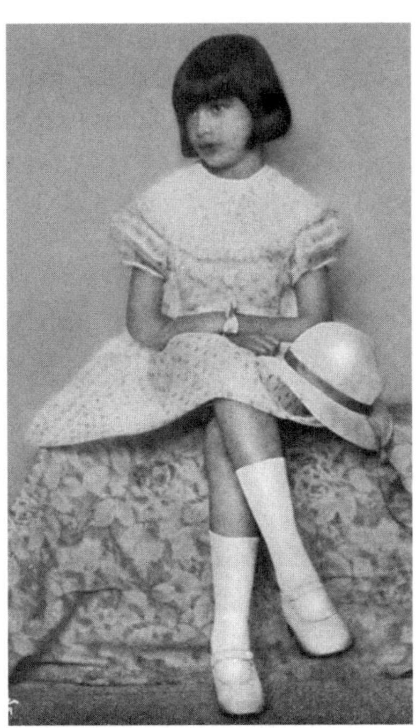

Adolf Sonnenscheins Enkelin Dorle Marker, abgebildet im *Wiener Salonblatt*, 10.2.1935

setzt. Seiner Frau Emma räumt er ein Fruchtgenussrecht an der Ischler Villa ein – dies bringt die Nazi-Behörden in Nöte: Denn Adolf Sonnenschein ist tschechoslowakischer Staatsbürger, seine Frau Emma nicht jüdisch. So einfach kann der Besitz also nicht enteignet werden. Der umtriebige Wilhelm Haenel erhält am 7. Mai 1940 dennoch vom Reichsstatthalter von Oberdonau eine Vollmacht, die ihn zu allen Rechtshandlungen ermächtigt. Doch hat die Familie einen eigenen Rechtsanwalt, der sich um die Angelegenheit kümmert. Den Behörden ist jedenfalls daran gelegen, die Witwe Emma Sonnenschein aus Ischl fernzuhalten – obwohl sie theoretisch die Möglichkeit hätte, zurückzukehren, dazu aber sicher wenig Lust verspürt. 1942 wird die Villa durch die Gestapo beschlagnahmt und am 4. April 1944 dem Großdeutschen Reich einverleibt. Erstaunlicherweise wird am 1. August 1944 trotzdem das Fruchtgenussrecht für Emma Sonnenschein im Grundbuch eingetragen, was den Nazis die Möglichkeit nimmt, den Besitz zu verkaufen. Zugleich wird Lilli Marker ihrer *»Protektoratsangehörigkeit«* für verlustig erklärt – sie ist nunmehr staatenlos, und ihr Vermögen wird *»für verfallen erklärt«*.[95] Eine Umschreibung für *»enteignet«*.

Bereits ab 1942 mietet die »Internationale Tabakwissenschaftliche Gesellschaft« die Villa – Vertragspartner ist der Rechtsanwalt der Familie Sonnenschein. Ein sehr komplexer Fall, da Enteignung und Vermietung parallel bestehen. Diese komplizierte Konstruktion bedingt wohl auch, dass die nominelle Rückstellung der Villa an Lilli Marker erst 1952 erfolgt. Lilli stirbt 1979, ihre Tochter Dorothea, die sich nun Dorothy nennt, verkauft den Besitz um acht Millionen Schilling an die Sozialversicherung der gewerblichen Wirtschaft – schon die Summe zeigt, wie groß der Besitz war, der sich zwischen Brenner-, Bauer- und Gärtnerstraße erstreckt hat. Von der Villa und ihren schillernden Bewohnern ist nichts geblieben.

20 Die Sarsteiner-Villa, die Emmerich Kálmán nie besessen hat

Emmerich-Kálmán-Straße 1

Am 27. September 1923 schließen Karl und Anna Sarsteiner und Emmerich Kálmán eine Vereinbarung ab, in der dem Komponisten ein Vorkaufsrecht auf die Villa Nr. 161 in Kaltenbach eingeräumt wird. Diese herrschaftliche und beeindruckende Villa, Ecke Bauerstraße/Kálmán-Straße in einem großen Park gelegen, ist ab diesem Jahr Kálmáns Sommerdomizil, in direkter Nachbarschaft zu Josef Jarno und Hansi Niese (siehe Kapitel 21).

So einfach gestaltet es sich für ihn aber vorerst nicht, in die Ischler Operettenkreise Eingang zu finden – es ist eine eingeschworene Gemeinschaft, die dort arbeitet und diskutiert, jeder Neuankömmling wird argwöhnisch beäugt. Doch Kálmán ist die Bedeutung

Villa Sarsteiner

einer gewissen Präsenz in Ischl bewusst, und so begibt er sich auf Empfehlung seines Librettisten Robert Bodanzky im Jahr 1908 erstmals dorthin, jedoch erst am 25. August, da geht die Saison bereits ihrem Ende zu. In diesem Sommer wimmelt es nur so vor Komponisten: Carl Michael Ziehrer als Vertreter der »alten Garde« und die jungen und aufstrebenden Talente Franz Lehár und Leo Fall verbringen den Sommer ebenso hier wie Bruno Granichstaedten und Heinrich Reinhardt.

Kálmán steigt im Hotel Goldenes Kreuz ab und kehrt ein Jahr später wieder zurück – diesmal wagt er sich bereits am 11. August in das überfüllte und geschäftige Bad Ischl, gleichzeitig mit Leo Fall, Oscar Straus und Bruno Granichstaedten. Akzeptiert ist Kálmán aber noch lang nicht, auch die Librettisten meiden ihn, und so verlässt er Ischl bereits nach kurzer Zeit. Es sind die Jahre seiner ersten Erfolge in Wien: 1909 begeistert er mit *Herbstmanöver*, das noch im selben Jahr höchst erfolgreich in New York gespielt wird. Diesem ersten amerikanischen Erfolg folgt 1913 mit *Zigeunerprimas* der nächste. Die Titelpartie interpretiert in Wien Alexander Girardi, und dieser ist es auch, den Kálmán im Sommer 1913 in Ischl besucht, um die Rolle gemeinsam einzustudieren – endlich fühlt er sich in der Ischler Operettenwelt willkommen und akzeptiert.

Willkommen ist er auch in New York: Für den Broadway-Produzenten Shubert wäre ein Erscheinen des Komponisten höchstpersönlich ein überaus willkommener Coup – und es gelingt ihm, den Komponisten zu dieser Reise zu überreden. Doch im letzten Moment verliert Kálmán den Mut, diese lange und beschwerliche Reise anzutreten – wer weiß, vielleicht wäre er in New York geblieben und hätte dort reüssieren können. 1932 berichtet Julius Bistron darüber in seiner Biografie[96] anlässlich Kálmáns 50. Geburtstag – und ahnt nicht, dass der Komponist wenige Jahre später unfreiwillig doch noch diese große Reise antreten muss, um sein Leben zu retten.

Doch noch befinden wir uns in Europa, über dem sich die dunklen Wolken des Ersten Weltkrieges zusammenbrauen. Auch nach

Franz Lehár und Emmerich Kálmán auf der Suche nach neuen Stoffen im größten Ischler Warenhaus, »Louvre« genannt. *Die Bühne*, 6.8.1925

seinem Ausbruch verbringt Kálmán die Sommer 1915 und 1916 in Ischl, diesmal im idyllischen Rosenstöckl (siehe Kapitel 8) in der Nachfolge Franz Lehárs, der das Traunufer gewechselt und vis-à-vis eine eigene Villa bezogen hat. In der Rosenvilla komponiert Kálmán seine *Csárdásfürstin*. 1917 wohnt er erstmals in der Sarsteiner-Villa, die bereits in den Jahren 1902 und 1903 Sommertreffpunkt der Operettenwelt gewesen ist. Josef Simon, Johann Strauß' Schwager, hatte die Villa gemietet und dort illustre Gäste empfangen: Der große Schauspieler Josef Kainz ging hier ebenso ein und aus wie der Bühnenliebling Alexander Girardi, der stimmstarke Tenor Leo Slezak, der gefürchtete Kritiker Julius Korngold und der junge Franz Lehár, der bereits auf erste Erfolge zurückblicken konnte.[97]

Nach dem Ende des Ersten Weltkrieges ziehen einige Jahre ins Land, bevor es den Sommergästen wegen der Versorgungslage wieder möglich wird, nach Ischl zu kommen. Erst 1923 wird Kálmán in den Kurlisten erwähnt, mit der Adresse Ahorngasse 15 – das ist die damalige Adresse der Sarsteiner-Villa, die der Komponist mit seiner Familie mietet. Die heutige Adresse Emmerich-Kálmán-Straße wird 1932 eingeführt – ein Geschenk der Gemeinde Bad Ischl zum 50. Geburtstag des Meisters. So zaghaft Kálmáns erste Annäherung an Ischl gewesen ist, so sehr fühlt er sich nun zu Hause und verbringt nicht nur die üblichen Sommermonate in der Villa, sondern zieht sich bereits im Frühjahr hierher zurück, um in Ruhe an Erfolgsstücken wie *Die Bajadere* arbeiten zu können.

Seine Mutter bewohnt das Zimmer unter dem Musikzimmer und lauscht der Musik, die von oben zu ihr herabtönt, wie sie in einem Interview mit der Zeitschrift *Die Bühne* verrät. Und sie gibt auch ihren Senf dazu, denn wenn ihr etwas ganz besonders gefällt, geht sie hinauf und sagt dem Sohn, *»dass das a Schlager wird. Wissen S', ich hab' nämlich eine ganz besonders feine Nasen dafür. Ich erlebe die Geburt jedes Liedes, jedes Tones mit. Mehr als das: ich habe ihm oft geholfen und geraten.«*[98] Auf diese Weise entstehen in der Sarsteiner-Villa große Welthits und Schlager.

Kálmán gehört längst zum »inner circle« der sogenannten Operettenbörse, die in Ischl in vielerlei Art und Weise tätig ist: Werke werden geschrieben und komponiert, aber auch besetzt, verlegt, an Theater verkauft und auf die Bühne gebracht. Und alle, die in diesen Prozess involviert sind, weilen im Sommer in Ischl. Der Meistbietende erhält den Zuschlag, Eifersüchteleien beleben das Geschäft oder torpedieren den Erfolg – eine finanziell und emotional höchst aufregende Zeit.

Léhar und Kálmán – dies sind die beiden großen Sterne, zu denen sich auch Oscar Straus gesellt. Die Librettisten arbeiten einmal für den einen, dann für den anderen – um das beste Buch ist immer ein G'riss, obwohl bis heute vor allem die Namen der Komponisten mit den Werken verbunden werden. Die Librettisten stehen immer in der zweiten Reihe, trotzdem tragen sie Verantwortung für eine Geschichte, die interessiert oder eben nicht. Kálmáns Hauptmitarbeiter sind Alfred Grünwald und Julius Brammer, die

Villa Kálmán, Villa Brammer und Villa Grünwald, abgebildet in der *Bühne*, 30.7.1925

beide Villen in Ischl besitzen, jeweils gerade 500 Meter von Kálmán entfernt, der sich gewissermaßen im Zentrum befindet. Hier wird gearbeitet – und die Zeitungen witzeln darüber.

1937 verlebt Kálmán den letzten unbeschwerten Sommer in Ischl, ein Jahr später ist alles völlig anders – doch auch in der Emigration behält Ischl seine Bedeutung. Kálmán schreibt am 8. Juli 1941 – also zu dem Zeitpunkt im Jahr, den man sonst in Ischl verbrachte – seinem Librettisten Alfred Grünwald, der sich von einer Operation erholt, von Hollywood nach New York: »*Gehen Sie irgendwohin in die Nähe, wo Sie so was Ähnliches wie Salzkammergutluft finden können. Ich kenne mich noch in diesem riesigen Amerika nicht genügend aus, ich kann mich aber erinnern, dass mir ein Freund einmal Pennsylvania empfohlen hat, als Land, welches dieselbe Luft hat wie unser Ischl.*«[99]

Emmerich Kálmán sitzt in Hollywood, Alfred Grünwald in New York, Julius Brammer in Südfrankreich, wo er 1943 stirbt. Es bleibt nur eine ausufernde Korrespondenz – Kálmán nennt das »Tratschen« und schreibt Grünwald unzählige Briefe, die jedoch unbeantwortet bleiben, denn es würde unheimlich viel Zeit und Muße brauchen, um auf alle Details einzugehen.

Nach dem Ende des Krieges reist Kálmán relativ bald nach Österreich, um sich ein Bild von der Lage zu machen, das denkbar schlecht ausfällt. Sein erster Weg führt ihn nach Wien: »*Ich konnte mich etwas schwer daran gewöhnen, dass die Bevölkerung in ihren Anzügen, sowohl Männer wie Frauen, sehr ins Provinzielle zurückgegangen sind. Vielleicht ist das nationalsozialistisch. Das Richtige aber für den alten Wiener, wie ich einer bin, ist es nicht. Es ist merkwürdig zu sehen, dass die Stadt Wien nach all ihrem durchgemachten Leid jetzt etwa wie Innsbruck oder Graz aussieht.*« Diesen Stimmungsbericht liefert Kálmán Alfred Grünwald am 7. April 1949. Weiter geht es nach Ischl mit einer bemerkenswerten Einstellung, die Grünwald absolut nicht teilt: »*Es hat keinen Sinn unversöhnlich zu sein, man muss mit der Gegenwart abrechnen. Ischl selbst ist sehr herabgekommen.*«[100]

Grünwalds Villa wird von Kálmán in Augenschein genommen, und man kann sich vorstellen, wie skeptisch und ängstlich der einstmals so gefeierte Komponist betrachtet wird – an Gustav Beer berichtet er am 6. August 1949: »*Ich habe mir das Haus von beiden Seiten angesehen und gefunden, dass es, unberufen, noch in gutem Zustand ist.*«

2003 erscheint aus Anlass von Kálmáns 50. Todestag eine Gedenkbroschüre des Verlages Weinberger, in welcher sich sein Sohn Charles an die Rückkehr nach Ischl im Jahr 1949 nostalgisch und wehmütig erinnert. »*In einem alten Taxi aus Bad Aussee lässt sich ein vornehmer, älterer Herr mit seiner Familie durch die Stadt fahren. Er war seit zwölf Jahren nicht mehr hier und es drängt ihn, ›sein‹ Ischl wiederzusehen.*« Er lässt das Taxi vor der Sarsteiner-Villa halten: »*Emmerich Kálmán ist wieder zu Hause – hier hatten fast alle seine Werke ihre Geburtsstunde. Er ist tief bewegt; wie hat er sich nach diesem Wiedersehen mit der alten Heimat gesehnt, als er die vielen Jahre in der Emigration leben musste! Ein Musiker braucht eine Heimat – und die von Kálmán liegt nun mal in Österreich und Ungarn.*« Und der Vater zeigt dem Sohn, der den letzten Ischler Sommer im Alter von acht Jahren erlebt hat, alles: sein Studio, wo das Pianino stand und er seine Ideen ausarbeitete, das Wohnzimmer, in dem bei literweise Kaffee und Kisten voller Zigarren mit den Librettisten diskutiert und oftmals fürchterlich gestritten wurde – Kálmáns Ehefrau nannte es daher »Brüllraum«. »*Einmal zerstritten sich Brammer und Grünwald auf Leben und Tod – ich nahm ihren Text, lief hinauf in mein kleines Zimmer und fand die Melodie dazu: ›Grüß' mir die süßen, die reizenden Frauen im schönen Wien‹, und die beiden lagen sich weinend in den Armen.*«[101] Es bleiben Erinnerungen an eine Zeit, die untergegangen ist.

21 Josef Jarno und Hansi Niese

Emmerich-Kálmán-Straße 3

Ein Leben, das von den Brüchen der Geschichte des 20. Jahrhunderts gezeichnet ist: Josef Jarno bleibt Ischl innig verbunden, hatte er doch am 17. Juni 1885 als *Thalmüller-Loisl* in Anzengrubers *Der Pfarrer von Kirchfeld* hier am Theater debütiert, einem Theater, das ihm zeit seines Lebens – und wahrlich in guten wie in schlechten Zeiten – am Herzen liegt.

Josef Jarnos Talente zeigen sich in mannigfaltiger Weise: ein großer Darsteller, ein fantasievoller Regisseur, ein umtriebiger Direktor, der verdienstvolle Strindberg-Verkünder, ein genialer Talente-Entdecker. Aber auch ein gebrochener Mensch, der nach dem Ende des Ersten Weltkrieges nicht mehr Anschluss finden kann an eine Theaterwelt, die sich rasant verändert.

An das Ischler Theater wird er als jugendlicher Liebhaber und Naturbursch engagiert – ein Glücksfall für den jungen Schauspieler aus Budapest, denn so gelangt er sofort in den »inner circle« der Wiener Schauspieler, die natürlich im Sommer den Hof unterhalten dürfen – Bad Ischl gilt als Dépendance der Wiener Bühnen. Direktor Ignaz Wild legt größten Wert auf hohe Qualität – als Direktor des Theaters in der Josefstadt stehen ihm die besten Kräfte zur Verfügung, die ihm auch gern nach Ischl folgen. Josef Jarno sollte später in beiden Funktionen auf den Spuren Wilds wandeln, an der Josefstadt folgt er ihm 1899 als Direktor nach. Und so wie sich Wild in Ischl niederlässt (siehe Kapitel 15), kauft auch Josef Jarno hier eine Villa.

Noch steht der junge Schauspieler aber am Beginn seiner Karriere, und bereits seine dritte Rolle in Ischl bringt ihm eine wohlwollende Kritik im *Ischler Wochenblatt* ein: Wahrer Fleiß und zielbewusstes Vorwärtsstreben, gepaart mit Bescheidenheit – so stellt sich Jarno dem Publikum vor. Kein schlechter Start. Und es geht gut weiter, nach acht Jahren an der Ischler Bühne, auf der er sich konsequent hinaufspielt, inszeniert er dort 1893 erstmals, was Publikum

Hansi Niese und Josef Jarno in Blumenthals Lustspiel *Im weißen Rössl* als Wirtin Josepha Voglhuber und Zahlkellner Leopold, 1898

und Presse, die seine Karriere von Anfang an wohlwollend begleiten, honorieren. Mittlerweile ist er während der Saison am Berliner Residenztheater engagiert, kehrt aber trotzdem im Sommer treu nach Ischl zurück.

In Berlin begegnet er der Schauspielerin Hansi Niese, die er im Jahr 1900 heiratet – eine ideale Verbindung, im Leben wie auf der Bühne. Hansi Niese zählt zu den hervorragendsten Darstellerinnen ihrer Zeit, sie wird mit dem Prädikat »weiblicher Girardi« geadelt und steht auch oft mit diesem gemeinsam auf der Bühne – in Wien wie auch in Bad Ischl. 1907 erwerben Josef Jarno und Hansi Niese eine Villa, »Villa Hansi« genannt, die ihnen als Sommerrefugium dient.

Josef Jarno erkennt Talente. Diese besondere Gabe verhilft vielen Schauspielern und Schauspielerinnen zu großem Ruhm. Der große Komiker Max Pallenberg und die urgewaltige Gisela Werbezirk verdanken ihre Karrieren Jarno – und auch sie verbringen so manchen Sommer in Ischl und treten im Theater auf. *»Denn immer war er ein Sucher und oft genug auch ein Entdecker«*, resümiert die *Reichspost* in einem Nachruf am 12. Jänner 1932.

Der Erste Weltkrieg bedeutet auch im Leben Jarnos eine bedeutende Zäsur. Die Theaterszene und die Ansprüche des Publikums wandeln sich nach dem Ende des Krieges radikal, die Zeiten werden schwierig. Amüsement steht nun im Vordergrund, das feine, kultivierte Lustspiel französischen Zuschnitts erscheint altmodisch. Auch die wirtschaftliche Situation verschlechtert sich zunehmend, doch Jarno bleibt unermüdlich, widmet sich in Wien dem Theater in der Josefstadt, dann dem Bau des Stadttheaters und zuletzt dem Renaissancetheater – doch folgt ein Fehlschlag auf den anderen. Außerdem leitet er von 1921 bis 1930 das Ischler Theater, wohl mehr aus Sentimentalität denn aus wirtschaftlichen Gründen. Das Publikum hat sich auch in Ischl radikal geändert: Statt der Hofgesellschaft schwappt die erste Welle des »Massentourismus« über Ischl hinweg, doch dieser findet an dem »altmodischen« Geschmack Jarnos keinen Gefallen mehr. Jarnos Repertoire geht an der Nachfrage vorbei: Statt der beliebten Operetten und Singspiele setzt er ausschließlich auf Sprechtheater – dieses Experiment geht nicht auf, obwohl er nach wie vor große Namen und Publikumslieblinge beschäftigt, nicht zuletzt seine Frau Hansi Niese, aber auch Stars wie Alexander Moissi oder Raoul Aslan.

»*Und trotzdem merkte er eines Tages, daß sich der Lorbeerkranz um seine Stirne allgemach in eine Dornenkrone zu verwandeln begann.*« Was für eine poetisch-tragische Beschreibung des Zeitenwandels, die in der *Reichspost* vom 12. Jänner 1932 zu lesen ist. »*Was war es, das ihm den Erfolg immer wieder aus der Hand wand? Wie kam es, daß er Wert und Auswirkung eines Stückes doch häufig überschätzte? Er verstand die Zeit nicht mehr so recht. Er vermochte ihr, der raschlebigen, nicht mehr mit der nötigen Beweglichkeit zu folgen. Für ihn war der Beruf eines Theaterdirektors eine Berufung, ein Schicksal, ein Glück und eine Tragik.*«

Die Direktion des Theaters in der Josefstadt muss Jarno 1923 an Max Reinhardt abgeben, 1927 wird das von ihm seit 1905 geleitete Lustspieltheater im Prater in ein Kino umgewandelt – die neue Zeit übernimmt mit Riesenschritten das Kommando über die Unterhaltungskultur. Von 1925 bis 1931 versucht Jarno mit der Renaissancebühne in der Neubaugasse noch einmal sein Glück – er kann und will nicht aufgeben, doch schließen sich die Pforten dieses Theaters aus finanziellen Gründen ebenfalls. In Wien erzählt man sich, dass Jarno allein in den leeren Räumen des Theaters verweilt, um noch etwas Bühnenluft zu atmen.

Die finanzielle Situation entwickelt sich immer prekärer und gipfelt in der Pfändung des Ischler Hauses im Jahr 1930 – ein schwerer Schlag für Jarno und Niese. Die Schulden bei der Zentralstelle der Bühnenautoren und Verleger betragen mehr als 14 000 Schilling. Ein Jahr später verkaufen Jarno und Niese ihr Haus inklusive des gesamten Mobiliars um 25 000 Schilling – die Schulden können getilgt werden.

Jarnos letzter Auftritt erfolgt 1932 als Kaiser Franz Joseph in der Operette *Im weißen Rössl* in Budapest – bereits 1899 hatte er im Berliner Lessingtheater im gleichnamigen Lustspiel, lang vor der Operettenfassung, den Leopold gespielt –, ein symbolischer Abschluss einer Karriere, die unter Kaiser Franz Joseph auf ihrem Höhepunkt gewesen war. »*Nun hat auch mich mit sechsundsechzig Jahren noch die Operette erwischt*«, bemerkte er mit leiser Melancholie, »*ausgerechnet in einer Operette, in der das ›Glück am Wolfgangsee vor der Tür steht*‹, *und ich habe all die vielen Jahre hindurch im benachbarten Ischl als Theaterdirektor von diesem ›Glück‹ so wenig verspürt.*«[102]

Ein tragisches Ende eines einst erfolgreichen Lebens, das von der Zeit überholt wurde und trotz glänzender Kritiken in den Zeiten der Not von den Wienern im Stich gelassen wird, wie alle Nachrufe einhellig feststellen: »*Er ist in Wien gestorben, nein, untergegangen. Gestern, zu seinem Leichenbegängnis, sind viele, viele Hunderte erschienen. Wären sie auf das Theater Jarnos halb so neugierig gewesen, wie auf das Spektakel seiner letzten Fahrt, er hätte nicht so enden müssen. Wien ist um einen Künstler, das Theater um eine Persönlichkeit von mehr als lokaler Geltung ärmer geworden.*«[103]

Hansi Niese überlebt ihren Mann nur um zwei Jahre und muss

1933 noch einen schweren Schicksalsschlag ertragen: Ihre Tochter Hansi, ebenfalls Schauspielerin, stirbt nur 32-jährig an einem Lungenabszess. Doch Hansi Niese spielt unverdrossen weiter, sie fühlt sich von der Liebe und der Zuneigung ihres Publikums getragen. Als hervorragende Gestalterin ihrer Rollen gefeiert, vermittelt sie das Gefühl, diese wahrlich zu leben. In einem Artikel in der *Bühne* gewährt sie Einblick in das Geheimnis des Rollenstudiums: *»Ich setze mich ganz allein in meinem Zimmer vor das Buch und bin Publikum. Naives, empfängliches Publikum«*, erklärt sie den Lesern am 4. Oktober 1928. *»Oft kommen meine Leute ins Zimmer herein, nachschauen, mit wem ich mich so gut unterhalte, wenn sie mich hellauf lachen hören.«* Dies ist die Voraussetzung, um ein Buch anzunehmen. *»Dann beginnt die schönste, die freudigste Arbeit: aus der Figur einen um und um lebendigen Menschen zu machen.«*

Diesen intensiven Zugang spürt das Publikum von Anfang an und feiert die große Niese in all ihren Rollen. Sie wendet sich auch dem Film zu – knapp vor der Uraufführung des Filmes *Die Dame mit dem Schleier* mit Georg Jacoby als Regisseur stirbt sie am 4. April 1934 plötzlich an einem Lungenödem. In der Woche ihres Todes kündigen die Tageszeitungen ihre Filme *Unser Kaiser* und *Liebe bei Hof* groß an – immerhin ist es dieser großen Schauspielerin gelungen, ihr Talent und ihr Können für die Nachkommen auf Film gebannt zu erhalten. Auf der Ischler Villa ist auch heute noch zu lesen: Villa Hansi Niese.

22 Der vergessene Operettenstar Louise Kartousch und der brillante Strafverteidiger Hermann Kraszna

Ahornstraße 8

Sie wird mit der Berliner Ausnahmekünstlerin Fritzi Massary verglichen, und doch existiert kein Buch, kein Artikel, kein Aufsatz über sie: Louise Kartousch, die einst die größten Operettenerfolge aus der Taufe hob, in den großen Uraufführungen immer in Titelrollen mitwirkte und vom Wiener Publikum gefeiert wurde. 1923 ist sie der bestbezahlte Operettenstar Wiens und bekommt eine Abendgage von drei Millionen (Inflations-)Kronen.[104]

Ihre Karriere erreicht einen ersten Höhepunkt, als sie 1912 die Hauptrolle in *Die Dollarprinzessin* übernimmt – Rolle auf Rolle folgt, sie kreiert alle Novitäten bis in die frühen 1920er-Jahre – und hadert mit ihrem Genre: 1927 analysiert sie die Situation in einem Zeitungsinterview messerscharf, die Operette sei steckengeblieben:

Louise Kartousch in ihrem Gräf & Stift-Wagen, 1925

»Die Komiker sind immer noch genauso komisch wie vor zwanzig Jahren, die Soubrette ist herzig, die Primadonna giftet sich, wenn andere Leute neben ihr auch leben wollen – und der Tenor muss unwiderstehlich sein.«[105] Der Grund hierfür ist die Angst, die eingespielten Pfade des Erfolges zu verlassen: Die Libretti gleichen einander wie eine Schablone der anderen, die Musik verlässt sich auf sichere Schlager und geht kein Risiko ein – heraus kommen Werke, die dem künstlerischen Ehrgeiz wie eben dem von Louise Kartousch in keiner Weise entsprechen. *»Wer wird denn behaupten, dass künstlerischer Ehrgeiz nur in der Burg, um Gotteswillen doch nicht einem Operettenschauspieler erlaubt ist«*, empört sie sich.

Aquarell der Villa Kartousch

Den Herbst 1924 nimmt Siegfried Löwy zum Anlass, ein Stimmungsbild über Ischl nach Ende der Saison zu verfassen: *»Verödet steht leider auch das schmucke, stilvolle Bauernhäuschen, das sich Luise Kartousch in der Ahorngasse erbaut hat und in dem der lose Schalk die immer zu Schelmenstreichen aufgelegte, lebensfreudige, temperamentvolle Künstlerin Vorbereitungen für eine besonders inte-*

ressante Saison traf.«[106] In Ischl trifft Kartousch nicht nur ihren Freund Franz Lehár, sondern auch ihre Kollegin Mimi Kött, der die Villa Felicitas gehört und die ein so unglückliches Ende nimmt (siehe Kapitel 39).

In den späten 1920er-Jahren nehmen die Rollenangebote immer weiter ab, Kartousch überschreitet die Altersgrenze der jungen Soubrette, die über die Bühne tanzt – die Zeiten werden schwierig. Dies ist jedoch kein Einzelschicksal – nur wird darüber wenig geredet. Auch andere Künstler, die Ischl sehr verbunden sind, wie etwa Josef Jarno (siehe Kapitel 21), werden von der neuen Zeit und ihrem eigenen Alter überrollt. So wie Jarno das Ischler Theater nicht vor dem Untergang bewahren kann, ist auch die große Karriere der Louise Kartousch vorbei. Es folgt das böse Erwachen, die Inflation frisst die wenigen Ersparnisse, denn man hat lieber sehr gut gelebt, und zwingt die ehemals gefeierten und großen Stars, ihr Leben in engen finanziellen Verhältnissen, wenn nicht sogar in Armut zu fristen.

Der Publikumsliebling Louise Kartousch, umrundet von Verehrern, *Die Bühne*, 27.11.1924

Einblick ins Innere der Villa Kartousch

Fixe Engagements nehmen ab, Gastspiele führen Louise Kartousch gemeinsam mit ihrem langjährigen Bühnenpartner Ernst Tautenhayn mit Lehárs *Wo die Lerche singt* in ihre Heimatstadt Linz, dann ziehen die beiden weiter nach Innsbruck und Graz: Die mühsame Provinztour, die meist am Anfang jeder Karriere steht, zeigt nun auch das Ende an. 1925 startet die Kartousch noch einmal durch und versucht sich im Sprechtheater. Sie tritt als Gast in den Kammerspielen im Lustspiel *Die Herzogin von Elba* auf und gefällt im Raimundtheater im Lustspiel *Lady Fanny und die Dienstbotenfrage* – doch die große Karriere ist auch in diesem Metier nicht mehr zu machen, vielleicht auch wegen des nicht gerade hohen Niveaus der Stücke. 1934 eröffnet Kartousch eine Bar im Hotel Krantz am Neuen Markt 5 in Wien, doch schon 1935 verschwindet diese wieder aus den Zeitungsannoncen, obwohl die dort gebotene Tanzmusik oft auch im Radio direkt übertragen wird und den Zuhörern so Bar-Atmosphäre nach Hause bringt.

Schweren Herzens muss sie im Jahr 1935 ihre Ischler Villa verkaufen – fast 20 Jahre hat sie hier ihre Sommer verbracht. In einem

Zeitungsinterview verfälscht sie die realen Umstände für diesen Verkauf, unter dem Titel *Wiens Rösslwirtin verkauft ihre Ischler Villa* folgt ein herzergreifendes Interview, das während zweier Vorstellungen des *Weißen Rössls* im Wiener Stadttheater geführt wird. Sehr dramatisch, sehr sentimental. Und weit weg von der Realität. »*Ich kann nicht mehr fröhlich sein*«, seufzt die Künstlerin. »›*Ich habe Ischl und meine Villa so geliebt, daß ich das Haus verkaufen muß*‹, *sagte sie. Und indem die Rößlwirtin die glänzende Seidenschürze ihres Dirndls glatt streift, wiederholt sie:* ›*Ich fahre im Sommer nicht wieder nach Ischl, ich will in dieser Villa nicht wieder leben.*‹« Doch was ist der Grund für diese Verzweiflung? Der Tod ihrer Mutter. »*In dieser Villa habe ich Sommer für Sommer mit meiner Mutter gewohnt. Vor vielen Jahren weilte ich mit meiner Mutter in Ischl und damals führte uns Franz Lehár zu dieser Villa.* ›*Die Villa ist zu kaufen, Sie müssen sich diese Villa nehmen …*‹ *Ich folgte Franz Lehár, ich kaufte die Villa und war dort jedes Jahr ein paar Wochen glücklich. Meine Mutter ist – gestorben. Mit ihr starb für mich aller Sommerfrohsinn. Ich fahre nicht mehr ins Salzkammergut. Und ich will die Villa nicht wiedersehen. Meine Villa ist zu verkaufen …*« Dies erzählt sie dem Reporter der Zeitschrift *Der Morgen* am 6. Mai 1935. Ja, ihre Mutter ist gestorben, jedoch schon zehn Jahre zuvor am 19. April 1925! Diese vorgeschobene Sentimentalität überdeckt den wahren Grund: Große finanzielle Schwierigkeiten zwingen die Künstlerin, ihr Domizil zu verkaufen – ein schmerzlicher Moment.

Louise Kartousch verkauft die Villa an Annette Kraszna, die Frau des Rechtsanwalts Dr. Hermann Kraszna, der bereits seit 1910 mehrere Sommer in Ischl verbracht hat. Nicht nur als brillanter Strafverteidiger reüssiert Kraszna, sondern auch als Schriftsteller – wobei diese beiden Metiers gar nicht so weit voneinander entfernt sind: Ein strafrechtliches Plädoyer sollte im besten Fall auch ein literarisches Kunstwerk sein – und als solche können Krasznas Reden angesehen werden, findet eine doch auch Aufnahme in den Sammelband *Berühmte Verteidigungsreden 1860–1918*. Von 1924 bis 1927 gibt Kraszna die Zeitschrift *Das Tribunal, Internationale*

Justiz- und Kriminalzeitung heraus, sehr kurzweilig und amüsant zu lesen.

Kraszna und Kartousch teilen die Sicht auf ihre Berufe, die sich gar nicht so unähnlich sind, wie Kraszna in einem Interview mit dem *Neuen Wiener Journal*, das so oft über Kartousch berichtet, unter dem Titel *Schauspieler des Lebens. Gespräch mit einem Anwalt* ausführt: »*Der gute Schauspieler glaubt im Augenblick, da er spielt, an die von ihm vertretene Sache. Er wird auf dem Theater auch in eine mäßige, schlechte Sache menschliche Werte hineinzutragen vermögen. Und er wird im Leben auch in einem armseligen, stumpfen, sogar bösen Herzen einen Urgrund von Menschlichkeit auszuloten wissen, und dies – rechtfertigt seine Schauspielerei.*«[107] Kraszna hat vielfältige Interessen, hält im Radio Vorträge über Tiere und insbesondere Hunde – ein Interesse, das er mit Louise Kartousch teilt. Es gibt nur wenige Privatfotos der Soubrette, auf denen nicht auch ein oder mehrere Hunde abgebildet sind.

Louise Kartousch mit ihren geliebten Hunden, 1925

Doch kann sich das Ehepaar nur kurz an der schönen Lage und dem herrlichen Ausblick erfreuen – 1938 flüchtet es nach Ecuador, wo Kraszna dann an der Universität von Guayaquil lehrt.[108] Die Villa wird vom Deutschen Reich eingezogen, obwohl Annette Kraszna nicht jüdisch ist – doch da sie das Land verlassen hat, wird ihr die Staatsbürgerschaft aberkannt, und nun ist es ein Leichtes, den Besitz zu enteignen. Wie so oft beginnt eine langwierige Diskussion, wer denn nun der Nutznießer sein darf. Bis 1942 bleibt das Haus unbewohnt, was der Substanz nicht gerade guttut, dann wird ein Ehepaar einquartiert. Im selben Jahr stirbt Hermann Kraszna in Ecuador, am 20. September 1949 stellt die Finanzdirektion Linz den Besitz an Annette Kraszna zurück, doch wird das Eigentumsrecht erst ein Jahr später, am 9. Oktober 1950, im Grundbuch eingetragen.

23 Julius Brammer

Kalvarienbergweg 16

Am steilen Weg auf den Kalvarienberg liegt ein unauffälliges Haus mit prachtvollem Blick, das im Jahr 1919 der Librettist Julius Brammer erwirbt. Geboren 1877 im mährischen Sehraditz, gerade einmal 160 Kilometer nordöstlich von Wien gelegen, verbringt er ab 1911 seine Sommer in Bad Ischl. Als Beruf gibt er »Bühnenschriftsteller« an, seine Identität bestätigt Alfred Grünwald, mit dem Brammer die damals sogenannte Firma »Brammer-Grünwald« betreibt – eine Libretti-Werkstatt mit enormer Produktivität. Als Verkäufer tritt der Notar Anton Köhler auf, dieser hat das 1873 erbaute Haus jedoch nur eineinhalb Jahre besessen.

Die Dichterfürsten Alfred Grünwald (re.) und Julius Brammer (li.), Karikatur von Josef Danilowatz

Julius Brammer gestaltet das Haus gemeinsam mit seiner Frau Rosemarie zu einem Schatzkästchen um, wie *Die Bühne* am 30. Juli 1925 unter dem Titel *Mit Blitzlicht und Kamera im Salzkammergut* berichtet: *»Brammer ist ein Gourmand: ein kleines Bauernhäuschen, klein aber sein, hat er mit Schätzen, mit unerhörtem Geschmack und Kunstverständnis von oben bis unten angefüllt. Auch er hat einen Blick auf Ischl und einen dazu auf den Loser; sonst aber ein Museum lauter Köstlichkeiten; viel aus dem Nachlaß Girardis und aus einzelnen Schlössern zusammengeholt. Und eine reizende Frau dazu und ein süßes, kleines blauäugiges Kind obendrein.«*

Brammers Karriere beginnt als komischer Liebhaber am Münchner Gärtnerplatztheater, bald jedoch wechselt er nach Wien, wo er kleine Rollen übernimmt und oft gemeinsam mit Alexander Girardi auf der Bühne steht – aus dem älteren Kollegen wird ein Freund, der ebenfalls seine Sommer in Ischl verbringt, wenngleich auf der anderen Seite des Ortes. Brammers Verehrung für Girardi führt dazu, dass er nach dessen Tod einen großen Teil des Nachlasses erwirbt – ein Umstand, der im weiteren Verlaufe seines Lebens noch von Bedeutung werden sollte.

Wie kann man sich das Leben als Librettisten-Tandem vorstellen? Allein kann niemand eine Operette auf die Bühne bringen: Mehrere Autoren und Komponisten arbeiten Hand in Hand, um dem nimmersatten Publikum neue Werke zu liefern. An der Reihung der Namen kann der Kenner ersehen, welcher der Autoren für welchen Teil des Textes verantwortlich ist: Der Erstgenannte liefert meist Handlungsidee und Dialoge, der Zweitgenannte kümmert sich um die Gesangslyrik.[109] Brammer ist immer der Erstgenannte und demnach also der »Plot-Lieferant«, dem Alfred Grünwald in gekonnter Weise mit Liedern die nötige Atmosphäre einhaucht, in Musik gesetzt meist von Emmerich Kálmán. Dieses Dreigestirn zeichnet für Welterfolge wie *Gräfin Mariza, Die Zirkusprinzessin* oder *Die Herzogin von Chicago* verantwortlich – und alle drei verbringen den Sommer in Ischl, wo ihre Werke das Licht der Welt erblicken. Brammer schreibt aber auch für Leo Fall, der zwar ab 1906 in verschiedenen Ischler Hotels logiert, den Sommer jedoch am Mondsee verbringt. Und auch Oscar Straus setzt Libretti von Julius Brammer in Musik – eine weitere Ischler Verbindung.

1938 steht auch das kleine Haus der Brammers im Fokus der Begierde. Um seinen Besitz zu retten, versucht Julius Brammer, ihn seiner nichtjüdischen Frau Rosemarie zu schenken – doch die Behörden verbieten dies, obwohl es in anderen Fällen funktioniert. Die allgegenwärtige Willkür zeigt sich auch in diesen Entscheidungen. Stattdessen erhält das Ehepaar von Wilhelm Haenel (siehe Kapitel 25) einen Rat, wie sich das Problem lösen ließe: »*Nur wenn die Scheidung zwischen den Eheleuten Julius und Rosemarie Brammer durchgeführt wird, bestünde die Möglichkeit, daß das Eigentum an dem erwähnten Haus auf Frau Rosemarie Brammer übertragen wird, vorausgesetzt, daß nicht etwa auch dann noch begründeter Einspruch geltend gemacht wird.*«[110] Dies kommt natürlich nicht infrage. Und so geht die Enteignung ihren Weg. Die Vollmacht, den Besitz von Julius Brammer als Verwaltungstreuhänder zu übernehmen, erhält Wilhelm Haenel erst am 6. Mai 1940 gemeinsam mit weiteren für zahlreiche andere Villen.

Um die Villenbesitzer zu desavouieren, sammelt die NSDAP Informationen, die feinsäuberlich notiert und den Enteignungsakten beigelegt werden. Die NSDAP Ortsgruppe Bad Ischl berichtet Haenel am 13. August 1940: »*Julius Israel Brammer war selbstverständlich als Jude ein Gegner unserer Bewegung, war aber so schlau, daß er sich nie bösartig oder gehässig gegen die Partei oder einzelne Anhänger geäußert oder benommen hätte! Beim Anschluß der Ostmark an das Reich äußerte er sich zu einem Geschäftsmann: ›Man wird sich auch da dreinfinden, den Kopf wird es ja nicht kosten.‹ Verschiedene Geschäftsleute, bei denen er früher Kundschaft war, geben übereinstimmend an, daß er ihnen gegenüber nie Stellung gegen die Bewegung genommen hat. Demgegenüber war aber seine Frau, die keine Jüdin war, in keiner Weise zurückhaltend, wenn sie gegen die Bewegung sprechen konnte. Auch die Schwester dieses Juden war eine glühende Hasserin des Nationalsozialismus.*«[111]

Julius Brammer hatte vor seiner Abreise nach Paris versucht, für seine Schwestern vorzusorgen. Am 6. September 1939 schreibt er einen Brief an Emma, in dem er ihr 12 000 RM übergibt, um laufende Kosten abzudecken und den Rest auf drei Sparbücher für die Schwestern zu legen, *»sodass Ihr für die nächste Zeit vor Not geschützt seid. Mehr kann ich jetzt leider für Euch liebe Schwestern nicht tun.«*[112] Emma, aber auch die Schwestern Rosa und Ernestine und Julius' Bruder Ignatz werden deportiert und ermordet.

»Man wird sich auch da dreinfinden, den Kopf wird es ja nicht kosten.« Julius Brammers fatale Fehleinschätzung

Emma und Ernestine versuchen noch im August 1940, den Treuhänder Haenel abberufen und Julius Brammer wieder das freie Verfügungsrecht einräumen zu lassen – es stimmt traurig, dass zwei Jahre nach der Machtergreifung noch immer der Glaube an das Recht existiert. Eines der Hauptargumente der Schwestern führen sie folgendermaßen aus: *»In seiner Eigenschaft als Operettenlibrettist hat er jeweils dem Staate eine Menge ausländischer Devisen eingebracht und versucht, die Wiener Musik im Auslande mit größtem Erfolg zu popularisieren.«*[113] Die Antwort ist an Zynismus kaum zu überbieten: *»Die Bestellung des Verwaltungstreuhändlers erfolgt keineswegs wie Sie anzunehmen scheinen, als Strafe, sondern ausschließlich zu dem Zwecke, um die gerade in einem Fremdenverkehrsort wie Ischl gebotene gewissenhafte Betreuung der Liegenschaften sicherzustellen.«*[114]

Am 18. April 1943 endet Brammers Leben in dem mondänen Badeort Juan-les-Pins an der Côte d'Azur. Der Lauf der Geschichte hat ihn an einen Ort vertrieben, der für andere Menschen der Inbegriff von elegantem Nichtstun ist, für Brammer hingegen bedeutet er den Verlust der Heimat.

Der Nachlass Alexander Girardis führt zu großen Begehrlichkeiten seitens der Nationalsozialisten. Am 28. Juni 1940 werden Gegenstände kulturhistorischer Bedeutung sichergestellt, darunter ein Kassettenspinett, 24 Habsburger-Porträts und sechs Stiche mit Ansichten Wiener Theater. Dass diese aus dem Girardi-Nachlass stammen, wird mit keiner Silbe erwähnt. Der Umfang des Girardi-Nachlasses beeindruckt, besitzt Julius Brammer doch neben den erwähnten Gegenständen noch 30 weitere Gemälde, darunter berühmte Ölbilder, die Girardi in seinen Paraderollen in Operetten wie *Der Vogelhändler, Jakuba, Der Millionenonkel, Zigeunerbaron* und *Fürstin Ninetta* darstellen, aber auch eine Bronzefigur, mehr als 400 Broschüren und Programmhefte. Das Gesamtinventar umfasst zwölf Seiten mit 340 Einzelposten – das Abbild eines liebevoll zusammengetragenen Lebens. Am meisten schmerzt vielleicht, dass die vielen Familienbilder ausnahmslos als »wertlos« taxiert werden.

Haenel hegt besonderes Interesse, weiß er doch genau um den Wert des Girardi-Nachlasses: Er lässt sich also als Treuhänder des Besitzes einsetzen und bringt einige Kisten zuerst ins Rathaus, dann in seine eigene Villa. Warum? Im Erkenntnis zum Rückstellungsverfahren am 1. August 1950 versucht er sich zu rechtfertigen: *»Der Antragsgegner gibt zu, dass Julius Brammer Jude war und er im Jahre 1938 mit der Verwaltung jüdischen Besitzes betraut worden war. Er wendet jedoch ein, dass er mit den Ehegatten Brammer schon vor 1938 gut bekannt war und auch bei ihnen öfters zu Gast gewesen ist. Infolgedessen habe der Antragsgegner gewußt, dass die Ehegatten Brammer an dem Girardi-Nachlass und an anderen ihnen gehörigen Sachen besonders hingen. Der Antragsgegner wollte daher die ihm wertvoll scheinenden Gegenstände vor dem Zugriff amtlicher Stellen oder privater Erwerber sichern. Er habe daher die Fahrnisse in Kisten verpacken und in seine Kanzlei auf dem Gemeindeamt und nach Verlegung* *dieser Kanzlei in sein Haus Bad Ischl Concordiastraße 3 schaffen lassen. Der weniger wertvolle Teil der Fahrnisse sei nach 2-facher Schätzung schließlich von ihm selbst erworben worden. Die wertvollen Gegenstände seien in, mit der Aufschrift ›Denkmalschutz Brammer‹ versehenen Kisten in seinem Hause Concordiastraße 3 verwahrt worden. Dadurch seien die Fahrnisse für die Antragstellerin erhalten geblieben.«*[115]

Hier wird nun eine groteske Argumentation angewandt: »*Der Antragsgegner war jedenfalls über die unter Denkmalschutz gestellten Gegenstände, und überhaupt über die von ihm nicht erworbenen Gegenstände, nie verfügungsberechtigt. Er kann daher nicht als rückstellungspflichtiger Erwerber belangt werden.*« Letztendlich muss Haenel die gestohlenen »Fahrnisse« den Erben zurückstellen – der Weg dorthin erweist sich jedoch als kompliziert.

Wie bei fast allen enteigneten Villen entbrennt auch um Brammers Besitz ein Kampf zwischen verschiedenen Partei-Organisationen, doch auch Privatpersonen zeigen sich interessiert und kontaktieren die Behörden, um sich selbst im besten (Nazi-)Licht darzustellen. Ab 1. November 1940 mietet die Linzer Firma Kraus und Schober das Haus als Erholungsheim für die Angestellten, ein Vorkaufsrecht existiert. Dass dieses auch in Anspruch genommen wird, verhindert die Gestapo, die das Haus 1941 beschlagnahmt. Enteignen können die Behörden den Besitz nicht, denn Brammer ist tschechoslowakischer Staatsbürger und somit von den deutschen Gesetzen nicht betroffen. Ein Drahtseilakt für ein Regime, das sich um scheinbare Rechtssicherheit bemüht und dennoch Enteignungen durchführen will. Am 29. August 1942 erfolgt die »Zwangsentjudung«, die Firma Kraus und Schober hat offenbar gewonnen. Im Grundbuch wird dies jedoch nie eingetragen, der Streit um die diversen Zuständigkeiten ist auch zu Ende des Krieges noch immer nicht beigelegt, denn die zuerst sehr sozial klingende Widmung des Hauses als Erholungsheim für die Angestellten der Firma erweist sich als Bumerang. Der Reichsstatthalter von Oberdonau schiebt der Angelegenheit in einem Schreiben vom 4. September 1942 einen Riegel vor: »*Im Salzkammergut*«, argumentiert er, »*ist bereits eine so große Anzahl von Landhäusern und Beherbergungsbetrieben in Erholungsheime verwandelt worden, dass ich die Schaffung neuer Gefolgschafts- und Erholungsheime im Salzkammergut verboten habe, um nicht die künftige Entwicklung des Fremdenverkehrs in diesem zu den landschaftlich reizvollsten Gebieten Europas zählenden Gauteil ernstlich zu gefährden.*«[116] Zu viele Invalide passen eben nicht zur Idylle der Sommerfrische.

Als Kompromiss darf die Firma Schober und Kraus das Haus weiter nutzen, aber nicht erwerben – dementsprechend wird auch mit der Substanz umgegangen. Im Rückstellungsakt findet sich eine Darstellung des Zustandes vom 1. Oktober 1946: »*Das Haus ist in einem sehr schlechten Zustand, da seit mehreren Jahren keine Reparaturen durchgeführt wurden. Sämtliche Fensterstöcke und Fensterrahmen sind abgefault und die Beschläge abgerostet. Die neu angeschafften Winterfenster sollen eingeglast werden. Das Bad musste wegen Einsturzgefahr abgesperrt werden. Der Mauerverputz ist an den Innen- und Außenwänden sehr schadhaft. Die Fußböden sind teilweise sehr schlecht.*«[117]

Rosemarie Brammer erhält die Villa samt eines Teils der »Fahrnisse« am 11. März 1952 zurück – der Großteil des Girardi-Nachlasses wird gerettet. Am 17. März 1953 trennt sie sich von ihrem Besitz, den einst *Die Bühne* ein Schatzkästchen genannt hatte.

24 Villa Vockner/Pancera/Haenel

Concordiastraße 3

»Eine jugendliche Clavier-Walküre, die mit den Paganini-Variationen zehn starke Männer zu Boden spielte.«[118] Was für eine Frau! Oder besser gesagt: Was für ein Mädchen, denn die Pianistin Ella Pancera, von der die Rede ist, ist zu diesem Zeitpunkt 17 Jahre alt und auf dem Weg ganz nach oben. Und dabei darf Ischl nicht fehlen. Ella, die eigentlich Gabriele heißt, studiert bei zwei Professoren, die sich in Ischl niederlassen: Theodor Leschetizky (siehe Kapitel 32) und Josef Vockner, Bruckners Nachfolger am Wiener Konservatorium. Vor allem die Leschetizky-Schülerinnen reisen dem verehrten Lehrer in die Sommerfrische nach, an einen Ort, der Ella nicht fremd ist: Mit Mutter und Großmutter verbringt sie bereits mit 14 Jahren den ersten Sommer in Ischl und kehrt Jahr für Jahr zurück, ebenso wie Theodor Leschetizky. Ihr zweiter Lehrer Josef Vockner

Villa Vockner-Pancera-Haenel

»Eine jugendliche Clavier-Walküre.« Ella Pancera, abgebildet in ihrer eigenen Kritiken-Sammlung, 1895

erwirbt 1887 ein Grundstück, zwischen Brennerstraße und Concordiastraße gelegen, und errichtet eine Sommervilla mit zwei Wohnungen.

Die Schilderungen Ella Panceras geben das Bild einer temperamentvollen, fast wilden Künstlerin, die weniger mit feinen Tönen als vielmehr mit virtuosem Feuer beeindruckt und so nicht dem Klischee des weiblichen Pianisten entspricht. Viele Rezensenten betonen, dass sie *»mit männlich kraftvollem Anschlag«*[119] spiele, und fügen belehrend hinzu, sie solle ihr Repertoire vielleicht doch ihrem Geschlecht anpassen. Dies entspricht in keiner Weise Ellas Charakter, im Gegenteil. Bald wird sie mit Liszt verglichen und erobert die Konzertsäle im Sturm. Ihre erste Tournee führt sie 1890 durch Österreich und Deutschland – und hinterlässt eine Spur der Begeisterung. Ihre Mutter erweist sich als beste PR-Managerin: Sie lässt all die hymnischen Kritiken in ein hübsches Büchlein binden und verteilt dieses bei den Konzerten an die Rezensenten, damit diese auch sicher wissen, mit wem sie es hier zu tun haben. »*Die junge Pianistin macht es den Kritikern bequem. Sie trägt uns fertige Kritiken ins Haus, schön säuberlich gedruckt und mit dem vollkräftigen Bild der Künstlerin geziert. Wir wissen bei der reichen Auswahl nicht, welches Referat hier abzudrucken oder als Muster zu nehmen wäre.*« Dass sie in diesem schmalen Bändchen als die würdigste Nachfolgerin Franz Liszts »*unter allen Pianistinnen der Gegenwart in der musikalischen Welt*« bezeichnet wird, geht doch etwas zu weit: »*Wir bedauern daher, die zweifellos begabte, aber dem Größenwahn verfallene Pianistin für eine Zeit nicht mehr ernst nehmen zu können.*«[120]

Doch solche ironische Kritik berührt Ella Pancera nicht – sie geht ihren Weg kompromisslos weiter und ändert auch die Art ihres Spieles nicht, was so manchen Rezensenten zum Stoßseufzer veranlasst, »*daß sie auch mehr geistige Sammlung gewinne und ihre Kunst nicht nur kräftig, sondern auch tiefer fasse. In den technischen Stürmen, welche sie mit Anpassung an große Virtuosenart heraufbeschwört, gelangt sie noch immer nicht zu feinerer rhythmischer Empfindung und zu seelischer Erregung.*«[121] Tourneen nach Russland folgen, wie erwartet mit Riesenerfolg. 1897 erreicht ihre Karriere einen neuen Höhepunkt: Auf ihrer Tournee nach Großbritannien widerfährt ihr die Ehre, für Queen Victoria ein Konzert auf Schloss Balmoral zu geben. Zur Erinnerung erhält sie »*nach der Vorstellung eine Diamantbrosche mit den Initialen der Königin.*«[122] Ein halbes Jahr später spielt sie wieder für die Königin, diesmal in Schloss Windsor – ein silberner Bilderrahmen mit dem Konterfei der Königin winkt als huldvolle Belohnung. Beides war lange Jahre in ihrer Villa zu besichtigen und kann auch in der ORF-Dokumentation *Villen im Salzkammergut* aus dem Jahr 1991 bewundert werden. In der Villa befindet sich auch ein prachtvoller Flügel, den ihr der Klavierfabrikant Julius Blüthner bereits 1892 zur Verfügung gestellt hat – diese Geschäftsverbindung erhält auch privaten Charakter, denn 1898 heiratet Ella in der evangelischen Kirche in Wien Julius' Sohn Max, mit dem sie sich ein halbes Jahr zuvor während ihres enormen englischen Erfolges verlobt hat. Doch hat die Hochzeit auch einen PR-Beigeschmack, ganz wie es zu Ellas Charakter passt: Zur Feier dieses Tages liefert die Fabrik den Flügel Nummer 50 000 aus, ein Ereignis, das die Hochzeit tatsächlich in den Schatten stellt: *»Das Außerordentliche dieses Jubiläums wird am besten dadurch illustrirt«*, erklärt die *Neue Freie Presse* am 9. Oktober 1898, *»daß noch kein Clavierfabrikant der Welt, der wie Blüthner die Fabrik ohne Vorgänger begründet und bei Nummer 1 zu zählen begonnen hat, diese enorme Ziffer erreicht hat«* und dabei nur qualitativ hochwertigste Instrumente ausliefert. Eine außerordentliche Leistung.

Was nun folgt, macht nachdenklich. Denn es wird sehr still um Ella, sie gibt kaum mehr Konzerte und verschwindet von den Bühnen – doch warum? Für eine Klavierfabrik wäre es doch die beste Werbung, diese gefeierte Pianistin als Aushängeschild zu benutzen. Aber dies geschieht nicht. Offenbar ordnet sich die Künstlerin den bürgerlichen Konventionen unter – eine verheiratete Frau hat zu Hause zu bleiben. Dies kann Ellas Charakter nicht entsprochen haben, eine freie, erfolgsverwöhnte Künstlerin soll nun nur mehr im privaten Rahmen spielen und als Hausfrau in Leipzig repräsentieren? In einem Brief an die Friedensnobelpreisträgerin Bertha von Suttner, die sie offenbar für ein Konzert gewinnen möchte, antwortet Ella am 11. Jänner 1900: *»Es tut mir in der Seele leid, dass ich Ihre liebenswürdigen Zeilen nicht zusagend beantworten kann – und es fällt mir wahrhaft schwer, der gewinnendsten Liebenswürdigkeit mit einem ›nein‹ entgegentreten zu müssen – aber liebste, verehrteste Baronin – das wäre alles leicht zu arrangieren, wenn nicht die Reise selbst zu machen wäre, wozu man doch, wenn man verheiratet ist, schwerer kommt als früher.«*[123] Das Ehepaar plant eine Reise nach Paris, dann erwähnt Ella ein Engagement in London – *»nun will mein Mann nicht noch eine dritte Reise einfügen lassen.«* Das kann nicht gutgehen.

1907 stirbt Max Hesse, der Eigentümer des gleichnamigen Leipziger Verlages, und setzt Ella als Alleinerbin ein – über die Hintergründe kann man nur spekulieren. 1910 lässt sie sich jedenfalls von Max Blüthner scheiden – ob es da einen Zusammenhang gibt?

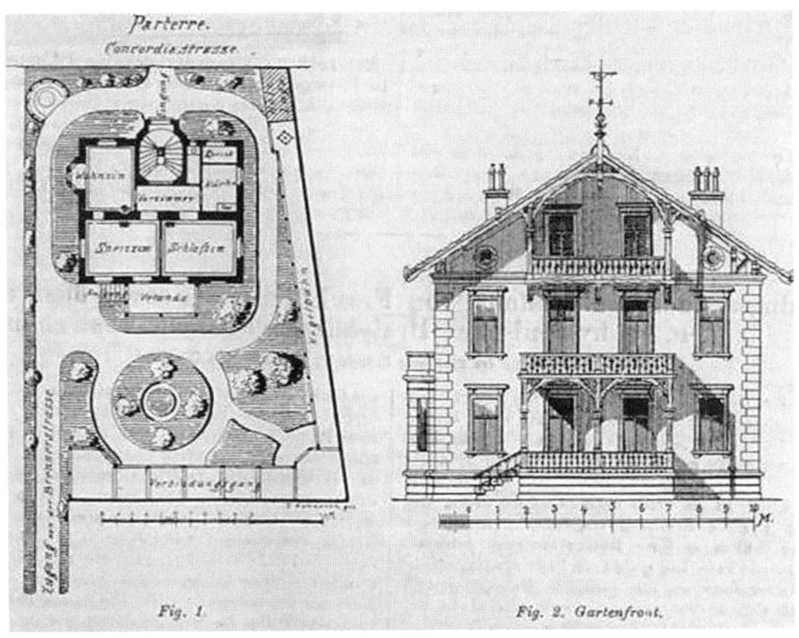

Villa Vockner, *Der Bautechniker, 15.4.1892*

Ein Jahr zuvor hat Ella die Villa ihres Lehrers Josef Vockner in Bad Ischl gekauft, die in der Zeitschrift *Der Bautechniker* im Jahr 1892 als *»empfehlenswertes Vorbild zu einem idealen Zweifamilien-Wohnhause für österreichische Curorte und Sommerfrischen«*[124] empfohlen wird.

Die Wohnungen verfügen über jeweils drei Zimmer und eine Küche, im Dachgeschoß befinden sich zwei Dienstbotenkammern. Sie haben also gerade die richtige Größe, denn dies entspricht genau der Nachfrage: Die Sommerfrischler bewohnen gern kleinere Wohnungen als in der Stadt auch deshalb, *»weil sich Alt und Jung so viel wie möglich im Freien bewegt und die Wohnräume, mit Ausnahme des gemeinschaftlichen Speisezimmers, hauptsächlich als Schlafzimmer dienen.«* Im Garten gibt es eine Kegelbahn, besonders wird auch die reizende Aussicht gelobt. Erstaunlich ist die rasche Fertigstellung des vom Wiener Stadtbaumeister Ferdinand Wendeler geplanten Hauses: Vom Baubeginn im Herbst 1889 bis zum Bezug im Juli 1890 vergeht nicht einmal ein ganzes Jahr.

Seit mehr als 20 Jahren ist Ella dem Ort also mittlerweile verbunden und hat hier 1890 auch zwei Konzerte gegeben: *»Die Pianistin Fräulein Ella Pancera hat jüngst in Ischl in zwei Konzerten mitgewirkt und durch den virtuosen Vortrag mehrerer Piecen von Schubert, Chopin, Brahms und Liszt außerordentlichen Beifall erzielt.«*[125] Vergangene Zeiten, Ella tritt auch nach ihrer Scheidung nur mehr selten auf, ihre Karriere war viel zu lang unterbrochen, um an die alten Erfolge anschließen zu können. Daher widmet sie sich nun dem geerbten Verlag, der sich auf musikwissenschaftliche Werke konzentriert, und heiratet erneut: Dr. Johann Krill, einen Gymnasialprofessor aus Eger, der jedoch in Villach unterrichtet und 14 Jahre jünger ist als Ella. Ihr Mann steigt in den Verlag ein und findet hier offenbar seine Berufung – 1923 erfolgt die Scheidung, Ella überlässt den Verlag ihrem Mann und geht einmal mehr einen neuen Weg. Mit einem neuen Mann: Wilhelm Haenel, 21 Jahre jünger als sie und Ingenieur bei den Berliner Gaswerken. Ella gibt übrigens bei ihrer Ehe an, 1876 geboren zu sein – sie macht sich um sechs Jahre jünger. Das Standesamt Charlottenburg akzeptiert diese Fälschung. Eine eigenartige Verbindung, bei der sich der gleiche gemeinsame Nenner nur schwer vorstellen lässt.

Das Ehepaar beschließt, sich ganz in Ischl niederzulassen. Dort war es in den Jahren zuvor ziemlich still um die Villa geworden, Ella, die früher jeden Sommer hier verbrachte, kam nur noch selten in ihr schönes Haus – dies ändert sich nun. Die Gründe für die Übersiedlung liegen wohl in der angespannten wirtschaftlichen Situation. Am 10. Mai 1932 stirbt Ella, von der es einst geheißen hat, sie sei *»ein kerniges, kräftiges Talent voll gefundener, unverdorbener Empfindung, frei von Manier und Klügelei.«*[126]

25 Ein Sonderfall – Wilhelm Haenel

Wilhelm Haenel schlägt einige Jahre später in der Villa Pancera ein völlig neues Kapitel auf. Er wird zu einem der skrupellosesten Ausführer der Nazi-Enteignungen. Ohne mit der Wimper zu zucken, erfindet er ein System der »legalen« Enteignung, das aus Einschüchterung, Bedrohung und Diebstahl besteht.

Wilhelm Haenel sympathisiert schon früh mit den Nationalsozialisten – damit ist er nicht alleine. Doch er fällt auf, denn er erhält 1935 als »Vertrauensmann der NSDAP« den Auftrag, »reichsdeutsche Organisationen« zu gründen. Ein Jahr später wird der »Bund der Reichsdeutschen« ins Leben gerufen, und Haenel erhält als nächsten Auftrag, die Ortsgruppe der »NSDAP-Auslandsorganisation« in Bad Ischl zu schaffen, was er selbstverständlich durchführt. Am 1. Dezember 1936 wird er ordentliches Mitglied der NSDAP und am 18. Jänner 1938 erfolgt durch den Berliner Gauleiter E. W. Bohle die Ernennung zum »kommissarischen Ortsgruppenleiter« von Bad Ischl, eine Funktion, die er bis zum »Anschluss« ausübt – dann ist die Auslandsorganisation der NSDAP obsolet – es gibt kein Ausland mehr. Haenel bleibt eifrig – dies ist seine Welt, in der er vollkommen aufgeht. Und er will der Partei mit seiner ganzen Kraft dienen. Doch womit kann er sich in Ischl besonders profilieren? Das liegt nahe: mit der »Verwaltung« der jüdischen Besitzungen, auf die er sich stürzt, und als Meister diese »wilden Arisierungen« fanatisch und ohne Rücksicht auf Verluste betreibt. Mit kaltblütiger Menschenverachtung, Drohungen und Einschüchterungen. Dies verhilft ihm zur Erweiterung seines Plünderungsgebietes bis Bad Aussee, bringt ihm aber auch Gegenwind aus der Partei – diese Unverschämtheit geht selbst der nicht zimperlichen Gestapo zu weit.

Am 29. November 1938 werden dem Ischler Rechtsanwalt Dr. Franz Konrad 21 abgepresste »Kaufverträge« zwischen den jüdischen Eigentümern und dem Land Oberdonau mit der Bitte um

Das Speiszimmer der Villa, reich geschmückt mit ausladenden Möbeln und Gemälden

grundbücherliche Durchführung übermittelt – das entspricht einem Drittel der Ischler Villen, die in jüdischem Besitz sind.[127] Dass der Kaufpreis in keiner Weise dem wahren Wert entspricht, muss nicht extra betont werden. Ein Riesengeschäft für den Gau Oberdonau, der so einen Großteil seiner finanziellen Probleme einfach löst: Der Weiterverkauf der Liegenschaften um einen vielfachen Preis bringt viel Geld – ein doppelter Betrug: an den »Verkäufern« ebenso wie an den Käufern, an Juden und Nichtjuden gleichermaßen. Dies sind die Verträge, die Haenel in seinem Büro an der eleganten Wiener Adresse am Schubertring 8 »abgeschlossen« hat. Das Büro eröffnet er in der durchaus richtigen Annahme, dass die jüdischen Villenbesitzer den Sommer 1938 nicht mehr in Ischl verbringen – sie haben weiß Gott andere Sorgen. Also kommt er nach Wien, legt ihnen »Verträge« vor, die die meisten verängstigt unterschreiben, und ist somit flugs »Treuhänder« ihrer Villen – und damit allein verfügungsberechtigt. Was für eine Chance, die er auch perfekt nützt – man muss unumwunden zugeben, dass er in einer außergewöhnlichen Weise erfolgreich agiert. Nach getaner Arbeit kehrt er wieder nach Ischl zurück – hier gibt es viel zu tun, und auch viel Korrespondenz zu erledigen.

Man fragt sich, was einen Menschen zu solch einem Handeln aus eigener Kraft antreibt. Haenel beantwortet dies in einem Schreiben an die Vermögensverkehrsstelle im Februar 1939 so – diese hat Auskunft über sein eigenmächtiges Vorgehen verlangt: »*Um aber den Juden, die freihändig ihre Villen und Häuser verkauften und mit dem Kauferlös meistens unter Zurücklassung von Verpflichtungen aller Art bei den Steuer- und Gemeindebehörden, sowie auch Hand-*

werkern, spurlos verschwanden, wurde zunächst für das Gebiet Bad Ischl und später auch für das Gebiet Bad Aussee eine örtliche Sonderregelung geschaffen, die an Stelle der im damaligen Gesetz nicht vorgesehenen Genehmigung für den jüdischen Privatbesitz die Verkäufe der Juden kontrollierte und überwachte. Diese Maßnahme war in politischer, rassischer und wirtschaftlicher Hinsicht von großer Wichtigkeit, da in Bad Ischl 60, in Bad Aussee 59 also zusammen bei 120 jüdische Villengrundstücke vorhanden waren. Diese 120 Villen standen im vorigen Sommer völlig leer. Es war deshalb unbedingt notwendig, diese leerstehenden ungenutzten jüdischen Besitzungen zu arisieren und wieder nutzbar zu machen.«[128]

Was für eine altruistische Haltung. Im Sommer 1938 will man keine Juden mehr in Ischl sehen – daher beginnen Haenel und seine Kumpane, die Villen aufzulisten, Erkundigungen über die Eigentümer mithilfe des Gendarmeriepostens einzuholen, Schätzungen der Liegenschaften zu beauftragen und Interessenten, meist verdiente illegale Nazis, zu finden. Alles aus eigenem Antrieb, dafür jedoch mit reger Beteiligung der Ischler Sparkasse, die an einigen Liegenschaften selbst interessiert ist, aber auch als finanzieller Umschlagplatz der Haenel'schen Aktionen fungiert: Selbstverständlich richtet Haenel hier ein *»eigenes, sehr umfangreiches Konto mit der Bezeichnung VJB (Vermögen jüdischer Besitzer)«*[129] ein, auf das alle möglichen Gebühren, die er den Eigentümern verrechnet, eingezahlt werden – Haenel hat endlich die perfekte Geldquelle gefunden. Wie er die Höhe seiner eigenen »Honorare« berechnet, erklärt er einmal mehr der Vermögensverkehrsstelle – denn es gibt wieder eine Beschwerde: *»Diese Abzüge wurden deshalb in der Höhe gemacht, weil es mein persönliches Verdienst war, dass der Besitz einen so hohen Preis abgeworfen hat.«* An Selbstbewusstsein mangelt es ihm wahrlich nicht. *»Ich habe diesen hohen Preis jedoch nicht für die Juden herausgeholt, sondern für die Partei. Wenn der Jude Walters*[130] *behauptet, er hätte nicht gewusst – wie er mir sagte – dass diese Abzüge gemacht worden sind, so ist das eine Lüge. Ich hoffe mit diesen Angaben den Fall genügend geklärt und teile zum Schluss noch mit, dass* *der Jude Walters auch bei unserer Ortsgruppe schon des öfteren ernstlich vermahnt werden musste, da sein politisches Verhalten früher und jetzt scharf an der Grenze einer Verschickung nach Dachau liegt.«*[131] Diese Formulierung verwendet Haenel auch in der direkten Korrespondenz mit den Eigentümern – und man versteht, dass diese in einer Situation, die ihnen keinerlei Rechtssicherheit bietet, alles unterschreiben, um ihr Leben zu retten.

Sein System erweist sich aus Sicht der Nazis als äußerst effizient: 1940 erteilt ihm der Reichsstatthalter von Oberdonau die Vollmacht als Verwaltungstreuhänder für die Villen, die noch nicht enteignet sind. *»Mit dieser Vollmacht sind Sie zu allen gerichtlichen und außergerichtlichen Rechtshandlungen ermächtigt, welche die einstweilige Verwaltung der oben bezeichneten Liegenschaft erfordert. Mit der Zustellung dieser Vollmacht verliert der Eigentümer der von Ihnen zu verwaltenden Liegenschaft das Recht, darüber zu verfügen.«*[132]

Haenel nimmt sich unglaubliche Freiheiten und lagert so manche Wertgegenstände praktischerweise in seiner eigenen Villa, was nach dem Ende des Krieges zu der grotesken Situation führt, dass er behauptet, diese nur verwahrt zu haben – und dass diese daher nicht unter die Rückstellungsgesetze fallen. Und er sich natürlich weigert, diese zurückzugeben. Ein solch fehlendes Unrechtsbewusstsein verblüfft, irritiert und hinterlässt unfassbare Wut.

Der Salon mit Blick in den wunderschönen Garten

Der etwas überdekorierte sogenannte maurische Salon, eher ungewöhnlich für Ischler Villen

Nach dem Ende des Krieges wird Haenel interniert. Und während die von ihm Enteigneten in mühseligen Verfahren darum kämpfen müssen, ihr Eigentum zurückzubekommen, gilt Haenel als minderbelastet. Ein weiteres Zeugnis für das wahre Rechtsbewusstsein der jungen Zweiten Republik. Er muss in einigen Rückstellungsprozessen Stellung beziehen – und versucht sich auch da noch herauszuwinden. So geht es etwa um das Silber der Familie Landauer, das er vorerst in seiner eigenen Villa lagert, bevor es in einen Tresor im Rathaus kommt (siehe Kapitel 13). Er hätte es nur vor der Einschmelzung bewahren wollen, gibt er zu Protokoll. Doch der krasseste Fall ist sein Vorgehen in Bezug auf den Girardi-Nachlass Julius Brammers (siehe Kapitel 23), den er erst nach langen Verhandlungen herausrückt.

Dass Wilhelm Haenel seine Rolle als angesehener Bürger von Ischl bis zu seinem Lebensende am 20. Juli 1967 einnimmt, ist wohl eines der größten Armutszeugnisse der Zweiten Republik – und die Inszenierung des Museums Haenel-Pancera zählt ebenfalls dazu. Ich kenne viele Begeisterte, die Jahr für Jahr das skurrile Museum besuchten, ohne etwas über die Hintergründe zu wissen. In der

ORF-Dokumentation *Villen im Salzkammergut* erhält man einen interessanten Einblick: 1991 kam jedoch noch niemand auf die Idee, die Inszenierung kritisch zu hinterfragen. Unvergessen ist Haenels zweite Frau, die noch lang nach seinem Tod die Führungen macht, in einer Kittelschürze durch die Salons geht und mit einer Taschenlampe die Objekte anstrahlt – was gibt es hier nicht alles zu entdecken. Ein maurisches Zimmer, einen Rokokosalon, ein Spielzimmer, Gemälde, Vasen, Statuen, Silbergegenstände und viele weitere Schätze. Und man beginnt nachzudenken, ob wohl wirklich alle Objekte, Bilder und Möbel aus Ella Panceras Besitz stammen.

Am unheimlichsten ist Haenels »Verbleib« im Museum auch über seinen Tod hinaus: Am Ende der Führung durch das Museum *»läßt uns die auf Tonband bewahrte freundliche Stimme des Ingenieurs Haenel fühlen, daß wir kein Museum besuchten, sondern an der privaten Sphäre interessanter, liebenswerter Menschen teilhaben durften«*. Dies schreibt Gerhard Semiller 1998 in seinem Buch *Häuser und Schicksale* – und beweist, wie lang der Schein gewahrt werden kann. Ein Mann, der, ohne mit der Wimper zu zucken, Menschen bedroht und bestohlen hat, der dies auch nach dem Ende des Krieges nicht als Unrecht empfunden hat, lebt unbehelligt bis an sein Lebensende. Ein Stück österreichische Geschichte.

26 Das Radfahrer-Huldigungsfest und die Dumba-Stiftung

Kaltenbachstraße 15

Das 50-jährige Regierungsjubiläum Kaiser Franz Josephs wird allen Ortes würdig und groß begangen – Bad Ischl, wo der Kaiser physisch anwesend ist, hat sich etwas ganz Besonderes ausgedacht: Hier findet am 17. Juli 1898 ein Radfahrer-Huldigungsfest statt. Das Radfahren zählt zu den modernen und beliebten Tätigkeiten in der

Einladung.

Freitag den 11. August, nachmittags 4 Uhr, wird im **Cursalon** eine durch mehrere Damen zum Vortheile des **Armen- und Waisenhauses „Charitas"** in Ischl arrangierte

TOMBOLA

stattfinden.

Die Billetten zum Tombola sind am selben Tage von **11 Uhr an im Cursalon** an der Cassa um einen Gulden zu haben, während höhere Beträge mit Dank angenommen werden.

Diejenigen P. T. Wohlthäter, welche Gegenstände zu dieser Tombola schenken wollen, werden ersucht, dieselben an Frau **Gräfin von Seilern,** Villa Seilern, Tänzlgasse Nr. 11, einzusenden.

Diejenigen Billette, auf welche was immer für ein Gewinnst ausbezahlt wird, dürfen nur dann noch weiter mitspielen, wenn sie gegen Erlag eines Guldens zurückgekauft werden.

So wie alle Jahre, hat auch heuer der Allerhöchste Hof die Gnade gehabt, viele prachtvolle Gegenstände hiezu zu spenden.

Ischler Cyclisten-Club.

Samstag den 12. August

im Falle ungünstiger Witterung

Montag den 14. August

Grosses Coriandoli-Fest

auf der Esplanade in Ischl

Anfang 7 Uhr abends.

K. k. Salinen-Kapelle und Ischler Bürgermusik

Feuerwerk auf der Traun.

Beginn des Coriandoli-Corso um halb 9 Uhr.

Entrée 50 kr.

Das Reinerträgnis fliesst zur Hälfte den Ortsarmen Ischls und zur Hälfte dem Strassenbaufonds des Oesterreichischen Touring-Club zu.

Ankündigungen in der *Ischler Curliste*, 10.8.1899

Sommerfrische. Arthur Schnitzler radelt ebenso leidenschaftlich gern wie Alexander Girardi – und mit ihnen viele andere Menschen aus nah und fern. »*Der Ischler Radfahrer-Club hat die überaus glückliche Idee gehabt, in Ischl einen Radfahrer-Huldigungs-Festzug ins Werk zu setzen und sämtliche Radfahrer-Vereine der Monarchie zur Teilnahme an dieser patriotischen Kundgebung der Cyclistenschaft*

Radfahr- und Touristen-Hemden

in allen gewünschten Farben,

Renn-Dresses, Radfahr-Stutzen, Strümpfe,

Gürtel, Schutzhosen und **Sporthandschuhe,** sowie eine grosse Auswahl in **Wäsche** und **Cravatten** offeriert in bester Ausführung

Georg Jiricka, Ischl, Pfarrgasse Nr. 5.

Reklame in der *Ischler Curliste*, 11.8.1898

einzuladen«, meldet stolz die *Salzburger Fremden-Zeitung* am 28. Mai 1898. Das Protektorat übernimmt Erzherzogin Gisela, die Tochter Kaiser Franz Josephs. Die Initiative stellt wahrlich ein Novum dar, ist es doch die erste Huldigung, die *»unser Sport dem Kaiser und dem Hofe darbringt«*, heißt es weiter.

Bereits am Vorabend wird das Publikum eingestimmt: Ein Fackelzug, an dem circa 300 Radfahrer teilnehmen, bewegt sich durch die Stadt und macht selbstverständlich bei der Kaiservilla halt: Volkshymne und stürmische Hochrufe bringen die Menge in die richtige Stimmung, die manche jedoch beängstigt, denn das Publikum *»drängte sich in direct unanständiger Weise ganz bis an den Monarchen heran«*, moniert die *Allgemeine Sport-Zeitung* am 24. Juli 1898.

Am nächsten Tag kommen zahlreiche weitere Radfahrer-Vereine nach Ischl – und was führen sie nicht für wunderbare Namen: *Wanderrad*, *Volksradfahrverein*, *Zeus*, *Flott und Einig*, andere wiederum tragen lediglich den Namen ihres Ursprungsortes wie etwa der *Verein Wienerwald*. *»Die besondere Aufmerksamkeit Sr. Majestät erregten einige ganz kleine Kinder zu Rad sowie die Gruppe ›Salzkammergut‹, die durch Radfahrerinnen und Radfahrer in der ortsüblichen Nationaltracht repräsentiert war«*, heißt es in der Zeitung, nun doch wesentlich begeisterter, weiter.

Das Festprogramm beginnt, wie es dem matinalen Herrscher gebührt, bereits um fünf Uhr Früh mit einer Tagreveille. Um dreiviertel zehn Uhr Einzug der Radfahrer in die Pfarrkirche (wo die Räder in der Zwischenzeit abgestellt werden, wird nicht erwähnt). Um dreiviertel drei Uhr Einzug der Radfahrer samt vier Musikkapellen in die Korsobahn in Kaltenbach, wo diverse Tribünen errichtet sind. Dem Radfahrer-Huldigungs-Festzug vor dem Kaiser folgt ein wahres Showprogramm: Reigenfahren und Kunstfahren, bei dem die *»Nieder- und Hochradschulen des ›Wiener Cyclisten-Club‹ und der Meister im Kunstfahren, Herr G. J. Schreiber ihr Bestes zeigen werden«.*[133] Darauf folgt auch noch ein Wettrennen, das mit einem Défilé aller Radfahrer vor dem Kaiser endet und mit einem Radfahrer-Spalier bis zur Kaiservilla seinen Höhepunkt erreicht. Ein großes Fest samt Illuminierung und Konzerten rundet die Feierlichkeiten ab, bis der Sonderzug um elf Uhr abends alle Radfahrer wieder nach Salzburg bringt.

Der ebenfalls in Ischl weilende Johann Strauß komponiert das passende Musikstück, den Kaiser-Franz-Joseph-Jubiläums-Marsch – ein etwas sperriger Titel und auch nicht unbedingt das mitreißendste Werk des Meisters, dessen Villa an der Route nach Kaltenbach liegt und der dem bunten Treiben wohl zugesehen hat. *»Der von Meister Johann Strauß componierte Jubiläums-Festmarsch wird von drei Regimentskapellen, zusammen 150 Musikern, am Festtage zum erstenmale aufgeführt werden«*, berichtet die *Linzer Tages-Post* im Vorhinein am 26. Juni 1898.

Doch was hat das alles mit der Villa Dumba zu tun? Diese liegt schräg vis-à-vis der einstmaligen Strauß-Villa – und ihre Geschichte ist eng mit dem Kaiser-Jubiläum verbunden: Nikolaus Dumba stiftet die Villa »samt fundus instructus«, also mit Inventar, anlässlich des Kaiser-Jubiläums als Erholungsheim für ein k. u. k. Offiziers-Hospital. Die Eröffnung erfolgt am Tag des Radfahrer-Huldigungs-Festes, und auch der *»Gemeinderath von Ischl hat für den Fond des Dumba-Stiftungshauses in Ischl den Betrag von tausend Gulden gestiftet.«*[134] Bis heute steht das Haus Angehörigen des Bundesheeres als Frühstückspension zur Verfügung.

Erworben hat Michael Dumba die Villa in der Kaltenbachstraße im Jahr 1887. Er stammt aus Griechenland und zählt zu den bedeutendsten österreichischen Industriellen; er bringt es bis zum Direktor der Österreichischen Nationalbank. Nach seinem Tod 1895 erbt

Wiener Bauindustriezeitung, Blatt 31, 1889

sein Bruder Nikolaus die Ischler Villa und sorgt dafür, dass Michael nicht vergessen wird: Er errichtet eine Stiftung mit dem nennenswerten Betrag von 10000 Kronen, von den Zinsen sollen an Michaels Todestag, dem 14. Dezember, die Ärmsten und Bedürftigsten der Gemeinde Bad Ischl bedacht werden.

Nikolaus geht in die Kunst- und Musikgeschichte vor allem als großzügiger, interessierter und neugieriger Kunstmäzen ein. Zeitgenössische Künstler wie Makart und Klimt, aber auch Ischl-Gäste wie Johannes Brahms und Johann Strauß zählen zu seinen Favoriten. Der Musik ist Nikolaus Dumba besonders verbunden, als Vizepräsident des Wiener Musikvereins nimmt er eine mächtige und einflussreiche Position ein. »*Er wußte seine Millionen gut zu gebrauchen.*« Dieser Satz im Nachruf der *Neuen Freien Presse* vom 24. Jänner 1900 sagt eigentlich schon alles. Johann Strauß und Nikolaus Dumba verbindet nicht nur die Ischler Nachbarschaft, sondern auch die Liebe zur Musik – und Dumba verdankt die Musikwelt wohl eines der berühmtesten Werke überhaupt: den Donauwalzer.

Der Mäzen animiert den Komponisten, einen Chorwalzer zu schreiben – und kann nicht ahnen, dass er so zum Vater der inoffiziellen österreichischen Hymne wird.

Aber nicht nur die Musik liegt Dumba am Herzen, sondern auch die Politik: Als Abgeordneter des Herrenhauses setzt er sich für liberale Anliegen ein und hinterlässt auch in diesem Bereich seine Spuren in Ischl: Um ein Denkmal für den großen Schulreformator Leopold von Hasner zu errichten, der ab 1853 unzählige Sommer in Ischl verbringt und hier auch am 5. Juni 1891 stirbt, stellt Dumba ein Grundstück zur Verfügung – und bis heute ist hier in der Hasnerallee dieses Manifest für eine liberale und überkonfessionelle Schulpolitik zu bewundern.

Nikolaus Dumba ist wie Josef Weil von Weilen (siehe Kapitel 3) eng mit der Entstehung von Kronprinz Rudolfs Monumentalwerk *Die österreichisch-ungarische Monarchie in Wort und Bild* verbunden – und auf einer Reise zu einer der Redaktionssitzungen, lang nach dem Tod des Thronfolgers, stirbt er plötzlich in Budapest im Jahr 1900. »*Der Mann mit der offenen Hand, dem warmen Blicke und dem goldenen Herzen war der Freund aller und hatte keinen Feind. Humanität in edelster Form und Kunstfreundlichkeit auf allen Gebieten waren ihm vorwiegend eigen und bildeten die schönsten Zierden seines Wesens und Charakters*«, kann man in der *Österreichischen Illustrierten Zeitung* über ihn lesen.[135]

27 The King and I. Johann Strauß

Kaltenbachstraße 36

Auf einem Spaziergang nach Kaltenbach führt der Weg an einem großen, gesichtslosen Wohnblock vorbei – an dieser Stelle stand einst die Villa Erdődy, die fünf Jahre dem unvergleichlichen Johann Strauß als Sommersitz dient. 1896 erwirbt er die Villa, was den nahe wohnenden Schriftsteller Oscar Blumenthal (siehe Kapitel 33) zu einem im *Neuen Wiener Journal* am 22. Juli 1896 abgedruckten Gedicht veranlasst: »*Du wählest Dir ein neues Buch und thatst ein Heim Dir gründen. So lass' uns denn in einem Spruch der Wünsche zwei verbinden: O möge Dich im neuen Haus manch' gutes Buch erheben – Und mögst Du mit dem neuen Buch manch' gutes Haus erleben!*«

Villa Strauß, einst und jetzt

Bereits 40 Jahre zuvor, am 13. September 1855, steigt Johann Strauß, Musikdirektor in Wien, erstmals im Hotel Elisabeth ab. Die Saison ist eigentlich schon vorbei, doch auch das Kaiserpaar weilt mit großem Hofstaat noch zur selben Zeit in Ischl – eine gute Gelegenheit für den aufstrebenden Komponisten, Kontakte zu knüpfen.

Erst 1892 kehrt er auf Anraten seiner Ärzte wieder, um seine Nervosität zu behandeln – er ist also tatsächlich Kurgast, leicht fällt ihm die Reise jedoch offenbar nicht: »*Der Walzerkönig hat eine Idiosynkrasie gegen Höhen, welche das Niveau des Kahlenberg-Hotels übersteigen*«, also Höhenangst, wie die *Neue Freie Presse* am 9. August 1892 detailreich meldet. »*Nach Ischl konnte man ihn nur mit dem Nachmittags-Eilzuge bringen, der die Steigung von Attnang nach Gmunden schon im Dunkel der Nacht zurücklegt.*« Allein die Reise mit dem Zug und die Tunnels sind schon eine Belastung für seine angeschlagenen Nerven. Doch die Solebäder langweilen ihn, lieber spielt er Tarock und gewöhnt sich langsam, aber sicher an die Berglandschaft. Seine Tarockpartner berichten, dass der Meister oft mitten in einer Partie aufspringt, sich an den Nebentisch setzt und Melodien notiert – so entstehen sozusagen nebenbei Meisterwerke.

Andere Sommergäste jammern über das wechselhafte, regnerische Wetter – nicht jedoch Johann Strauß, die Ischler Atmosphäre und das Wetter inspirieren den Komponisten: »*Gerade der Rhythmus des Regens übte auf den Walzerzauberer mächtigen Reiz aus. Wenn es wetterte und stürmte, dichte Schleier die Naturschönheiten des Rettenkogels, der Zimnitz und der Katrein verhüllten, da war Strauß in seinem Element, da erteilte er mit wahrer Freude seiner Muse Audienz.*« Siegfried Löwy, Chronist der Ischler Sommer, erinnert sich anlässlich von Strauß' 100. Geburtstag an alte Ischler Zeiten.[136] Einige der schönsten Werke verdanken ihre Entstehung also dem herrlichen Ischler Regen.

Dies gilt auch für die 1894 entstandene Operette *Jabuka (Das Apfelfest)*. »*Jetzt erst wird's in Ischl schön*«, notiert Strauß in einem Brief vom 9. September 1894, nachts um halb zwei. »*Die Leute verlieren sich, und wie ich höre – wird's nicht mehr aufhören zu regnen! Eine prachtvolle Aussicht für mich! Ich liebe es, wenn ich in einer mir sympathischen Wohnung arbeiten kann, bei stürmischer, ja (für andere) trostloser Witterung. Wahrhafte Wonne ist das aber für mich; ich schreibe in einer Nacht bei stürmischer Witterung doppelt so viel*

Johann Strauß auf der Veranda seiner Villa, 1894

als in der schönsten Sommernacht. Diese kommen mir vor wie eine poetisch angehauchte, fade Blondine!«[137]

Die größte Bedeutung hat das Ausfeilen der perfekten Rolle für Alexander Girardi (siehe Kapitel 37) – denn dies garantiert einen sicheren Publikumserfolg. Daher wirkt Girardi selbst intensiv an der Entstehung des Werkes mit und arbeitet tage- und wohl auch nächtelang gemeinsam mit dem Komponisten. Strauß verehrt Girardi als Künstler ebenso wie als humorvollen Menschen und nimmt seinen Rat und seine Vorschläge gern an. Umgekehrt verdankt auch Girardi seine großen Erfolge den Strauß'schen Operetten – eine ideale, fast schon symbiotische Beziehung, von der beide Seiten nur profitieren können. Die Uraufführung von *Jabuka* zählt zu den Höhepunkten der Feierlichkeiten zu Strauß' 50. Bühnenjubiläum, das glanzvoll unter Mitwirkung des Ischler Freundes Girardi begangen wird. *»Doch nein, das war kein Applaudieren mehr. Man schrie, man raste, man jubelte, man lachte und weinte.«*[138] Was für Emotionen kann diese Musik auslösen! Auch der Ischler Bürgermeister reist dafür extra nach Wien, um diesen Moment mitzuerleben und dem Meister die besten Wünsche der Gemeinde zu übermitteln.

Doch nicht nur Arbeit, sondern auch gesellschaftliches Leben prägen seine Ischler Aufenthalte: 1895 verlobt sich Strauß' Stieftochter Alice in Ischl mit dem Maler und Illustrator Franz Marquis de Bayros. Strauß gibt ein großes Diner, bei dem alles, was Rang und Namen hat, anwesend ist: Johannes Brahms folgt der Einladung ebenso wie Oscar Blumenthal und Katharina Schratt.[139] Die illustre Gästeschar kann aber auch nicht dazu beitragen, dass dieser Ehe ein langes Leben beschieden ist – nach nur einem Jahr trennt sich das junge Paar.

Das von Strauß so heiß geliebte Wetter kann auch negative Auswirkungen haben. So sucht 1897 ein katastrophales Hochwasser Ischl heim – die Sommergäste helfen, die Not ein wenig zu lindern, zahlreiche Spenden treffen ein, Benefizveranstaltungen finden statt. Johann Strauß veranstaltet am 12. August ein großes Gartenfest, an dem auch die Erzherzoginnen Gisela und Marie Valerie teilnehmen. Die Kurkapelle und die Salinenkapelle spielen selbstverständlich Strauß'sche Walzer, der Meister dirigiert selbst die *Fledermaus*-Ouvertüre und natürlich den Donauwalzer – ein großer Erfolg, gekrönt von einem opulenten Buffet. Der Reingewinn beträgt die stattliche Summe von 1500 Gulden.[140]

Ein paar Wochen, bevor das Hochwasser Ischl komplett unter Wasser setzt, findet sich ein interessanter, weit gereister Gast ein: Tschulalongkorn, der König von Siam. Er befindet sich auf einer Europareise, die Zeitungen berichten mit Staunen darüber. So kauft er in Genf ein Uhrengeschäft fast leer, außerdem hat er einen Harem mit einer unbekannten Anzahl *»blühender Mädchen«*, was die Wiener Hofoper offenbar zu einer etwas skurrilen Programmgestaltung inspiriert: Zu Ehren des Königs wird das Ballett mit dem eigenwilligen, aber doch irgendwie passenden Titel *Die Braut von Korea* aufgeführt. Des Weiteren wird berichtet, der König nenne, nur 41-jährig, 150 Kinder sein Eigen, besitze auch ein Regiment

Tschulalongkorn, König von Siam

weiblicher Soldaten und nehme täglich das Frühstück im Garten ein, bei dem ihm zwölf kniende Frauen das Essen in silbernen Schüsseln reichen. Ein Monarch wie aus *Tausendundeiner Nacht*. Dazu passen auch die Kisten voll kostbarster Geschenke für die europäischen Monarchen. Gold und Edelsteine im Überfluss. Doch: Mit Ordensverleihungen ist der König *»weit weniger freigiebig«*, wie die *Agramer Zeitung* am 4. Juni 1897 zu berichten weiß. *»Statt des Ordenregens dürfte also den verschiedenen Höfen, welche der prachtliebende Herrscher besuchen wird, ein solcher von Gold- und Silbersachen niederfallen.«* In diesem Licht betrachtet bekommt eine Episode eine ganz andere, fast märchenhafte Bedeutung: Der König reist durch die europäischen Hauptstädte, und da darf eine – wenn auch inoffizielle – Metropole nicht fehlen: Bad Ischl. Im Grandhotel Bauer werden 36 Zimmer reserviert – in Rom war Tschulalongkorn immerhin im Quirinal abgestiegen. Am 17. Juni ist es endlich so weit: Der König trifft mit großem Gefolge um acht

Uhr abends in Ischl ein, beim Hotel Bauer wartet die erste Überraschung: Die Kurkapelle intoniert die siamesische Volkshymne. Was für eine herrliche Vorstellung! Am Abend dirigiert Johann Strauß im Theater selbst seine *Fledermaus*, an der der König zwar nicht teilnimmt, doch lauschen einige der Prinzen der Operette. Und der Dank lässt nicht lang auf sich warten: Strauß erhält eine der zahlreichen Goldschüsseln und darüber hinaus den exklusiven Weißen Elefanten-Orden Erster Klasse verliehen.

Am nächsten Tag erfolgen die Besichtigung der Kaiservilla und ein Ausflug zum Nussensee mit 30 Equipagen und Sesselträgern, am folgenden Tag steht eine Fahrt auf den Schafberg auf dem Programm – sie muss jedoch entfallen, denn ein Wetter nach dem Geschmack von Johann Strauß tritt ein: Regen und Sturm bei sieben Grad, auf den Bergen fällt sogar Schnee. Stattdessen begibt sich der König am folgenden Tag nach Hallstatt, am Abend folgt ein ländliches Fest im Park des Hotel Bauer. Dieses beginnt einmal mehr mit der siamesischen Volkshymne, zu der sich ein Hochzeitszug mit den *»originellsten Trachten des Salzkammergutes aus älterer und neuerer Zeit«*[141] auf Leiterwagen nähert. Die Paare huldigen dem König und ziehen weiter in die sogenannte »Lucca-Villa«, wo Bauernstuben samt einem Tanzboden eingerichtet sind. Zum Besten gegeben werden natürlich Landler und Jodler, es wird nach Herzenslust gepascht und gestampft, *»was die siamesischen Gäste sichtlich amüsierte«*. Man sieht es vor sich: Die exotischen, prachtgewohnten Prinzen aus Siam fassen nicht, was ihnen hier geboten wird: Menschen in Dirndln und kurzen Lederhosen, die juchzen und sich auf die Schenkel klopfen. Was für ein Spektakel. Nach dem Diner wohnt der König bis Mitternacht dem Fest bei – eine große Auszeichnung. Und der eine oder andere aus dem Gefolge mischt sich unter die Tanzenden – *»das ganze Fest verlief animiert.«*[142]

Nur zwei Jahre später ist Strauß' schöne Villa verwaist. *»Senkt die Standarten! Der Walzerkönig ist gestorben. Der Alleinherrscher im Reiche des Dreivierteltaktes ist tot. Die Villa Strauß ist zum Witwensitz geworden.«*[143]

28 Olga Hauser wehrt sich

Kaltenbachstraße 30

Wenige Villeneigentümer wehren sich gegen die Enteignung durch die Nationalsozialisten, zu groß ist die Einschüchterung, zu erschreckend sind die Drohungen und die Angst um Leib und Leben. Doch gibt es eine Ausnahme: Olga Hauser. Ihr Briefwechsel mit dem »Treuhänder« Wilhelm Haenel spricht Bände über das menschenverachtende Vorgehen der Nazis.

Was war geschehen? 1929 schenkt Géza Köszegi, »Oberbeamter der Ungarischen Staatsbahnen und Hausbesitzer in Wien VI, Stumpergasse 59«, wie im Vertrag penibel ausgeführt ist, die 1920 erworbene Villa in Kaltenbach, heute ein gesichtsloses Eckhaus, seiner Tochter Olga. Der Wert wird mit 27 000 Schilling bemessen. Olga heiratet Leopold Hauser und hat eine kleine Tochter, die 1920 geborene Gertrude. Die besten Voraussetzungen für ein angenehmes Leben zwischen Wien und der Sommerfrische Bad Ischl.

Ein unscheinbares Eckhaus, einst im Besitz der Familie Hauser

1938 endet die Idylle. Am 23. November 1938 wird ein Kaufvertrag zwischen Olga Hauser und dem Land Oberdonau durch den Notar Dr. Conrad Krunes in Wien beurkundet. Olga Hauser, so liest man, erkläre, sie sei Volljüdin, aber ungarische Staatsbürgerin. 9500 RM beträgt der Kaufpreis, den die Verkäuferin natürlich nie zu Gesicht bekommt. Inklusive Mobiliar. *»Die Schlüssel hat Ing. Willi Haenel bereits übernommen.«* Der »Treuhänder« sämtlicher Ischler Villen aus jüdischem Besitz hat auch in diesem Fall seine Finger im Spiel.

Doch Olga Hauser lässt sich dies nicht gefallen. Sie schreibt am 13. März 1939 an Haenel, eine Verordnung des Gauleiters Bürckel vom 27. November 1938 besage, dass alle davor abgeschlossenen und nicht grundbücherlich eingetragenen Haus- und Grundkäufe, welche *»durch Einschüchterungen und Drohungen erfolgten, ungiltig«* seien – sie selbst hatte das Haus vier Tage vor dem Stichtag »verkauft«. Dass der Kaufpreis nur der Hälfte des wahren Wertes entspricht, ist der gängige Modus bei der Abpressung der Liegenschaften. Olga Hauser glaubt, sich nach wie vor in einem Rechtsstaat zu befinden – eine fatale Fehleinschätzung der Lage. Und sie kündigt an, dass sie ihr Recht *»mit allen mir zu Gebote stehenden Mitteln vertreten«* werde. Unterzeichnet mit ihrem Namen und dem Zusatz: *»Ungarische Staatsbürgerin«*.

Die Antwort lässt nicht lang auf sich warten und strotzt vor Zynismus, Arroganz und Niedertracht. Zwei Tage später schreibt Haenel: *»Es ist mir geradezu unverständlich, wie Sie mir einen solchen Brief schreiben können. Ich vermute sehr stark, dass Ihnen irgendein Schwätzer und Hetzer diese gänzlich verdrehten Ansichten in die Ohren bläst. Es würde mich sehr interessieren, wer Ihr Rechtsberater ist.«* Und nun nimmt er zu den einzelnen Punkten Stellung: *»Einschüchterungen und Drohungen, unter denen Sie angeblich Ihr Haus verkaufen mussten, sind von keiner Seite erfolgt.«* Was für eine Impertinenz, die sich jedoch noch steigert, steht im Vertrag doch, dass Olga Hauser diesen aus freiem Willen abgeschlossen habe: *»Infolgedessen können Sie doch bei klarem Verstande unmöglich behaupten,* *dass bei Ihnen ein Fall gegeben sein soll, wo ein Hausverkauf unter Einschüchterungen und Drohungen erfolgt wäre.«* Dass die erfolgte Einschüchterung auf diese unverschämte Art auch noch untermauert wird, macht sprachlos.

Doch Haenel verschärft seinen Ton in Bezug auf die viel zu geringe Summe, die für das Inventar vereinbart worden ist: »*Diese Angabe ist eine freche Lüge; wie können Sie sich erlauben, eine solche unwahre Behauptung aufzustellen.«* Mit weiteren Einschüchterungsversuchen endet das Schreiben: »*Ich möchte Ihnen zum Schlusse dringend raten, vernünftig zu sein. Es hat doch wirklich keinen Sinn, diesen unerquicklichen Schriftwechsel fortzusetzen und ich appelliere zum letzten Male an Ihre Vernunft und bitte Sie nochmals, nicht solche kindischen Ansichten zu äußern, welche mit der tatsächlichen Abwicklung dieses Verkaufes aber auch nicht das Geringste, weder in juristischer, noch in moralischer Beziehung zu tun haben.«*[144]

Parallel zu diesen Unverschämtheiten fühlt sich die Ortsgruppe der NSDAP Bad Ischl bemüßigt, einen Brief an das königliche ungarische Generalkonsulat zu schicken, um sich über die ungarische Staatsbürgerin Olga Hauser zu beschweren, da diese die Dienststelle über Gebühr belästige. Wieder fällt das Wort *»freche Lügen«*, es wird auch *»am klaren Verstande Ihrer Staatsbürgerin«* gezweifelt – die diffamierendsten Methoden jenseits aller Fakten kommen zur Anwendung.

Eine weitere Korrespondenz ist nicht erhalten – Olga Hauser hat wohl erkannt, dass mit rechtsstaatlichen Argumenten nichts auszurichten ist. Sie weicht der Gewalt und kann ein Visum für Australien ergattern, wo sie am 20. Juni 1939 eintrifft.

Trotz der enormen Distanz versucht Olga Hauser nach Ende des Krieges, ihr Eigentum zurückzubekommen. Im Erdgeschoß des Hauses befand sich das Gemischtwarengeschäft der Familie Weinzierl, die 1920 an Géza Köszegi verkauft hatte, sich jedoch das Wohnrecht einräumen ließ. Am 3. März 1939 kaufte Josef Weinzierl das Haus vom Land Oberdonau um 11 000 RM – das Land verdiente dabei immerhin 1500 RM. Josef Weinzierl betrieb sein

Geschäft weiter, musste jedoch 1940 einrücken. Dies alles beschreibt Josef Weinzierl in einem Brief an die Rückstellungskommission vom 1. November 1946, nicht ohne zu betonen: »*Mein Vater und ich lebten mit der damaligen Hauseigentümerin stets in bestem Einvernehmen und ist es daher selbstverständlich, dass weder mein Vater noch ich irgendwie an der Arisierung beteiligt waren oder sie gar veranlasst haben.*« Das mag ja durchaus der Wahrheit entsprechen. Doch verkaufte das Land Oberdonau das Haus gleich an die ehemaligen Eigentümer – ein unübliches Vorgehen, aber »*schließlich musste das Land doch an jemanden verkaufen*«, wie Josef Weinzierl festhielt.

Erst am 20. März 1950 weist das Grundbuch Olga Hauser wieder als rechtmäßige Eigentümerin aus, Josef Weinzierl vergleicht sich mit dem Land Oberösterreich und erhält eine Entschädigung, da er ja 1939 das Haus vom Gau Oberdonau erworben hat. Ein Jahr später verkauft Olga Hauser das Haus an Josef Sarsteiner um 65 000 Schilling: »*Da die Verkäuferin Devisenausländerin ist, kann derselbe [Betrag] erst nach Erteilung der erforderlichen devisenbehördlichen Genehmigungen durch die österreichische Nationalbank in Wien an die Verkäuferin ausgefolgt werden.*« Olga Hauser in Australien kann also über den Erlös wieder nicht frei verfügen.

29 Naturwissenschafter unter sich. Die Villa Maass-Portheim

Lindaustraße 7

1942 informiert die Geheime Staatspolizei den Oberfinanzpräsidenten im Gau Oberdonau, dass das gesamte bewegliche und unbewegliche Vermögen von Fanny Maass zugunsten des Deutschen Reiches eingezogen werde. Zum Glück hat Fanny Maass im Jahr 1934 die Ischler Villa ihrer Tochter Emilie Meyer geschenkt, die als »Halbjüdin« gilt und nicht so einfach enteignet werden kann. Die Villa hat längst nicht mehr die Adresse Lindaustraße 7, sondern liegt nun in der Karl-Treint-Straße, benannt nach einem illegalen Nazi, der beim Juliputsch 1934 erschossen wurde und dem nach

Villa Maass-Portheim

1938 eine eigene Straße gebührt. Ein Familienleben, das sich zwischen der Wohnung am Dr. Karl-Lueger-Ring 6 und der prachtvollen Ischler Villa bewegt, wird ausradiert.

Fanny Maass ist zu diesem Zeitpunkt 82 Jahre alt und wohnt in der Ischler Villa bei ihrer Enkelin Agathe Koss-Rosenquist, die als »Mischling 2. Grades« gilt und mit einem Norweger verheiratet ist. Auch der Gestapo scheint klar zu sein, dass eine so alte Dame wohl nicht die Absicht hat auszuwandern: *»Mit Rücksicht auf ihr hohes Alter ist unter den derzeitigen Verhältnissen mit einer Auswanderung oder einer Abschiebung der Maass über die Reichsgrenzen nicht zu rechnen«*, ist in einem Schreiben zu lesen.[145] Mit Seelenruhe räumen die Nazibehörden alle Konten Fanny Maass' ab, machen sich akribisch auf die Suche und verschieben große Beträge und Wertpapierdepots an die Deutsche Reichsbank. Der alten Dame in der Bad Ischler Villa bleibt nichts zum Leben, im Gegenteil, sie wird auch noch mit Finanzamtsforderungen konfrontiert. Doch sie hält durch und stirbt am 4. April 1949 in Bad Ischl, wo sie in der Familiengruft ihre letzte Ruhe findet.

Wieso gibt es eine Familiengruft am Bad Ischler Friedhof? Fanny Maass stammt aus der Familie von Portheim, die bereits seit den 1850er-Jahren ihre Sommer in Bad Ischl verbringt. Onkel und Tanten, Cousins und Cousinen, Nichten und Neffen treffen zusammen, manche leben in Prag, andere in Wien. Die Familie Porges von Portheim, wie sie eigentlich heißt, bringt eine bemerkenswerte Zahl führender Naturwissenschafter hervor, ihr Vermögen hat die Familie jedoch mit Baumwolldruck gemacht. Wahre Pioniere, nutzen sie, ähnlich der Familie Reichert (siehe Kapitel 11), in den 1830er-Jahren die Gunst der Stunde und gründen in Prag und Smichow eine Baumwollfabrik, deren Produktion über den Tellerrand der Monarchie hinausblickt und französische Designs erzeugt – immer am Puls der modischen Entwicklungen und damit imstande, die ganze Bandbreite von einfachen bis zu den feinsten und elegantesten Stoffen anzubieten. Bereits 1841 macht sich dieser Innovationssinn bezahlt, den beiden Urvätern Leopold Juda und Moses Gabriel

Porges wird das Prädikat von Portheim verliehen – dieses verselbstständigt sich und dient den kommenden Generationen als Familienname.

Am 11. August 1853 steigt Josef von Portheim samt Familie erstmals im Posthof in Ischl ab, wie in der Kurliste zu lesen ist. Josef ist großer Musikliebhaber und stellt als Präsident des »Vereines für Kammermusik« in Prag eine bedeutende Persönlichkeit dar. Er begründet die Liebe seiner großen Familie zu Ischl, seine Brüder folgen ihm ebenso wie seine Cousinen und Cousins – einer davon ist Eduard, Fannys Vater. Eduard kommt mit seiner Familie ab 1886 regelmäßig nach Bad Ischl und wohnt in wechselnden Hotels. Erst seine Tochter, seit 1884 mit dem Berliner Rechtsanwalt Dr. Felix Maass verheiratet, wird sesshaft und erwirbt 1912 von den Nachkommen der verstorbenen Gräfin Hermine Zichy um 50 000 Kronen die beeindruckende Villa in der Lindaustraße 7.

Während des Ersten Weltkrieges stellen Fanny und Felix Maass ihr nunmehr »Villa Fanny« genanntes Haus als Lazarett zur Verfügung – 1915 ernennt die Stadt Bad Ischl Felix Maass aus Dankbarkeit zum Ehrenbürger, was sogar dem *Neuen Wiener Tagblatt* eine Meldung wert ist. Dass die Villa eigentlich Fanny gehört und wohl auch mit ihrem Geld finanziert worden ist, spielt keine Rolle. Schon 1912 verlautbart die *Linzer Tages-Post*, dass die Villa in Felix' Besitz übergegangen sei.[146]

Fannys Generation verschreibt sich völlig der Naturwissenschaft. Ihr Bruder Leopold, der fast jeden Sommer in Ischl verbringt, gilt als einer der führenden Biologen seiner Zeit, obwohl er keine diesbezügliche Ausbildung erhält. Gemeinsam mit Hans Leo Przibram und Wilhelm Figdor, der ebenfalls einige Sommer in Ischl verbringt, begründet er die Biologische Versuchsanstalt »Vivarium« im Wiener Prater, die heute völlig in Vergessenheit geraten ist. Im Jahr 2014 treffen im Rahmen einer überaus verdienstvollen Tagung zu dieser Versuchsanstalt die Nachkommen aller drei Familien erstmals wieder zusammen. Und einem der Nachkommen verdanken wir einen denkwürdigen Ausflug auf das Dach des King's

College in Cambridge, wo einer der Portheims als Vizerektor fungiert.

Die Brüder Emil und Friedrich weilen so manchen Sommer in Fannys Ischler Villa, auch sonst verbindet sie vieles, beide sind Gesellschafter der Chemischen Fabrik Kinzlberger & Comp. in Prag, beide sind ledig und nehmen ein schreckliches Ende: 1942 werden die Herren, sie sind zu dem Zeitpunkt 84 und 85 Jahre alt, nach Theresienstadt deportiert, wo Emil bereits nach drei Wochen stirbt. Friedrich wird von dort aus nach langen drei Monaten nach Treblinka deportiert und ermordet. Und noch ein Bruder findet 1938 in der Ischler Villa Zuflucht: Viktor, der hier ein Jahr später stirbt.

Auch Fannys Tochter Emilie heiratet einen Naturwissenschafter: Dr. Stephan Meyer.[147] Seine Großmutter Josefine und Emilies Großvater Eduard von Portheim sind Geschwister – Familie und Interessen bleiben gewahrt. Stephan Meyer verschreibt sich dem noch sehr jungen Fach der Radiologie, als erster Direktor des Instituts für Radiumforschung steht er international auf derselben Stufe wie Marie Curie in Paris. 1938 endet auch diese glänzende Karriere, Meyer gelingt es jedoch, den Krieg in der Ischler Villa zu überleben. Seine Kontakte zu deutschen Forschern dürften ihm und seiner Familie wohl Schutz geboten haben. 1949 stirbt er in Ischl und ruht in der Portheim-Familiengruft auf dem idyllischen Ischler Friedhof. Die Familie seines Mentors, des Physikers Franz Exner, verbringt ihre Sommer in Brunnwinkl in St. Gilgen, dem wissenschaftlichen Diskurs auch während der Sommerfrische stand also nichts im Wege.

30 Ein Roman und die Wirklichkeit. Die Villa Schönthan

Lärchenwaldstraße 14

Ein besonders schönes Haus fällt beim Herumstreifen durch Ischl ins Auge: ein Barockschlösschen auf einer Anhöhe, auf einem eigenartigen dreieckigen Grundstück gelegen. Die Neugier wächst, wer denn hier wohl gelebt hat, und rasch taucht der Name Franzhans Schönthan von Pernwald auf. Schönthans Vater Franz war Autor

Die zauberhafte Villa Schönthan

zahlreicher Lustspiele, die längst von den Spielplänen verschwunden sind, und wurde von den Zeitgenossen zwiegespalten wahrgenommen. Zu seicht, zu voraussehbar seien seine Schwänke, die Themen zu zeitgebunden, in Erinnerung bleibe nur das Amüsement, nicht jedoch der Inhalt. Doch dann taucht ein Roman auf mit dem rätselhaften Titel *Sylvelin*, geschrieben von Franzhans Schönthan, dem Sohn, der 1916 das Ischler Schlösschen erwirbt. Eine Annonce

Sylvelin. Roman von Franzhans von Schönthan. Verlag Holle & Co., Berlin. Auslieferung: Leopold Heidrich, Wien I. Preis broschiert RM 4.—, Ganzleinen RM 5.50. Der Verfasser des unterhaltenden, an aufregenden Geschehnissen reichen Romans baut seine Fabel vor einem wirkungsvollen Hintergrunde auf: er wählte dazu die Welt des Großkapitals, voll Hast, Unruhe, jähen Aufstiegen und plötzlichen Zusammenbrüchen. Schönthan läßt nach mancherlei Wandlungen, deren Schauplätze Berlin, Venedig, Ischl sind, seine Gestalten zu einem angenehmen „happy end" sich durchringen.

Ankündigung von *Sylvelin* in der *Österreichischen Buchhändler-Correspondenz*, 7.12.1935

kündigt an, dass hier die Welt des Großkapitals mit all ihren Umbrüchen an den Schauplätzen Berlin, Venedig und Ischl agiere. Wie schildert der Autor sein eigenes Ischler Refugium?, fragt man sich und vertieft sich in die Lektüre, die einen sofort gefangen nimmt. Denn nicht nur Ischl und das Leben im Schlösschen erstehen vor dem inneren Auge, sondern auch die Menschen. Liebesgeschichten und finanzielle Schwierigkeiten, Umgang mit dem Personal ebenso wie Bergpartien und Ausflüge. Alles wird lebendig.

»Das uralte Schlagwerk der Ischler Kirche rasselte heiser, holte langsam, bedächtig aus und schlug in Pausen neunmal an. Dies war die Frühstücksstunde im Schlössel am Berge. Der zierlich gedeckte, blumengeschmückte Tisch stand im Freien unter der alten, schattenspendenden Linde, unweit der plätschernden Fontäne, von der Kühlung herüberwehte.«[148] Was für eine Idylle, zu der sich drei Hunde und ein Äffchen namens Tango gesellen – ob es dieses im Hause Schönthan tatsächlich gegeben hat, bleibt ungewiss. Doch inseriert Marie von Schönthan, Franzhans' Mutter, 1918 in verschiedenen Zeitungen: Man suche *»eine Köchin für alles. Selbe muß sehr still im Wesen, mit guten Umgangsformen, äußerst reinlich, verläßlich und mit allen häuslichen Arbeiten vertraut sein, ebenso tierliebend. Bevorzugt wird gewesenes Stubenmädchen, das kochen kann. Reichliche Kost. Etwaige Anträge nebst Buch und Photographie sind zu richten an Marie von Schönthan.«*[149] Im Roman stellen eine alte Köchin und ein junges Mädel das Personal, neben Chauffeur und Gärtner. Das junge Mä-

del ist verlobt und schwanger, der Baron im Buch – und wohl auch in der Realität – sorgt für ihre Mitgift.

Ein Besucher aus Berlin fühlt sich in der Villa Schönthan in alte, vergangene Zeiten versetzt – wir schreiben das Jahr 1931: »›*Unser Herr Baron sind da droben. Wenn der Herr Baron vielleicht entgegengehen wollen – können net fehlen*‹«, meint das junge Mädel, und der Besucher denkt: »*Hier herrschen gottlob noch die alten, guten, patriarchalischen Zustände, die im alten Österreich zwischen Herrschaft und Dienstleuten üblich waren.*« Und plötzlich wird deutlich, warum gerade die Berliner Gäste so gern den Sommer in Ischl verbringen. Die Sommerfrische wird zur Zeitreise.

Sein Alter Ego Hans Sonnau schildert der Autor plastisch: »*Sonnau sah aus wie ein lebenssprühender Junge; braungebrannt, mit blanken Augen, in der kleidsamen Tracht mit der kurzen Ledernen, den braunen, nervigen Knien, dem kurzen grünen Janker, das Hütl mit dem Gamsbart schief auf dem Kopf, wie er da stand und die Hundenamen in seinen Wald rief. Unverwüstlich!*«[150]

Einige Jahre später sitzt unser Held Hans Sonnau in einem Berliner Kino und sieht in der Wochenschau *Das schöne Salzkammergut*. Lange Jahre ist er Ischl ferngeblieben, die Villa ist in der Zwischenzeit verkauft – Realität und Roman vermischen sich, tatsächlich verkauft Marie von Schönthan das Haus im Jahr 1927. Die alten Gefühle und Stimmungen, so sehr verknüpft mit den Ischler Sommern, erwachen durch die Bilder wieder zum Leben. »*Schon im nächsten Augenblick stand mitten im Bild sein eigenes Schlößl am Waldesrand. Allerdings, es sprang weder ein Äffchen in den Bäumen herum, noch liefen Hunde umher. Dafür stand aber ein etwas dicklicher Herr in einer ledernen Hose im Hemd und breiten Hosenträgern über die Brust gespannt, in denen er die Daumen eingehängt trug, vor dem Schlößl und genau unter dem alten Wappenschild. Ob dies der neue Besitzer war, der aus Leipzig stammte, wußte Sonnau nicht.*«[151] Die neuen Besitzer Hermann und Antonie Halberstam stammen tatsächlich aus Leipzig – zehn Sommer genießen auch sie die zauberhafte Atmosphäre dieses Besitzes.

Dann werden »Erhebungen« angestellt, die bei bestem Willen zu nichts führen: *»Sonst ist über Halberstam hier nichts Näheres zu erfahren, doch ist er erwiesenermaßen ein scharfer Gegner der nat. soz. Bewegung«*, schreibt der überaus fleißige Herr Krompl, der solche Erhebungen zuhauf für alle Ischler Villen einholt.[152] Doch haben Antonie und Hermann Halberstam Glück, sie finden einen Freund und Kollegen in Leipzig, der in den Augen der Nazis unbescholten und vor allem nicht jüdisch ist und ihnen ihr Haus abkauft. Den Preis bestimmen die Nazibehörden, geschätzt wird der Besitz auf 20 000 RM. Erstaunlich genug ist, dass die Behörden den Verkauf genehmigen, dies kommt selten vor. Meist wird ein freihändiger Verkauf nicht gestattet, denn der Gau Oberdonau braucht viel Geld, das sich mit diesen »Arisierungen« rasch beschaffen lässt: Die Häuser werden um einen Pappenstiel »gekauft« und mit großem Gewinn weiterverkauft – wenig Aufwand, große Wirkung.

Nicht jedoch bei dem doch bemerkenswerten Besitz der Halberstams: Nach gründlicher Prüfung des potenziellen Käufers wird dieser als politisch zuverlässig und unbedenklich eingestuft. Dem gehen jedoch Korrespondenzen zwischen Hermanns Bruder Norbert und dem unumgänglichen und omnipräsenten Wilhelm Haenel voraus, der in gewohnter Weise Drohungen und Einschüchterungen ausstößt und über die Nazimethoden Auskunft gibt: *»Zum besseren Verständnis der Situation teile ich Ihnen Folgendes mit. Die Partei – NSDAP – lehnt jeden Käufer grundsätzlich ab, der aus irgendeinem politischen oder wirtschaftlichen Grunde den Voraussetzungen nicht entspricht, welche die Partei bei der Arisierung eines jüdischen Besitzes zu beachten hat. Die NSDAP behält sich ferner ausdrücklich vor, die grundbücherliche Durchführung eines Kaufvertrages abzulehnen und zurückweisen zu lassen, wenn ein Kaufvertrag nicht im Sinne der Partei abgeschlossen wurde und arbeitet hier mit der geheimen Staatspolizei zusammen.«* Man macht kein Hehl aus dem Vorgehen. Vogelfrei. Das ist das Wort, das immer wieder in den Sinn kommt. Denn wenn der Vertrag doch genehmigt werden sollte, gibt es keine freie eigene Festsetzung des Kaufpreises.

Dieser muss *»nach dem Schätzungsbericht des gerichtlich beeideten Sachverständigen fixiert«* werden. Und nun folgt die unverhohlene Drohung: *»Es gehört auch zu meinem Aufgabenkreis, Sie darüber zu informieren, daß eine Ablehnung meines Vorschlages eventuell für Sie bzw. Ihren Bruder rein materielle Nachteile bringen könnte, die ich Ihnen gerne ersparen möchte. Sie wissen, dass Partei und Staat identisch sind und Ihr Verhalten der Partei gegenüber eine staatsfeindliche Haltung bedeuten würde, wenn Sie sich gegen die Zielsetzung der Partei – in diesem Falle Verweigerung der Befolgung notwendiger Maßnahmen im Interesse der Arisierung nach politischen und wirtschaftlichen Gesichtspunkten – einstellen würden.«*[153]

Parallel korrespondiert Haenel mit dem Ischler Rechtsanwalt Dr. Georg Jochmann und teilt ihm am 21. November 1938 mit, dass ein freihändiger Verkauf wohl nicht mehr möglich sei. *»Das Land Oberdonau übernimmt das Grundstück zum Preis von 5000 RM, für den Fall, dass der Besitzer diese Entschädigung ablehnen sollte, wird höchstwahrscheinlich eine Beschlagnahme mit nachfolgender Übereignung durch das Reich stattfinden.«*[154] Zur Erinnerung: Der Nazigutachter hatte den Besitz auf 20 000 RM geschätzt. Doch hier irrt Haenel in seinem blinden Eifer – ein freihändiger Verkauf kommt zustande. Wieso? Johannes Wiedemann aus Leipzig interessiert sich für den Ankauf – und er wird nach sehr genauer Prüfung als unbedenklich eingestuft. Am 24. Juli 1939 geschieht die Eintragung ins Grundbuch, Wiedemann zahlt 17 500 RM plus 5000 RM »Judenabgabe«, zusammen also mehr als den Nazischätzwert. Irgendetwas stimmt nicht. 1947 wird Antonie Halberstam in einem Rückübertragungsvertrag wieder Eigentümerin. Und nun klärt sich die Sache auf: Wiedemann agierte im Sinne der Besitzer und *»hat schon bei Abschluss des Vertrages die Verpflichtung übernommen, bei Änderung der Verhältnisse, das heißt bei Beendigung des nationalsozialistischen Regimes und Beendigung der Judenverfolgung, entweder der Verkäuferin die Liegenschaft gegen Rückzahlung des Kaufpreises wieder zurückzugeben oder mit ihr einen neuen Vertrag zu schließen«*. Ein außergewöhnliches und bemerkenswertes Vorgehen.

31 Ein vergessener Star. Jenny Gross

Dr. Höchsmann-Straße 4

Wie ist es möglich, dass eine Künstlerin, die in Wien und Berlin so enorme Erfolge feierte, völlig vergessen ist? Ihre Ischler Villa zählt mit einem grandiosen Blick über die Berge zu den beeindruckendsten und größten.

»Liebenswürdige Schauspiel- und blendende Toilettenkunst«: die gefeierte Jenny Gross

Doch wer ist diese Jenny Gross? Eine Europäerin: geboren 1863 im ungarischen Dorf Szántó, 240 Kilometer nordöstlich von Wien in der heutigen Slowakei, aufgewachsen in Wien, wo sie erste Erfolge feiert, und dann die große Karriere in Berlin. Die Sommer verbringt sie wie ihr Mentor Oscar Blumenthal in Ischl.

Als anmutig wird sie beschrieben, als eine liebenswerte Persönlichkeit, die in deutschen und französischen Lustspielen das Publikum begeistert. In Berlin ist Jenny Gross der große Star, die Begeisterung überschlägt sich, sie sei der Inbegriff bestrickender Grazie, habe übersprudelndes Temperament und zeichne sich durch *»lie-*

benswürdige Schauspiel- und blendende Toilettenkunst«[155] aus – offenbar gibt es zwischen den beiden letzteren Talenten einen unmittelbaren Zusammenhang. Sie stellt Salondamen, bestrickende Witwen und flirtende Commerzienrathstöchter dar, alle ersonnen von Oscar Blumenthal, aber sie reüssiert vor allem als Wirtin Josepha Vogelhuber im *Weißen Rössl*. Ihr österreichischer Dialekt bringt authentisches Kolorit auf die Berliner Bühne des Lessingtheaters.

Ihre Glanzrolle ist die der Madame Sans Gêne in Victorien Sardous gleichnamigem Lustspiel – eine einfache Wäscherin, die es durch die Heirat mit einem Mitstreiter Napoleons bis zur Herzogin in Danzig brachte. Die typische Aufsteigergeschichte aus der Zeit der Französischen Revolution mit einer Ausnahme: Angeblich bewahrte sich diese sogenannte Madame Sans Gêne, die sich kein Blatt vor den Mund nahm, das Bewusstsein um ihre Herkunft und erfreute sich daher großen Ansehens bei den kleinen Leuten. Jenny Gross erfasst diesen Geist genau und gestaltet die Rolle mit *»prickelndem und schalkhaft derbem Spiel«*, wie in der *Neuen Freien Presse* vom 14. Jänner 1894 zu lesen ist. Doch stellt sie die Madame Sans Gêne nicht nur dar: In einem klugen Schachzug erwirbt Jenny Gross die deutschen Übersetzungsrechte des Lustspieles und hält nun ein mehrfach interessantes Atout in Händen, denn die Theater müssen Gross um die Rechte bitten. Und diese verknüpft sie nach ihrem Gutdünken mit einer Bedingung: Sie selbst muss für die Hauptrolle engagiert werden, sonst erteilt sie keine Erlaubnis. Dass dieses Vorgehen scheel beäugt wird, verwundert nicht. So kritisiert der Schriftsteller Maximilian Harden diese Praxis auf das Schärfste und nennt Gross eine *»Großkapitalistin im Bühnenreich«*.[156] Wieder einmal zeigt sich das Phänomen, dass Kunst und finanzieller Erfolg nicht zusammengehören dürfen: Die wahrhaft hehre und ernste Schauspielerin darf nicht aus eigener Kraft wirtschaftlich erfolgreich sein.

Jenny Gross gelingt etwas Außergewöhnliches: Sie entwickelt sich von der Darstellerin zur Unternehmerin und gewinnt damit eine für ihre Zeit ungewöhnliche Unabhängigkeit, haben die Schauspielerinnen der damaligen Zeit doch sehr hohe Ausgaben für ihre Bühnenkostüme, die immer großartiger, immer kostbarer und aufwendiger sein müssen. Das Publikum geht nicht nur wegen der Stücke, sondern auch wegen der Toiletten ins Theater. Mit der Gage allein ist dies nicht zu bewerkstelligen, sodass andere Einnahmequellen gefunden werden müssen. Nicht umsonst hat jede Schauspielerin einen reichen Herrn, der sie aushält – anders wäre das Leben nicht zu finanzieren. Und daraus erklärt sich auch der schlechte Ruf dieses Berufsstandes. Jenny Gross ist das zu wenig, sie nimmt die Initiative selbst in die Hand, denn, wie Heinrich Stümcke in einem Nachruf bemerkt, sie gehört zu den Künstlerinnen, *»die die Grenzen ihres Könnens und ihrer Begabung mit kluger Selbstkritik erkennen«*.[157] Der Schriftsteller Maximilian Harden hält nichts von Höflichkeit und spricht ihr jedes Fünkchen schauspielerischen Talentes ab. *»In ihren besten Rollen wie eine Wachspuppe, die eingelernte Reden herplappert. Ein Genie aber in der Kunst, den Frauenreiz zur Möblierung des Lebens auszunützen«*, schreibt er der jung Verstorbenen ins Grab nach.

Anlässlich eines Aufenthaltes in Paris bittet Victorien Sardou, der Schöpfer der *Madame Sans Gêne*, Jenny Gross auf seinen Landsitz. *»Sehr einfach erschien die deutsche Schauspielerin«*, schreibt Emmy Vely, *»englisches Kleid, Bubenhütchen, sie spricht elegant Französisch.«* Dieser Umstand gefällt dem Schriftsteller sehr und verleitet ihn zu einem Kompliment: *»Madame, vous êtes comme une Parisienne!«* Ein größeres Kompliment kann ein Franzose einer deutschsprachigen Schauspielerin wohl nicht machen.

Am 8. Mai 1904 stirbt Jenny Gross mit nur 44 Jahren an den Folgen einer Operation. Erst zwei Jahre zuvor hat sie die repräsentative Villa in Bad Ischl erworben, in der sie nur den Sommer 1903 verbringt. Schon ab 1886 war Jenny Gross meist mit ihrer Schwester Laura oder mit anderen Geschwistern zu Gast in Ischl. Laura weicht nie von ihrer Seite, sie erbt das Haus in Bad Ischl. In einem Übereinkommen vom 18. Juni 1907 wird festgelegt, dass Laura ihren Geschwistern eine festgelegte Summe auf Anfrage auszubezahlen

Das Tor zur Villa Jenny erinnert auch heute noch an die einstmalige Besitzerin.

habe. Die ganze Familie, Geschwister, Nichten und Neffen verbringen gemeinsam viele Sommermonate in der Ischler Villa, eine der Nichten ist die Bildhauerin Irma Rothstein. Da Laura Gross keine direkten Nachkommen hat, sind ihre Nichten und Neffen, darunter die Kinder ihres Bruders Ferdinand, als Erben eingesetzt. Doch bevor dies spruchreif wird, kommt das Jahr 1938.

Die 82-jährige Laura Gross wird gezwungen, einen Kaufvertrag zu unterschreiben. Der Kaufpreis wird mit 16 000 RM festgelegt, die dem Wert der Liegenschaft samt Inventar natürlich in keiner Weise entsprechen. Rudolf Gross, Ferdinands Sohn, versucht, mit den Nazibehörden zu verhandeln, und argumentiert, dass zwar nur Laura im Grundbuch stünde, die Geschwister jedoch durch erwähntes Übereinkommen ebenfalls Ansprüche hätten. Dies kann er immerhin anhand von Jenny Gross' Testament beweisen. Rudolf Gross gilt für die Nazis als »Mischling 1. Grades« und ist daher von den sogenannten »Judengesetzen« ausgenommen. Die Behörden ignorieren seine Beschwerde jedoch, am 9. September 1939 wird im

Grundbuch das Eigentumsrecht für das Land Oberdonau einverleibt, das die Liegenschaft um 54000 RM – also mit einem Gewinn von 38000 RM – weiterverkauft. Eine Inventarliste gibt Aufschluss über die Einrichtung der Villa.

Jenny Gross hat sich nicht nur auf der Bühne, sondern auch im privaten Bereich mit wertvollen Kleidern und Dingen umgeben. *»Aus ihrem reich und geschmackvoll ausgestatteten Heim, in dem namentlich eine Fülle der apartesten und zierlichsten Gebilde der französischen und englischen Kleinkunst das Auge des Beschauers fesselte, machte sie gerne einen Tempel der Gastfreundschaft«*, würdigt Heinrich Stümcke die Dame von Welt in seinem Nachruf. Und ähnlich wird wohl auch ihre Ischler Villa ausgestattet gewesen sein, so wird ein Speiszimmer aus Pitchpineholz erwähnt, also aus Pechkiefer, dem härtesten Nadelholz der Welt. Aus demselben Holz ist übrigens auch Oscar Blumenthals Villa gebaut. Seidenvorhänge, Wände mit eingelegten Paneelen, Glasvitrinen mit diversen Nippes, ein Messingbett mit Baldachin, kunstvoll eingelegte Ahornmöbel, alle mit Seide überzogen, und ein Schreibtisch aus wertvollem Palisanderholz vervollständigen die Ischler Villa.

»Den Juden ist es grundsätzlich verboten, über ihr bewegliches Vermögen zu verfügen«, stellt die Gestapo in einem Schreiben an den Reichsstatthalter von Oberdonau am 8. September 1942 fest. Zu diesem Zeitpunkt ist Laura Gross schon tot, sie wird am 10. Juli 1942 nach Theresienstadt deportiert, wo sie am 27. Juli 85-jährig stirbt. Ihre Erben Hildegard Salomon und Rudolf Gross erhalten den Besitz im Jahr 1950 zurück und verkaufen ihn zwei Jahre später an die Wiener Buchdruckerei Carl Gerold's Sohn.

32 Leschetizky-Villa

Leschetizkygasse 8

»Es gibt Klavierabende im Bösendorfer-Saale, die ihr ganz besonderes Gepräge haben. Sehr viel Jugend, schlanke, schöne Mädchen mit großen Schleifen in den kühnen Frisuren, junge Herren mit breiter Krawatte und tadelloser Haltung. Im Publikum fliegen englische Namen auf; die meisten Leute kennen einander. Sie sind eine ganze, große, begeisterte Gemeinde: es ist ein Leschetizky-Konzert.« Was für eine Atmosphäre! Und wer ist der Mann, der dies, von Elsa Bienenfeld im *Neuen Wiener Journal*[158] so herrlich geschildert, schafft?

Theodor Leschetizky ist ein musikalischer Gigant. Nicht so sehr als Solist, sondern vielmehr als Pädagoge, der eine völlig neue Methodik des Klavierspielens lehrt und durchsetzt. Wir befinden uns in der Mitte des 19. Jahrhunderts, 1845 steigt Joseph Leschetizky, ein Tonkünstler, erstmals in Ischl ab – sein Sohn Theodor ist zu diesem Zeitpunkt 15 Jahre alt. Drei Jahre später beschäftigt Giacomo Meyerbeer, der im Rosenstöckl (siehe Kapitel 8) seine Oper *Le Prophète* mit dem berühmten Krönungsmarsch vollendet, den jungen Pianisten als musikalischen Assistenten. So ergibt sich aus der Sommerfrische auch eine berufliche Chance.

In den folgenden Jahren steigt Theodor Leschetizky immer in der Sommerwohnung ab, in der er bereits mit seinen Eltern wohnte, doch wird ihm diese zu klein und er bezieht die Villa des Drechslermeisters Klakl in der Brennerstraße 40. Dieser baut seine Villa später jedoch in mehrere Sommerwohnungen um, und Leschetizky muss sich ein weiteres Mal um eine neue Bleibe kümmern. Die findet er in der Feldgasse 5, heute Leschetizkygasse 8, genau am Fuße der Villa von Jenny Gross gelegen (siehe Kapitel 31). Die Villa Piccola oder auch Donimirska wird ab 1892 zum sommerlichen Treffpunkt des zum großen Klavierprofessor avancierten Pianisten mit seinen Schülern und vor allem Schülerinnen, die ihm gern nach Ischl folgen. Hier trifft sich die Künstlerwelt von Rang und Namen:

Ansichtskarte der Villa Leschetizky

Johann Nestroy verkehrt in der Villa ebenso wie Johannes Brahms und Ludwig Bösendorfer, Stars wie Anton Rubinstein, Charlotte Wolter, Pauline Lucca und der große Pablo de Sarasate gehen hier ein und aus. »*In dem an einer kleinen Anhöhe gelegenen Häuschen, welchen Besitz Leschetizky den Musikantenhügel nannte, ging es damals überaus lustig zu; da Leschetizky ein großer Freund von Gelagen mit großer Gesellschaft war, wurden am Musikantenhügel glänzende Feste und reichgedeckte Gastmahle veranstaltet, die sich zumeist bis zum Morgengrauen ausdehnten, so daß die Sommergäste in der Nachbarschaft oft genug Gelegenheit gehabt hätten, sich wegen nächtlicher Ruhestörung zu beschweren. Wenn Leschetizky aber gerade keine Gäste bei sich sah und an solchen Abenden mit seiner Gattin Essipoff*[159] *Klavier spielte, bereitete er seiner Nachbarschaft und dem sich unten an der Brennerstraße scharenweise ansammelnden Publikum einen solch auserlesenen Kunstgenuß, daß man gern über den Ärger der Vornacht hinwegsah.*«[160]

Ein exzentrischer Herr, dieser angesehene Klavierprofessor, der zuerst eine Professur in St. Petersburg innegehabt und gemeinsam mit Anton Rubinstein das dortige legendäre Konservatorium

Die Inszenierung des Theodor Leschetizky in seinem Musiksalon, Fotografie von Marie Mertens

gegründet hat. Von dort bringt er auch gleich vier Ehefrauen nach Ischl.

1878 erfolgt seine Berufung nach Wien, wo er als »*Klavierpapst*« verehrt wird, »*zu dem aus nah und fern die Pianisten wallfahrteten, seinen Segen zu erbitten*«, wie Elsa Bienenfeld im *Neuen Wiener Journal* belustigt am 17. November 1915 schreibt. Er, der imposante Herr mit liszthaft wallendem langen Haar und beeindruckender Statur, entwickelt seine eigene Methode des Klavierspiels, nutzt die Muskelkraft der Arme aus und schafft eine moderne Technik der Klavierpädagogik ohne angelegte Arme und theatralisches Kopfschütteln, sondern mit Freiheit. »*Seine Schule hat die ›Pose‹ unmodern gemacht*«, konstatiert Elsa Bienenfeld zufrieden. Seine Schüler und Schülerinnen danken es ihm mit noblem Ton und brillanter Technik. Etwas Besseres kann es für einen Lehrer nicht geben! Und sie folgen ihm alle nach Ischl, essen mit ihm zu Abend – und dann kann es auch passieren, dass sich der Meister bis zwei Uhr Früh ans Klavier setzt. Ein Nachtmensch, der zu später Stunde gern lange Spaziergänge unternimmt, aber auch untertags unterwegs ist, begleitet von einem weißen Pudel. Sehr exzentrisch.

1904 fällt seinen Schülerinnen etwas Besonderes ein: Sie lassen zu seinen Ehren auf dem Ahornbüchel eine Leschetizky-Hütte errichten. Bis ins hohe Alter empfängt Leschetizky in Ischl Gäste und amüsiert sie mit Anekdoten: »*Es machte ihm sichtlich Vergnügen, über seine zahllosen Erlebnisse auf Reisen oder sonstige Episoden aus seinem Leben und besonders über seine am russischen Hofe gesammelten Eindrücke erzählen zu können.*« Und was nicht erstaunt: »*Auch die vielseitigen Beziehungen des Meisters zum schönen Geschlecht bildeten oft das Thema der Unterhaltung. Er entschuldigte diese seine besonders gutgeprägte Neigung mit der Wendung, daß ›schöne Frauen des Lebens Würze seien‹.*«[161]

Viele Amerikanerinnen kommen nach Wien, um bei dem legendären Meister zu studieren und in seinem Haus ebenso wie in der Ischler Villa zu verkehren. An nächtelange Diskussionen voller Esprit in zauberhafter Gesellschaft erinnert sich auch der bekannte Journalist Ludwig Karpath lebhaft. Und Elsa Bienenfeld meint: »*Es lebt tatsächlich eine Kolonie in Wien, die bloß der Name Leschetizky herbeigezogen hat. In Amerika, in Australien ist sein Name fast legendär. Musik, Europa, Leschetizky ist dort identisch. Es gibt keinen amerikanischen Pianisten, dem es einfallen würde, bei einem anderen Meister Klavierspielen zu lernen. Jeder wallfahrtet zu ›Läschätetzky‹ mit den inbrünstigsten Gedanken wie zu einem wunderwirkenden Gott. Die Amerikaner treiben den Kult am höchsten, vielleicht auch bloß am auffallendsten.*«[162] Eine seiner Schülerinnen ist Gabriele, genannt Ella, Pancera, die 1909 die Villa ihres anderen Lehrers Josef Vockner in Ischl erwirbt (siehe Kapitel 29).

Vier Mal heiratet der Lehrer Schülerinnen, alle aus Russland, wo er in den 1850er-Jahren gelebt hat. »*Ich kam viel zur Großherzogin Helena Pawlowa, bei der ich äußerst gut angeschrieben war. Bei ihr lernte ich die Hofdame Anna von Friedburg kennen. Es war dies im Jahre 1856. Die junge Dame sang bei Hof und mir wurde die Aufgabe zuteil, mit ihr deutsche Lieder einzustudieren.*«[163] Man kann sich schon vorstellen, wozu das geführt hat. Leider war diese junge Sängerin die Braut Anton Rubinsteins, doch »*ich war durchaus nicht ungehalten, daß sie die Verlobung mit Rubinstein löste und mich heiratete.«* Vierzehn Jahre hält diese Ehe.

Die nächste Ehefrau, Anette Essipow[164], kommt nach Wien und begeistert mit ihrem Klavierspiel und ihrem Esprit die Wiener Gesellschaft – und natürlich Leschetizky. Zwei Kinder und wiederum vierzehn Jahre später endet auch diese Ehe, Anette geht zurück nach St. Petersburg. *»Ich bin mit allen meinen Frauen auf bestem Fuß.«* Die dritte Ehefrau will Klavierstunden bei ihm nehmen – der Meister nennt sie in seinen Erinnerungen *»ebenso niedlich wie schüchtern«*. Und verheiratet mit einem polnischen Journalisten. *»Es gelang mir bald, ihre Verlegenheit zu bannen, und ich merkte mit Vergnügen, daß sie sich von mir gern den Hof machen ließ.«* Eugenie wird die dritte Frau Leschetizky – sie ist auch die erste Eigentümerin der Ischler Villa. Für wiederum vierzehn Jahre. *»Sie war gut und lieb und hinderte mich nicht, meine schöne Schülerin Marie Rosborska zu ehelichen.«* Dichtung und Wahrheit vermischen sich hier wohl zu einer wunderbaren Legende.

Sein Biograf verteidigt ihn, dieser große Künstler könne eben nicht mit normalen Maßstäben gemessen werden, er verabscheue die scheinheiligen Moralisten und an seinem Grab *»trauern die Grazien, die sein Leben freundlich umspielten«*. Am Ende seines erfüllten Lebens plagt den Künstler sein Alter, unter anderem verliert er sein Augenlicht – und doch nimmt man 1915 nicht leicht von ihm Abschied: *»Mit einem Glas Sekt in der Hand hätte er sich verabschieden müssen. Das wäre der richtige Tod für ihn gewesen.«*

33 Das Gigerltum der Verbauerung. Oscar Blumenthal und der echte Giesecke

Engleithenstraße 19

Was für Attribute erhält Oscar Blumenthal in seinem Nachruf: erfolgreicher Lustspieldichter und gefürchteter Satiriker, scharfsinniger Kritiker und geschmackvoller Essayist, Sprachkenner und Sprachkünstler. Ein Tausendsassa, der mit all diesen Talenten erfolgreich ist, bewegt den unbekannten Verfasser des Nekrologs zu einer interessanten Conclusio: *»Er litt, so paradox das klingen mag, zeitlebens an Erfolg.«*

Was soll das bedeuten? Bei weiterer Überlegung zeigt sich hier ein Phänomen der deutschsprachigen Kultur, das seinen Ursprung in der Romantik hat: Das, was unterhält – und dementsprechend breitenwirksam erfolgreich ist –, ist nichts wert. Nur die hehre ernste Kultur ist die wahre Kultur – Lachen, Freude und Fröhlichkeit verboten! Und damit natürlich auch kommerzieller Erfolg. Dies verbindet Blumenthal auch mit der von ihm protegierten Jenny Gross – sie sieht sich ähnlichen Vorwürfen ausgesetzt (siehe Kapitel 31).

So ist es zu verstehen, dass Blumenthal am Erfolg litt, schließt ihn dieser Umstand doch für die angeblichen Wahrer der »echten« Kultur aus dem Olymp aus. Dass dies in keiner Weise der Realität entspricht und gerade Blumenthal es versteht, großartige Dichtkunst mit kommerziellem Erfolg zu verbinden, steht außer Zweifel.

Lange Jahre versetzt Blumenthal die Berliner Theatermacher in Angst und Schrecken – als Kritiker erhält er den Namen »der blutige Oscar«, denn als gebildeter und belesener Mann sieht und spürt er oft Ungereimtheiten und Widersprüche, die sich nur einem Intellektuellen erschließen, der sich wohl sehr oft über die Ahnungslosigkeit ärgert und dies auch klar formuliert. Und doch hat dieser scharfsinnige Kritiker eine andere Seite: die Liebe zum Lustspiel. Wissend, dass ihn diese »Schwäche« so manches Anse-

Oscar Blumenthal in Ischl

hen kosten werde, schreibt er 1884 sein erstes Werk dieses Genres *Der Probepfeil* unter einem Pseudonym, trifft jedoch sofort ins Schwarze: Seine enorme Karriere entwickelt sich in höchste Höhen, auf dem Gipfel schafft er das legendäre Lustspiel *Im weißen Rössl.* Und so befinden wir uns schon mitten in Ischl, besser gesagt am Lauffener Waldweg.

Wie kommt ein Berliner Starkritiker, Theaterdirektor (sein finanzieller Erfolg und die Unterstützung von Rudolf Mosse ermöglichten ihm den Bau des Berliner Lessingtheaters) und erfolgreicher Autor gerade nach Ischl? Angeblich hat er 1863 mit seiner Mutter Pauline einen Sommer in Ischl verbracht, in der Kurliste, die alle Besucher minutiös vermerkt, scheinen die beiden jedoch nicht auf. Erst 1894 ist der erste Besuch Blumenthals in Ischl dokumentiert, er residiert im Hotel Elisabeth, muss jedoch gleich ein besonderes Faible für den Ort entwickelt haben, denn zwei Jahre später errichtet er hier eine spektakuläre Villa mit einer überaus originellen Geschichte:

1895 findet in Chicago eine Weltausstellung statt, auf der Novitäten aller Arten zu sehen sind und zu der das interessierte Publikum aus der ganzen Welt hinpilgert. So auch Oscar Blumenthal.

Und er entdeckt dort etwas Neues, das wie er aus Berlin nach Chicago gereist ist: ein Fertigteilhaus, den neuesten Clou auf dem Gebiet der Architektur. Als Architekt der Villa zeichnet Johannes Lange verantwortlich, der für die »Wolgaster Actien-Gesellschaft für Holzbearbeitung« arbeitet – was heute gang und gäbe ist, gilt damals als Sensation. Die Fertigteilhäuser können wie aus Legosteinen individuell zusammengestellt werden – hier ein Balkon, dort ein Türmchen, da eine Veranda. Materialien sind die teuersten Laubhölzer aus Amerika, wo die Fima eigene Wälder besitzt und das Holz von dort nach Deutschland importiert. Vor allem die Pechkiefer, Yellowpine oder Pitchpine genannt, bietet die nötige Härte und Widerstandsfähigkeit für die nachhaltige Bauweise der Häuser. Ein eigens entwickelter feuerfester Verputz mindert die Brandgefahr – ein durch und durch ausgeklügeltes System, zu dessen Entwicklung auch Kaiser Wilhelm II. beiträgt: Auf einem Besuch in Norwegen begeistert er sich für die dortigen Holzhäuser und forciert den Bau ähnlicher Gebäude in Deutschland, vor allem in Berlin. Eine neue Mode entsteht, und alle, die etwas auf sich halten, lassen sich eine Holzvilla bauen.

Eine erhaltene Preisliste schlüsselt die Aufwendungen für das Material, die Maurerarbeiten und die Aufstellungskosten genau auf und gibt auch Auskunft über das Gewicht. 30 Tonnen wiegt die der Villa Blumenthal ähnliche Villa Florence in Heringsdorf, die Kosten betragen 22 000 Mark. Besonders viele diese Villen sind heute noch auf den Ostsee-Inseln Usedom und Rügen erhalten, die schönste jedoch steht in Bad Ischl. Denn Oscar Blumenthal erwirbt kurzentschlossen die in Chicago ausgestellte große Villa, die nach dem Ende der Ausstellung, in ihre Einzelteile zerlegt, die Retourreise nach Europa antritt – jedoch nicht nach Berlin, sondern gleich nach Ischl, an den Waldweg nach Lauffen, wo Blumenthal ein Grundstück erworben hat. Man kann sich das Spektakel vorstellen, als die Bestandteile der Villa per Bahn in Ischl ankommen – und die Menschen mögen wohl ob des exzentrischen Autors den Kopf geschüttelt haben.

Die prächtige Villa Blumenthal, liebevoll gepflegt und wunderbar erhalten

Diese Villa wird zur Geburtsstätte des wohl größten und nachhaltigsten Erfolges Oscar Blumenthals: Gemeinsam mit Gustav Kadelburg verfasst er 1896 das Lustspiel *Im weißen Rössl*, inspiriert durch das gleichnamige Wirtshaus in Lauffen. Im Jahr 1900 werden an mehr als 300 deutschen Theatern in insgesamt mehr als 40 000 Aufführungen beachtliche 3076 Mal Werke Oscar Blumenthals gegeben, davon allein 1692 Mal *Im weißen Rössl.* Der Erfolg der Operette rückt das Original heute in den Hintergrund, doch zu Unrecht, das Publikum kennt und liebt das Lustspiel, das 1926 auch am Wiener Burgtheater in die Sommerfrische-Idylle entführt und Blumenthals und Kadelburgs Selbstpersiflage des Giesecke auf die Bühne bringt. Ralph Benatzky und Eric Charell haben mit der gleichnamigen Operette leichtes Spiel: Die bezaubernde und mitreißende Musik peppt das ein wenig altmodische, aber vom Plot durchaus aktuelle Lustspiel auf und vertreibt den Staub. Man denkt ein wenig an den Phönix, der aus der Asche steigt.

Das Original: Gasthaus zum Weißen Rössl in Lauffen

Das Lustspiel hat auch einen direkten Konnex zur Ischler Villa, stehen doch die meisten dieser prachtvollen Holzvillen an der Ostsee und hier auch in Ahlbeck. Wer den Inhalt des *Rössls* näher kennt, weiß, dass Giesecke diesen Ort immer mit St. Wolfgang vergleicht – und Ahlbeck vorerst besser abschneidet.

»Die Ischler Esplanade ist ein großstädtischer Boulevard, der quer durch das lieblichste Alpental läuft«, schreibt Blumenthal 1910 in seinen *Ischler Frühgesprächen*. Er charakterisiert Ischl sehr präzise und spricht dem Ort das Mondäne eines internationalen Kurortes ab – so ist der großstädtische Boulevard nur untertags bevölkert, denn die Gäste mieten Wohnungen und Villen, wo sie die Abende gemeinsam verbringen – Ruhe statt geselligem Nachtleben. Mondän ist er selbst, wenn er mit einer gelben Kalesche durch die Stadt fährt.[165]

Warum verkleiden sich die Städter als Landbevölkerung? Ein heftig diskutiertes Thema, zu dem Blumenthal eine ganz neue Sicht beisteuert: Der Grund sei Höflichkeit gegenüber der Landbevölkerung: *»Wie die Potentaten bei ihren gegenseitigen Visiten immer die Uniform des Landes anlegen, dessen Herrscher sie aufsuchen, so will die Großstadt, wenn sie in den Bergen zu Gast ist, nicht ihren heimatlichen Toilettenprunk entfalten, sondern sich in die Einfachheit der Gebirgstracht hüllen.«* Eine etwas herablassende Höflichkeit. Lustig macht er sich wie so viele andere Dichter auch über die Herren, denn »*zum Besteigen der Esplanade sind meines Erachtens keine Nagelschuhe und keine Lederhosen nötig, die Knie und Schenkel freilassen. Das ist eine Art von Exhibitionismus, der mir nicht behagt. Es ist das Gigerltum der Verbauerung. Die Modegecken haben sich nun in Lodengecken verwandelt.*« Diesem Gigerltum setzte Blumenthal in der Person des Giesecke im *Weißen Rössl* ein unsterbliches Denkmal.

Apropos Ischl. Als Direktor des Lessingtheaters setzt Blumenthal Sardous *Madame Sans Gêne* auf den Spielplan und bietet so einer jungen Schauspielerin ihr Karrieresprungbrett. Jenny Gross heißt die Dame, die sich ebenfalls in einer herrschaftlichen Villa in Ischl ein Refugium geschaffen hat (siehe Kapitel 31).

Oscar Blumenthal führt eine überaus glückliche Ehe, doch erkrankt seine Frau Marie 1915 ernstlich, und er verkauft schweren Herzens seine Ischler Villa, um mit ihr in Berlin zu bleiben. 1917 stirbt sie, was Blumenthal völlig aus der Bahn wirft. In einem Feuilleton in der *Neuen Freien Presse* schreibt er sich am 19. April 1917 seinen Kummer von der Seele, indem er einen Bogen spannt vom unendlichen Leid, das der Krieg über die Welt gebracht hat, zum Schmerz des einzelnen Menschen. »*Der Schmerz macht erst jede Persönlichkeit durchsichtig*«, meint er. Und er schließt mit einem Plädoyer an all jene, die Angehörige im Krieg verloren haben: »*Lasst euch euer Leid nicht zu früh wegtrösten und wegphilosophieren! Lieb haben sollt ihr euren Schmerz.*« Fünf Tage später ist er tot. Oscar Blumenthal hat seinen Schmerz zu lieb gehabt.

Nicht nur in Ischl, sondern auch in anderen Kurorten der Habsburgermonarchie wie in Karlsbad und Meran hat Blumenthal viel Zeit verbracht. Die *Meraner Zeitung* schreibt am 27. April 1917 in einem Nachruf: »*Dr. Oscar Blumenthal starb an gebrochenem Herzen; dieser nüchterne, spöttelnde Mann, dem man kaum eine starke Gemütsregung zutraute, hing an seinem Mariechen mit zu abgöttischer Zuneigung, und wer es einmal mitansah, wie er die Frau betreut hat, die vor Jahren durch einen Schlaganfall der Sprache beraubt wurde, wird das Bild nicht mehr aus dem Gedächtnis verlieren.*«

34 Gut Engleithen

Engleithenstraße 17

Der Bankier und die junge Naive – Ein Klischee wird wahr

Fräulein Legrenzi möchte hoch hinauf. Die Tochter eines Leutnants hat große Pläne und künstlerische Ambitionen. Sie studiert bei Hofschauspieler Ferdinand Kracher und tritt 1886 ihr erstes Engagement als »junge Naive« in Innsbruck an. In der Saison 1887/88 wechselt sie nach Graz und gilt als *»vorläufig die beste neue Acquisition unseres Ensembles. Das Fräulein bringt ein sehr günstiges Äußeres und bereits eine hübsche Routine mit.«*[166] Ein Engagement in Mannheim folgt, doch davor kommt es noch zu einer Begegnung, die ihr Leben verändert: Ab 1889 steigt zufälligerweise in Ischl immer zur selben Zeit und im selben Hotel wie der St. Petersburger Star-Bankier Adolf Rothstein ein Fräulein Eugenie von Legrenzi ab – man muss die Kurliste genau studieren, um dies zu bemerken. Beide verfolgen weiter ihre jeweils erfolgreichen Karrieren, Eugenie wird 1892/93 nach Frankfurt engagiert und lässt kleine Chargenrollen hinter sich. Sie gilt als *»eines der reizendsten, liebenswürdigsten und werthvollsten Talente des Frankfurter Stadttheaters. Diese muntere junge Dame ist der erklärte Liebling des dortigen Publikums, das echte enfant chéri des Lustspieles, von frischer Lebendigkeit des Spiels und gewinnender Fröhlichkeit im Dialog. Ihre jüngste Meisterleistung war die Repräsentation der Titelheldin in Sardous Madame sans gêne, die sie wirklich tadellos und mustergiltig zur Darbietung brachte.«* Dieses Porträt bringt die Wiener Zeitschrift *Der Humorist* am 10. Juni 1894. Bemerkenswert daran ist der Hinweis auf das Stück *Madame Sans Gêne,* das eine andere Ischlerin populär gemacht hat: Jenny Gross, deren

Seite 4 „DER HUMORIST". Nr. 17

Vom Stadttheater in Frankfurt a. M.

Emil Claar.
Rosa Keller-Frauenthal. Eugenie v. Legrenzi.
Gisela [illegible]. Franz Naval.

Grand Café Kaiserkrone. Etablissement I. Ranges. BRESLAU.

Cafe Bauer. Schillerplatz. Reichhaltiges kaltes Buffet. Frankfurt a. M.

Eugenie Legrenzi (re.) am Stadttheater Frankfurt, *Der Humorist*, 10.6.1894

Nichte ebenfalls der Familie Rothstein nahesteht (siehe Kapitel 31).

Nach sechs Jahren der unauffälligen gemeinsamen Sommermonate in Ischl heiraten Eugenie und Adolf Rothstein in einer sehr kleinen Runde am 25. Juli 1895 in der Pfarrkirche St. Leonhard in Graz. »*Nach dem kirchlichen Akte fand im Hotel Elephant ein Dejeuner zu zwölf Gedecken statt, nach dessen Beendigung das neuvermählte Paar unsere Stadt wieder verließ, um sich mit dem Eilzuge nach Ischl zu begeben. Die Südbahn hatte für die Reise desselben einen Salonwagen bereitgestellt.*« Dies war dem *Neuen Wiener Journal* sechs Tage später sogar eine Meldung wert.

Doch wer ist der Bräutigam, der offenbar unermesslich reich ist und sich gern mit der hübschen Schauspielerin schmückt? Adolf Rothstein zählt zu den bedeutendsten Bankiers Russlands – ausgebildet in Berlin, wird ihm seine Heimatstadt zu eng und er geht zur Internationalen Handelsbank in St. Petersburg, wo er sich bis zum leitenden Direktor hinaufarbeitet. Ehrgeiz und Begabung vereinen sich zu einer perfekten Mischung, die auch den russischen Finanzministern Wyschegradski und Witte auffällt, die den angesehenen Bankier mit großen russischen und besonders heiklen Anleihetransaktionen betrauen. Er erreicht damit gleichermaßen wirtschaftlichen wie politischen Einfluss. So verhandelt er 1894/95 mit französischen Bankiers und Ministerien, doch ist Russland nicht gerade sehr gut angeschrieben, und die Franzosen reagieren reserviert. Auch die Verhandlungen mit dem amerikanischen Finanzmagnaten John P. Morgan 1898/99 über ein Engagement der USA auf dem russischen Markt bleiben erfolglos. Dass Politik und Wirtschaft eng zusammenhängen, zeigt die Zusammenarbeit mit Alphonse Rothschild in Paris, der dem russischen Staat 1891 Anleihen garantiert. Doch macht er die Fortsetzung der Geschäftsverbindung deutlich davon abhängig, dass Juden im Zarenreich nicht weiter verfolgt werden. Da ihm dies nicht zugesichert wird, kündigt er den Vertrag auf – mit dem Hinweis, dass die Geschäftsverbindungen sofort wiederaufgenommen werden würden, würde sich die Situation deutlich verbessern. Eine heikle Situation, in der Adolf Rothstein den wichtigsten Mittelsmann darstellt. Die Weltpolitik befindet sich in einer ungeheuren Instabilität, die durch wechselnde Bündnisse immer weiter wächst – die Finanzpolitik spielt an vorderster Front mit. Den völligen Zusammenbruch der Ordnung erlebt Adolf Rothstein nicht mehr, er stirbt nur 47-jährig am 21. November 1904 in St. Petersburg.

Doch noch ist es nicht so weit, der Ischler Sommer 1904 steht in voller Blüte: »*Die elegante Frau Rothstein ist wieder hier, die Eignerin des herrlichsten Besitzes im ganzen Salzkammergut, die Herrin des Feenpalastes auf dem Wege nach Lauffen, die Eigentümerin des*

Gut Engleithen, genannt Spiegl-Villa

schönsten Schmuckes, so weit die Traun fließt. Frau Rothstein, ehemals eine vornehme Künstlerin, nunmehr Gattin eines russischen Finanzmannes, gedenkt mit Liebe ihres künstlerischen Berufes. In ihrem Heim, das gar prunkvoll sein soll, findet sich oft zusammen, was in Ischl an künstlerischen Somnitäten weilt.«[167] 1896 lässt Adolf Rothstein also diesen »Feenpalast« erbauen – ein prunkvolles Schloss, das auf seine Frau im Grundbuch eingetragen wird.

1916 verheiratet sich Eugenie neu: Aus der jungen Naiven, dann Witwe eines weltbekannten Bankiers wird nun die Fürstin Jablonowska – ein Leben wie aus einer Operette. Langsam versteht man, warum die Librettisten gerade in Ischl so viele Anregungen finden.

Am 20. April 1918 wechselt der Besitz um 700 000 Kronen den Eigentümer: Edgar Spiegl Edler von Thurnsee stammt aus einer interessanten und regen Familie: Sein gleichnamiger Vater mischt als einflussreicher Journalist, Theaterkritiker, Chefredakteur des *Wiener Extrablatts* und Präsident der Concordia kräftig in der österreichischen Kultur- und Politiklandschaft mit. *»Ein guter*

Mensch, der zugleich ein bedeutender Mensch und ein Mann der Feder, der zugleich ein Mann der Tat war«, würdigt ihn das *Neue Wiener Journal* am 30. Juni 1908. Für Pauline Metternichs vielfältige Wohltätigkeitsveranstaltungen fungiert Spiegl als Organisator und PR-Manager – und der Kaiser lohnt ihm dies mit der Erhebung in den Adelsstand. Eine gute Basis für seinen Sohn. Dieser schlägt eine diplomatische Karriere ein, die jedoch 1918 mit dem Zusammenbruch der Monarchie abrupt endet. Ein Jahr zuvor heiratet er Lucy Goldschmidt-Rothschild[168], deren Vater Maximilian österreichisch-ungarischer Generalkonsul in Frankfurt am Main ist und die finanzielle Basis für den Erwerb des Ischler Besitzes schafft. Edgar kann sich nun den schönen Künsten widmen, er sammelt Kunst, vor allem Volkskunst, die er zu einem kleinen Museum in einem der zum Besitz gehörigen Bauernhäuser zusammenfügt. Er verkehrt mit Künstlern und Schriftstellern, seine Frau zählt zu den ersten Damen der Gesellschaft – ein angenehmes Leben. 1933 stirbt Edgar, Lucy beschließt, sein Volkskundemuseum der Öffentlichkeit zu öffnen, eine Tat, die sehr positiv aufgenommen wird – bis 1938.

Die Odyssee der Spiegl-Villa

Beim Gut Engleithen handelt es sich nicht um eine hübsche Villa mit ein wenig Grund rundherum, sondern um ein schlossartiges Gebäude mit landwirtschaftlichen Betrieben, also tatsächlich um einen Gutsbesitz. Und dies erweist sich als fast unüberwindbares Hindernis. Ein Gut braucht Pflege. Und diese Pflege lässt Lucy Spiegl ihrem Besitz auch angedeihen – bis zu ihrer Vertreibung im Jahr 1938 und zum »Verkauf« an den Gau Oberdonau, der sich um die Landwirtschaft nicht mehr kümmert und das Gut wenige Monate später an den nationalsozialistischen Lehrerbund in Bayreuth – warum auch immer – verkauft. Um den doppelten Preis, den Lucy Spiegl erhalten hat. Ein Lehrerbund soll ein landwirtschaftliches Gut führen? Eine eigenartige Idee.

Ein Inventar, erstellt am 1. Dezember 1938, gibt Aufschluss über die Ausstattung der Villa, wenngleich die Auflistung keine Details enthält und in äußerst eigenwilligem Deutsch abgefasst ist. So befinden sich im Speiszimmer *»12 die besten Sessel von Allen«* und ein *»Bild vom Vater von Herrn v. Spiegl«*. Die Bezeichnung der einzelnen Räume gibt jedoch einen Eindruck des großzügigen Besitzes: Neben Speiszimmer und Halle befinden sich im Erdgeschoß ein Billard- und ein Spielzimmer und ein Office, ein gelber Salon und das Reiterzimmer. Der erste und zweite Stock beherbergen die Privatgemächer samt einer Bibliothek und weiteren Salons. Das danebenliegende sogenannte Schlagerhaus dient im Dezember 1938 offenbar als Depot für Dinge aus dem großen Haus: Neben einer von der Partei beschlagnahmten Schreibmaschine gibt es ein Grammophon, einen Brockhaus und den Gotha, *»alles Silber ohne Bestecke«*, das Fremdenbuch und die Briefmarkensammlung aus dem Salon. Diese wird in der Folge noch eine Rolle spielen, denn für sie wird kein Rückstellungsantrag gestellt. Warum? *»Durch Erhebungen wurde festgestellt, dass die Briefmarkensammlung von der Ortsgruppenleitung der NSDAP Bad Ischl an den Gauleiter Eigruber bzw. den Gaukämmerer Danzer abgeliefert werden musste, jedoch konnte nicht der letzte Inhaber dieser Vermögenschaft ermittelt werden.«*[169]

Wenn zwei sich streiten, freut sich der Dritte auch nicht. Unter diesem Motto muss die außergewöhnlich komplizierte, bürokratisch überfrachtete und überhaupt nicht lösungsorientierte Rückgabegeschichte des Gutes Engleithen gesehen werden. Ein Armutszeugnis für alle beteiligten Behörden der Zweiten Republik.

Rollen wir die Geschichte von hinten auf. Am 18. Jänner 1956 – der Staatsvertrag ist bereits abgeschlossen – erhält die Finanzlandesdirektion Linz ein etwas ungehaltenes Schreiben des Finanzministeriums betreffend *»Beschleunigung der bei der FLD Linz anhängigen Rückstellungsverfahren«*.[170] Der Krieg ist seit elf Jahren vorbei, dennoch gibt es noch einige wenige Rückstellungsverfahren, die nach wie vor nicht abgeschlossen sind. Der Grund liegt, wie das Ministerium in Amtsdeutsch anmerkt, bei den Behörden, denn es handelt sich um ein *»amtswegiges Verfahren«*, dessen Gang die Behörde zu bestimmen hat – anders formuliert: Die langsame Arbeitsweise der Finanzlandesdirektion verzögert den Abschluss. Am 10. April folgt der nächste Brief, das Ministerium hat sich nun selbst in die Angelegenheit eingeschaltet und versucht, einen Vergleich mit Lucy Spiegl auszuverhandeln. *»Es kann jedoch ein Zwang auf die Rückstellungswerberin zum Vergleichsabschluss nicht ausgeübt*

Vergangener Glanz

werden, da ja einerseits die Interessen der Republik Österreich durch die Einschränkung der Befugnisse der Eigentümerin auf die eines öffentlichen Verwalters geschützt sind«.[171] Dieser Satz entlarvt: Lucy Spiegl hat ihren Besitz bereits zurückbekommen, kann aber nicht voll darüber verfügen – eine weitere Teilenteignung, diesmal durch die Republik Österreich. Doch was macht die Angelegenheit so kompliziert und gleichzeitig so interessant für die öffentliche Hand?

Nach dem Ende des Krieges verwaltet vorerst der Landesverband der Gewerkschaften das Gut und übergibt es an den landwirtschaftlichen Treuhandverband Linz. Als Verwalter fungiert Benno Waloszyk, der zugleich auch von Lucy Spiegl bevollmächtigt wird, ihre Rückstellungsansprüche geltend zu machen. Neue Besitzerin ist in der Nachfolge der nationalsozialistischen Organisationen automatisch die Republik Österreich.

Am 30. April 1950 – fünf Jahre nach dem Ende des Krieges – beauftragt die Finanzprokuratur der Republik Österreich einen Sachverständigen der Landwirtschaftskammer für Oberösterreich damit festzustellen, »*welche werterhaltenden und wertvermehrenden Investitionen auf dem Gute Engleithen zur Durchführung kamen.*«[172] Die landwirtschaftliche Nutzfläche beträgt 26,34 Hektar, an Gebäuden gibt es die Villa, das Schlagerhaus, ein Bauernhaus, das Riedlerhaus, das Pförtnerhaus, ein Gartenhaus, Stallgebäude, Kuhstall und zwei Scheunen. Das Gutachten weist darauf hin, dass sich der Bayreuther Lehrerbund um die Bewirtschaftung des Gutes bemüht hat, Maschinen angeschafft und unter anderem »Bienenwohnungen« erbaut hat – dies alles sei als »*wertmehrend zu bezeichnen*«, Rechnungen liegen vor, um den Wert zu beziffern. Die Pflege der Glashäuser hingegen lässt zu wünschen übrig.

Nach 1945 übernimmt also, wie bereits erwähnt, die Republik die Verwaltung des Gutes Engleithen. Die Wasserleitung muss erneuert und verstärkt werden. »*Durch die Einweisung von vier Wohnparteien seitens der Gemeinde Bad Ischl in die Villa (ca. 34 Personen) und durch die Intensivierung der Wirtschaft stieg der Wasserverbrauch entsprechend an.*« Dies gilt natürlich auch für die veralteten Stromleitungen. Die Arbeiterwohnungen müssen »*durch kriegsbedingte Vernachlässigung der Objekte*« renoviert werden. Eine Geflügelzucht kommt als Nebenbetrieb hinzu mit Aussicht auf wirtschaftliche Erfolge.

Keine Frage, dass diese Investitionen gerechtfertigt sind. Doch nun beginnen die endlosen Diskussionen. Lucy Spiegl beantragt 1948 durch den Ischler Rechtsanwalt Dr. Alois Amann, dessen

Tätigkeit zwischen 1938 und 1948 als ambivalent bezeichnet werden kann, die Rückstellung der Liegenschaften. Diesem Antrag wird durch die Finanzlandesdirektion Linz erstaunlich rasch, am 24. Februar 1949, stattgegeben, doch legt die Finanzprokuratur Berufung ein – denn die zuständige Behörde ist nicht die oberösterreichische Landesregierung, sondern die Republik. Ein Verfahrensmangel. Lucy Spiegls Ansprüche bleiben unbestritten, die Rückstellung auch nicht infrage gestellt, doch werden ihre Eigentumsrechte durch einen öffentlichen Verwalter eingeschränkt – sie hat keine Verfügungsgewalt über ihren rechtmäßigen Besitz.

Zu dem Verfahrensmangel kommt noch die Tatsache, dass überhaupt nicht geprüft wurde, ob Investitionen getätigt wurden. Doch bei näherem Hinsehen arbeitet auch die Finanzprokuratur nicht gerade schnell – denn der Bescheid, in dem dies alles bemängelt und letztendlich aufgehoben wird, stammt vom 19. Februar 1951. Zwei Jahre sind bereits vergangen.

Dies lässt sich Lucy Spiegl nicht gefallen[173], ein weiterer Aspekt dieser bereits so komplexen Angelegenheit tut sich auf: Die Republik will die Landwirtschaft also unter öffentliche Verwaltung stellen, gleichzeitig verbietet sie Lucy Spiegl jedoch, ihren zurückgestellten Besitz in Form der Einrichtungsgegenstände der Villa in die Schweiz bringen zu lassen, wo sie nun lebt. Dazu kommt noch, dass sie das Riedlerhaus samt seiner wertvollen Volkskundesammlung und den Möbeln per 9. Jänner 1948 der Stadt Ischl geschenkt hat – dies wird auch nicht berufen, jedoch festgestellt. Das Ministerium, also die Republik als Eigentümerin, spielt den Ball wieder der Landesfinanzdirektion Linz zu: Diese solle nun in erster Instanz entscheiden. Und wird 1956 vom selben Ministerium gemaßregelt, dass sich das Verfahren so in die Länge ziehe.

Eine unendliche Geschichte, die in einem Vergleich im Jahr 1959 ein Ende findet – 19 Jahre nach der Enteignung und 14 Jahre nach dem Ende des Krieges. 1959 und 1960 verkauft Lucy Spiegl den neu parzellierten Besitz an verschiedene neue Eigentümer.

35 Heinrich Ohrenstein, der Zement-Baron

Dumbastraße 8

Eine heute vorbildlich renovierte und prachtvoll erhaltene Villa ist die Villa Ohrenstein, auf deren Fassade auch groß der Name der einstigen Besitzerfamilie prangt.

Doch in der Villa selbst stieg seinerzeit laut Kurliste kaum ein Familienmitglied ab, offenbar diente sie in erster Linie der Vermietung – die Familie verbringt ihre Sommerfrische in Ischl, jedoch im Hotel. Die Mieter setzen sich aus dem wohlhabenden, aber nicht reichen Bürgertum zusammen; unter ihnen befinden sich ein Rechtsanwalt aus Budapest samt Familie, Kaufmanns- und Beamtenfamilien aus Wien, ein Budapester Arzt und zwei verwandte Familien: der Rechtsanwalt Dr. Michael Endröci aus Ujvidek/Neusatz/Novi Sad in der Vojvodina, verheiratet mit Klara Ohrenstein, und der Rechtsanwalt Dr. Ferdinand Baumgarten, verheiratet mit Flora Spitzer-Ohrenstein.

Der Urahn Samuel Ohrenstein, einer der hervorragendsten Industriellen Ungarns, hat offenbar in der Villa gewohnt – jedenfalls stirbt er dort am 7. Juni 1890. Sein Sohn Heinrich, Eigentümer der Villa, zählt zu den Ausnahmeerscheinungen österreichischer Industriepioniere, sein Spezialgebiet ist Zement, ein damals moderner Baustoff, der sich in Zeiten der Stadterweiterungen großer Beliebtheit erfreut. Für seine Verdienste wird Heinrich 1908 vom königlich ungarischen Minister für Kroatien-Slawonien und Dalmatien für die Verleihung des ungarischen Adelsstandes vorgeschlagen – es ist übrigens ein Mythos, dass verdiente Persönlichkeiten aus »Bescheidenheit« die Verleihung des Adelsstandes heroisch ausgeschlagen hätten. Dieser muss immer eingereicht werden und wird nicht von selbst »angeboten« – somit ist eine Ablehnung gar nicht möglich. Dieses Spiel mit der falschen Bescheidenheit zieht sich jedoch durch sehr viele Familiengeschichten.

Heinrich wird vorgeschlagen und akzeptiert, hat er doch wahrlich viel geleistet: Dem väterlichen Unternehmen in Beočin in der Vojvodina verhilft er zu Weltruhm, 1908 beschäftigt er 1200 Beamte und Arbeiter, deren Produkte bis nach Kleinasien abgesetzt werden. Ein besonderes Verdienst, das auch beim Kaiser immer gut ankommt, sind diverse philanthropische Engagements wie die Errichtung einer Schule, eines Spitals und einer Krankenkasse. So viel soziales Engagement wird gewürdigt, am 12. Oktober 1908 erhält Heinrich Ohrenstein den Adelsstand mit dem Prädikat »de Beocsin«, zwei Jahre später erfolgt die Erhebung in den ungarischen Baronatsrang – Ohrenstein hat es geschafft: Seine Zementfabrik, die als die größte der Monarchie gilt, verhilft ihm zum gesellschaftlichen Aufstieg.[174] Zu diesem Zeitpunkt hat er bereits die Ischler Villa erworben, Erben sind jedoch die Kinder seiner Schwester Vilma Redlich – und das zeigt gleich ein kompliziertes Detail auf, heiratet Heinrich doch die Tochter seiner Schwester, Klara Redlich. Die Ehefrau, die zugleich seine Nichte ist, und ihre Geschwister erben – sehr verwickelte Familienverhältnisse.

Im Jahr 1938 wird plötzlich zum Thema, dass die Villa offenbar in erster Linie zur Vermietung gedacht ist – obwohl das ja wohl im Ermessen der Eigentümer liegt. In einem Aktenvermerk vom 11. Juni 1940 wird angemerkt, dass es sich *»nur um ein Sommerhaus«* handle – der Gedanke drängt sich auf, wen das etwas angeht. Außerdem unterscheidet sich die Villa Ohrenstein darin nicht von vielen anderen – auch »arischen« – Ischler Behausungen. Der Landrat des Kreises Gmunden meldet dem Reichsstatthalter von Oberdonau am 2. August 1941, dass es sich offenbar um den *»Besitz ausländischer (ungarischer) Juden«* handle. *»Es wird sich daher als zweckmäßig erweisen, die Liegenschaftsschätzung nicht nach den allgemeinen preislichen Bestimmungen, sondern nach den Wertermittlungsbestimmungen für jüdische Grundstücke durchzuführen.«* Es gibt sie also doch, die verschiedenen Maßstäbe.

Die Vorgehensweisen gleichen einander: Die Eigentümer werden hinausgeworfen, die Häuser unter Verwaltung eines Treuhänders gestellt und die *»rückständigen Real- und Grundsteuern«* als Totschlagargument für eine Zwangsversteigerung verwendet – böse Methoden, um dem Diebstahl einen »legalen« Mantel umzuwerfen.

Ein Gutachten[175] gibt ein genaues Bild der Villa, 30 Minuten vom Stadtzentrum entfernt, wie extra angeführt wird. Die große Holzveranda über alle Geschoße wird ebenso erwähnt wie die Anzahl der Zimmer, die Ausstattung der Küche mit einem gemauerten Sparherd und die Aufteilung der Stockwerke: *»Der 1. Stock selbst enthält 1 Vorhaus, 5 Zimmer und 1 Badezimmer, die meist vom Vorhaus zugänglich sowie sämtlich untereinander durch Türen verbunden sind.«* Geradezu ideal, um die Zimmer einzeln zu vermieten. Elektrisches Licht und fließendes Wasser sind vorhanden, doch ist der Garten seit langer Zeit ungepflegt und daher total verwildert – kein Wunder, das Gutachten stammt aus dem Jahr 1940, in dem sich schon seit Langem niemand mehr um die Pflege kümmern konnte.

Die Gemeinde Bad Ischl setzt alles daran, eine sogenannte »Zwangsentjudung« durchführen zu lassen, was aber aufgrund der ungarischen Staatsbürgerschaft der Eigentümer schwierig ist. Am 20. Mai 1943 informiert der Bürgermeister den Reichsstatthalter von Oberdonau, dass die Stadtgemeinde *»dringend Bedarf für den fraglichen Besitz«* hätte und die Liegenschaft erwerben möchte. Am 23. Dezember 1943 wird sie als Eigentümerin im Grundbuch eingetragen – Vertragspartner ist der »Treuhänder« Otto Brandl. Die Gemeinde, die sich so gerühmt hat, diese Liegenschaft dringend zu benötigen, um die Wohnungsnot zu lindern, verkauft die Villa nur sechs Tage später an Margareta Anna Rücker – so erdrückend scheint der Bedarf an Wohnraum doch nicht gewesen zu sein. Immerhin ist der Preis derselbe – 22 977,30 RM.

Nach dem Ende des Krieges versucht Familie Ohrenstein, den Besitz zurückzubekommen – als besonders kompliziert erweisen sich die innerfamiliären Besitzverhältnisse, da aufgrund diverser Testamente und Erbfolgen viele Eigentümer Anspruch erheben können. Erschwerend kommt noch hinzu, dass Margareta Anna Rücker, die in der Villa einen Vertrieb für ein Düngemittel namens Humit betrieb, Konkurs anmeldet und die Rückstellungsansprüche nunmehr gegen die Konkursmasse geltend gemacht werden müssen. Schon in »einfach« wirkenden Fällen erweisen sich die Rückstellungsverfahren als bürokratischer Hürdenlauf, in diesem Fall sind so viele Ämter darin verwickelt, dass eines dem anderen die Verantwortung zuschiebt. Die Ansprüche beziehen sich zudem nicht nur auf die Villa, sondern auch auf das Mobiliar: *»Die Einrichtungsgegenstände wurden zum größten Teil von der Antragsgegnerin [Frau Rücker] verkauft und wurde auch von Hausbewohnern gesehen, wie Möbel weggeführt wurden«*, heißt es in einer Stellungnahme des Bad Ischler Rechtsanwaltes Dr. Otto Kohn, der die Familie vertritt, an das Landesgericht Linz vom 19. Dezember 1953 – acht Jahre nach Ende des Krieges. Am 7. Februar 1954 wird das Rückstellungsverfahren beendet – die Familie bekommt nach fast 16 Jahren ihr Eigentum zurück. Gertrud Ohrenstein war 1942 in Budapest gestorben, Georg Ohrenstein 1944 im Konzentrationslager ermordet worden, Klara Ohrenstein starb 1945 in Budapest.

Doch kehrt niemand mehr nach Ischl zurück, die Nachkommen der Ohrensteins leben in Budapest jenseits des Eisernen Vorhanges, unkompliziertes Reisen nach Österreich gehört der Vergangenheit an. 1961 verkaufen die Budapester Cousinen die Villa, die sich laut Kaufvertrag in desolatem Zustand befindet, um 87 000 Schilling, ihre Cousine Flora Baumgarten in São Paulo/Brasilien erhält in einem separaten Vertrag 50 000 Schilling, eine weitere Cousine, Elsa Elek, wohnhaft in Philadelphia, verkauft ihren 1/12-Anteil um 6000 Schilling, 143 000 Schilling insgesamt.

Heute erfreut der Anblick der Villa in neuem Glanz und mit der unübersehbaren Aufschrift »Villa Ohrenstein« zur Erinnerung an ihre einstigen Besitzer.

36 Rudolph Schanzer und sein Kreis

Dumbastraße 6

Am Beginn der Dumbastraße sticht neben der prachtvollen Villa Ohrenstein ein anderes Haus ins Auge, das allerdings schon bessere Zeiten gesehen hat. Eine kleine Villa inmitten einer Wiese, hinter dem Haus Bäume. Die Fassade zeigt Wasserschäden, die Veranden sind mit Holz verschalt – hier hat schon lang niemand mehr gewohnt.

»Die Operettenerzeugung schreitet in Ischl unentwegt fort.« Rudolph Schanzers Villa

Erbaut wurde dieses Haus im Zuge der »Stadterweiterung« zu einer Zeit, als die Nachfrage groß war. Die Union Baugesellschaft kaufte in den 1870er-Jahren großzügig Grundstücke an, um diese weiterzuverkaufen oder auch selbst Villen zum Weiterverkauf zu errichten: So entstand 1873 auch diese Villa, die schließlich am 5. Dezember 1923 in den Besitz Rudolph Schanzers kommt. Die Inflation steuert ihrem Höhepunkt zu, unsichere Zeiten stehen bevor, dies spiegelt auch der Kaufvertrag[176] wider. Diesem wird der Dollarkurs zugrunde gelegt, genauer gesagt, der Kurs vom 20. September 1923. An diesem Tag erhält man für einen Dollar 70 760 österreichische Kronen. Schanzer bezahlt 300 Millionen Kronen, davon 100 in bar und 200 in Raten. Die Inflation fließt in den Vertrag ein, um den Verkäufern keinen Nachteil zu bringen – doch die Entwicklung der Währung macht diese Vorsichtsmaßnahme ohnehin obsolet. Das Geld ist nichts mehr wert. Ein Jahr später erfolgt die Währungsreform, im Zuge derer 10 000 Kronen in einen Schilling gewechselt werden.

Wer ist aber nun dieser Rudolph Schanzer? Um dies zu beantworten, muss man sich ins Berlin der Jahrhundertwende begeben. Junge unbekannte Künstler, Komponisten, Schriftsteller und Journalisten aus den Weiten der Habsburgermonarchie kommen hierher, um ihr Glück zu machen, gilt Berlin doch als aufstrebend, offen und pulsierend und als wesentlich moderner als das heimatliche Wien. Man trifft sich im Kaffeehaus – das ändert sich nicht – und hofft auf Kontakte und Begegnungen, die die ersehnten Aufträge und Aufführungsmöglichkeiten bringen. Einer dieser jungen Schriftsteller ist Rudolph Schanzer, der aus einer wenig vermögenden Wiener Familie stammt und in Wien ein Semester Jus inskribiert – wohl mehr aus Ratlosigkeit denn aus Passion. Er flüchtet aus der Enge Wiens nach Berlin und begibt sich dort ins Café Westminster Unter den Linden. Dort trifft er auf weitere ratlose, aber erfolgshungrige Österreicher: Oscar Straus, Leo Fall und Rudolf Bernauer, die mit dem Berliner Rudolf Nelson Pläne schmieden – und alle werden einander später als erfolgreich etablierte Künstler auch in Ischl wiedersehen.

In Berlin geht es ganz rasch, die Wiener finden hier die besten Voraussetzungen, die auch Rudolph Schanzer perfekt zu nutzen weiß. Vorerst ist er als Journalist bei der *B. Z. am Mittag* tätig, doch bald machen sich all die geknüpften Kontakte bezahlt. Libretti für Jean Gilbert, Leo Fall und Oscar Straus entstehen, oft in Kooperation mit Rudolf Bernauer, der zu einem engen Freund geworden ist und die ersten Erfolge mit ihm gemeinsam feiert. Das Publikum verlangt nach neuen Operetten, die jungen Künstler treffen perfekt den Ton der Zeit – die Operette erlebt einen neuerlichen Höhenflug in dieser speziellen Mischung aus Wien und Berlin, aus Sentimentalität und Frivolität, aus Walzer und Shimmy. Auf dem Höhepunkt seiner Karriere schreibt Schanzer mit Ernst Welisch für Ralph Benatzky und Eric Charell, den großen Choreographen und Direktor des Berliner Schauspielhauses, die modernen Revueoperetten *Die drei Musketiere* und *Casanova*. In dieser Reihe steht ein weiteres Werk, das wieder nach Ischl zurückführt: *Im weißen Rössl*. Ein Star all dieser Werke ist Trude Lieske, die als Frau Armin Robinsons den Haidenhof besitzt (siehe Kapitel 40). Große Shows mit opulenter Ausstattung: *»Eric Charell ist jetzt auf der von ihm (und uns) gewünschten Höhe angelangt. Nie hat sich seine Lust am farbig bewegten Spiel, seine Kunst, die Bühne in ein stets schillerndes, wechselndes Kaleidoskop zu verwandeln, schöner ausgewirkt als in seiner Inszenierung der ›Drei Musketiere‹. Ohne Stillstand gleitet Bild um Bild vorüber, strotzend von szenischen Einfällen. Und mit Charell zusammen: Professor Ernst Stern (eigentlich sind die zwei schon zur Einheit geworden). Sterns hemmungslose Freude an dem Wunder der Farbe, sein erlesener Geschmack, der mit Witz effektvoll gepaart ist, tobt sich dieses Mal in einem wahren Furioso von bunten Reizen aus.«* So begeistert äußert sich die *Berliner Morgenpost* am 4. September 1929. Schanzer und Welisch sind mittendrin in diesem Genre, oft gemeinsam, aber auch einzeln oder mit anderen Librettisten tätig.

Und woher taucht der Wiener Ernst Welisch auf, mit dem Schanzer so oft und erfolgreich zusammenarbeitet? Welischs Familie hat die neuen wirtschaftlichen Möglichkeiten der 1850er-Jahre zu nutzen gewusst und sich der semiindustriellen Erzeugung von Herrenkonfektion zugewandt. Ernsts Onkel Jakob Rothberger besitzt eines der bedeutendsten Modehäuser in Wien, repräsentativ gelegen am Stephansplatz 11. Und doch gestaltet sich Ernsts Start ins Leben ein wenig holprig, wird er doch 1875 als unehelicher Sohn von Karoline Juraschek geboren – sein Vater Adolf Welisch ist seit elf Jahren in kinderloser Ehe verheiratet, das Ehepaar nimmt Ernst jedoch als Ziehsohn auf. Ein schrecklicher Schicksalsschlag trifft den elfjährigen Ernst: Sein Vater erschießt sich in der Wohnung, während Frau und Kind schlafen. Ernst studiert Jus und wendet sich nun ebenfalls nach Berlin, arbeitet als Journalist, doch auch er hat nur eine wirkliche Ambition: erfolgreiche Libretti zu schreiben. Dies gelingt. Und führt wieder zurück nach Ischl.

Ernsts Eltern verbringen gemeinsam mit Adolfs Schwester Rosalia und deren Mann Jakob Rothberger ab 1864 den Sommer regelmäßig in Ischl – eine lange Beziehung, die Ernst dann in den 1920er-Jahren direkt in die Ischler »Operettenbörse« führt. Unter dem Titel *Die Operettenwerkstatt Bad Ischl* berichtet die *Salzburger Chronik* am 23. August 1924 von der emsigen Ischler Betriebsamkeit. »*Die Operettenerzeugung schreitet in Ischl unentwegt fort. Schanzer und Welisch haben sich mit Oscar Straus auf ein neues Opus festgelegt, das im zweitnächsten Jahr zuerst im Theater an der Wien herauskommen wird. Die beiden haben auch einen Vertrag mit dem Carltheater unterschrieben, nach welchem sie mit Gilbert eine Operette ›Das Spiel um die Liebe‹ zu liefern haben.*«

Dass Leo Fall als wesentliches Mitglied der Ischler Operettenwerkstatt ab 1905 ebenfalls viele Sommer hier verbringt, liegt auf der Hand. Doch kauft er sich hier nicht an, sondern verbringt seine Sommerfrische am Mondsee – nahe genug, um nach Ischl zu reisen, aber fern genug, um dem Trubel auch zu entrinnen. Schanzer erinnert sich nach dem frühen Tod Leo Falls an seine spezielle Art zu arbeiten, denn Fall »*konnte in keinem Stadium der Arbeit seine Mitarbeiter missen. Er wollte uns immer um sich haben. Am merkwürdigsten war sein Bedürfnis nach Gesellschaft bei der Arbeit der Instrumentation, der er mit Vorliebe in den späten Nachtstunden oblag. Da genügten ihm nicht einmal seine beiden Librettisten, es mußten noch seine drei Brüder um ihn sein, wenn möglich auch noch die beiden Zwillingsbrüder Arnold und Emil Golz, und wir alle mußten ihm über die Langweiligkeit der Instrumentations-Arbeit durch Erzählung von Witzen und Anekdoten hinweghelfen, in denen er selbst das unerschöpflichste Gedächtnis und die meisterhafteste Erzählungskunst bewies.*«[177]

Die Herren treffen sich in Schanzers Villa in Kaltenbach. 1933 endet ihre große Berliner Zeit, sie müssen das Land verlassen, ihre Werke verschwinden von den Spielplänen und aus der Erinnerung. Rudolph Schanzer lässt sich in Bad Ischl nieder, doch verkauft er

Oscar Straus (li.) mit seinen Librettisten Ernst Welisch (Mitte) und Rudolph Schanzer (re.), *Die Bühne*, 6.8.1925

seine Villa 1936. Die einst so erfolgreichen Zeiten der großen Revueoperetten gehören der Vergangenheit an, die Komponisten und Librettisten versuchen, ihre Werke den neuen Märkten London, Paris, dem New Yorker Broadway und Hollywood anzupassen, doch ist die Nachfrage nach Wiener Operette nur bedingt vorhanden. Und gerade die Librettisten stehen vor einer besonderen Schwierigkeit, beruht ihr Erfolg doch auf Wortwitz und glänzender Beherrschung der Sprache – Rudolph Schanzer hat alle diese Voraussetzungen, er beherrscht Englisch, Französisch und Italienisch, doch nützt ihm das nichts. 1936 verbringt er seinen letzten Sommer in Bad Ischl – zwei Jahre später wäre ihm seine Villa ohnehin weggenommen worden. Er flüchtet nach Abbazia, wo er von der Gestapo verhaftet wird und 1944 Selbstmord begeht.

Sein Freund und Mitstreiter Ernst Welisch findet ein Schlupfloch: Da seine Mutter nicht jüdisch ist, kann er in Wien bleiben, sogar ein paar wenige Texte in Zeitungen publizieren und ein letztes Lied für Lehár, *Wien, Du bist das Herz der Welt!* schreiben. 1941 stirbt er – und das *Neue Wiener Tagblatt* widmet ihm am 30. März sogar einen Nachruf, in dem jedoch kein einziger seiner alten Kollegen und Freunde, mit denen er so viele Sommer in Ischl verbrachte, erwähnt wird: Oscar Straus, Leo Fall und vor allem Rudolph Schanzer.

37 Alexander Girardi, der große Volksschauspieler

Steinfeldstraße 7

»In den tosenden Lärm der riesenhaften und dampfenden Ziffern, in das Zischen und Brodeln exaltierten Tratsches fällt eine Nachricht, unkriegerisch, ganz anderen Formates, gleichwohl erschütternd, von Lippen gesprochen, die eben noch die Kraft besitzen, diese zwei Worte zu formen, zu flüstern: ›Girardi gestorben …‹«[178]

Diese zu Herzen gehenden Worte entsprechen der Realität: Alexander Girardis Beliebtheit kann mit dem Hype um so manche Opernstars unserer Zeit verglichen werden. Was wären Johann Strauß' Operetten ohne den charismatischen Künstler, der – auch in Ischl intensiv – an der Entstehung seiner eigenen Rollen beteiligt ist.

Bad Ischl hat in Girardis Leben überhaupt eine besondere Bedeutung, denn hier debütiert er 1871 und bleibt dem Theater und der Stadt sein Leben lang verbunden. Jährlich wirkt er an einer Benefizvorstellung zugunsten der Ischler Armen mit, jährlich kommen internationale Gäste des Hofes in die Vorstellungen, um diese »Sehenswürdigkeit Ischls«, wie er bezeichnet wird, zu erleben. Und sie überhäufen ihn mit Blumen und Lorbeerkränzen, diesem so beliebten Ausdrucksmittel jener Zeit für Hochachtung und Verehrung. Girardis Haus muss über und über mit Lorbeerkränzen gefüllt gewesen sein, gemessen an der großen Menge, die er im Lauf seiner Karriere nicht nur in Ischl erhält. *»König Milan, welcher zwei Wochen in Ischl verbleibt, wird auch die zum Besten des Hospitales in Lauffen am Samstage im Theater zu Ischl stattfindende Wohlthätigkeits-Vorstellung besuchen, in welcher Frau Gallmeyer und Herr Girardi mitwirken«*, berichtet die *Linzer Tages-Post* am 18. August 1882, Kaisers Geburtstag.

Schon ganz zu Beginn seiner Ischler Jahre erregt Girardis Kunst die Aufmerksamkeit von Erzherzog Ludwig Viktor – eine Geschichte, die Girardis Sohn Anton meisterhaft überliefert. Der Erzherzog besucht eine Vorstellung und ist von der besonderen Art des jungen Komödianten »*wohlaffektioniert*«. Daher beschließt er, diesem Künstler seine Begeisterung kundzutun und ihm die Reste seines Frühstücks – Gugelhupf und Weißwein – während der Sommersaison täglich bringen zu lassen. »*Dank ist nicht erwünscht*«, wird Girardi ausdrücklich mitgeteilt. Es ist Girardis erstes indirektes Zusammentreffen mit dem Kaiserhof.

Der Erzherzog besucht viele Aufführungen, in denen Girardi mitwirkt, so auch 1884 eine Benefizvorstellung für die Ischler Armen, bei der die Posse *Plausch net Pepi* von Carl Millöcker und Alois Berla auf dem Programm steht. Am Vorabend von Kaisers Geburtstag findet traditionell ein großer Theaterabend statt – die vielen angereisten Gratulanten möchten unterhalten werden. Und man fühlt sich fast in die Hoftheater versetzt: »*Die Damen waren in hellen Toiletten, die Herren fast durchwegs in Soirée-Toilette erschienen, und die wenigen verfügbaren Logen – die Mehrzahl war für den Hof und die Suiten reservirt worden – occupirte ein sehr distinguirtes Publicum. In der ersten Parterre-Loge saß Kronprinz Rudolf mit dem Erzherzog Ludwig Victor, in der großen Hofloge hatten sich der Kaiser, die Kronprinzessin (in einer hellblauen Satin-Seidenrobe mit breitem Spitzenkragen), die Erzherzogin Valerie (in einer weißen Toilette) und der Prinz Leopold von Bayern versammelt.*« Diese detailreiche Beschreibung bietet die *Neue Freie Presse* am 19. August 1885 ihren interessierten Lesern.

Mit Katharina Schratt steht Girardi oft gemeinsam auf der Bühne des Ischler Theaters, einen besonderen Erfolg erringen beide mit Ferdinand Raimunds *Der Verschwender*: die Schratt in der Rolle der Rosl, Girardi in seiner Paraderolle als Valentin. Ein Riesenerfolg unter vielen. »*Auf speciellen Wunsch des Kaisers wurde ›Der Verschwender‹ mit Girardi angesetzt. Der Kaiser, das Kronprinzenpaar und Erzherzogin Valerie bleiben bis zum Schlusse und zeichneten die Hauptdarsteller wiederholt durch Beifall aus. Girardi feierte als Valentin einen neuen Triumph und erntete namentlich im letzten Acte für seine gemüthstiefe Darstellung und den meisterhaften Vortrag des Hobelliedes reiche Anerkennung. Am Schlusse der Vorstellung trat*

Alexander Girardi im Lustspiel *Urlaub in Ischl*, um 1890

Herr Friese (Azur) vor und überreichte Herrn Girardi auf offener Scene mit einer Ansprache, in welcher er den Wohltätigkeitssinn des Künstlers, dem speciell die Ischler Armen viel zu danken haben, hervorhob, einen silbernen Lorbeerkranz.«[179]

Aber es gibt doch noch mehr als Lorbeerkränze: 1889 spielt Girardi wieder für die Ortsarmen, diesmal in der Operette *Das verwunschene Schloß*. »*Herr Girardi erhielt prachtvolle Blumenspenden und nicht endenwollenden Beifall, welcher sich noch steigerte, als ihm auf offener Bühne namens der Gemeinde Ischl ein herrlicher Kranz überreicht und demselben für sein langjähriges humanitäres Wirken der Dank Ischls ausgesprochen wurde. Auch wird einer der reizendsten Aussichtspunkte von Ischl den Namen Girardi erhalten.«*[180] Doch was verehrt man dem gefeierten Star nach Lorbeerkränzen, Blumen und einem Aussichtspunkt? Wir befinden uns ja in einem Kurort: »*Den Besuchern von Ischl wird dieses Jahr ein recht geschmackvoller neuer Pavillon auffallen, welcher am Anfange der Kaltenbach-Au an einem reizenden Punkte errichtet wurde. Derselbe wurde nach dem Künstler Girardi, welcher für Wohlthätigkeitszwecke schon so viel hier gethan, Girardi-Pavillon genannt. Bekanntlich hat Ischl bereits eine Lucca- und eine Bauernfeld-Hütte, der Girardi-Pavillon ist nun der dritte im Bunde.«*[181] Ein Jahr später kann er sich auch zu Hause an seinem

»Charakteristische ›Küß-die-Hand‹-Geste Girardis.« Die Bühne, 15.8.1936

Pavillon erfreuen, erhält er doch *»auf der Bühne eine plastische, mit Blumen geschmückte Abbildung der ›Girardi-Hütte‹ überreicht.«*[182]

Wenige Jahre später wird Girardi endlich in Ischl sesshaft – und wieder ist der Hof indirekt involviert. In der Steinfeldstraße 7 gibt es ein Haus, das ursprünglich für die Erzherzogin Marie Valerie, Kaiser Franz Josephs Tochter, erbaut wurde – Anton Girardi überliefert auch hierzu die Hintergründe: Die Erzherzogin trifft in Ischl bei strömendem Regen ein, was die neue Villa nicht im allerbesten Lichte erscheinen lässt, und sie entschließt sich sofort, keinen Fuß hineinzusetzen[183] – was bleibt übrig? Der zuständige Ischler Forstdirektor spielt eine Runde Billard mit Girardi in dessen Stammlokal Ramsauer und entschließt sich, dem Schauspieler die Villa zu zeigen – mitten in der Nacht. *»Morgen bei Tag schauen Sie sich den Wald und den Garten an; bis übermorgen haben Sie Zeit zur Überlegung, ob Sie die Villa kaufen wollen oder nicht!«*, erzählt Anton Girardi über die Genese. Und so erwirbt Girardi 1893 den Besitz und verbringt die Sommer mit seiner zweiten Frau Leontine zum Rollenstudium in der Ischler Idylle. Und hier wird 1899 auch sein Sohn Anton geboren.

Am 20. April 1918 stirbt der große Künstler, und bereits am 2. Juli 1918 fasst der Ischler Gemeinderat den Beschluss, die Steinfeldstraße in Girardistraße umzubenennen. Wo waren die Zeiten, als die *Neue Freie Presse* vermeldete: *»Girardi erheiterte täglich durch sein bloßes Erscheinen die Besucher der Esplanade und erfreute die Curgäste durch eine Vorstellung im Theater.«*[184]

38 Ida Bodanzky-von Hartungen-Reik. Eine Pianistin mit vielen Namen

Steinfeldstraße (vormals Girardistraße) 12

Was für eine Familie! Ein Dirigent, ein Librettist und eine Pianistin – drei Geschwister, die alle auf ihrem Gebiet Außergewöhnliches leisten: Arthur, Robert und Ida Bodanzky. Sie verbringen die Sommer in der »Operettenbörse« Bad Ischl, Ida Bodanzky erwirbt 1932 eine Villa in der damaligen Girardistraße, heute wieder Steinfeldstraße – die heutige Alexander-Girardi-Straße ist mit dieser Straße nicht ident. Ein hübsches Haus mit Blick auf die Traun – ein idyllischer Platz ein wenig außerhalb des turbulenten Ischler Sommerlebens. Der Vater Carl besucht Ischl erstmals 1891 und offenbar geht es dieser Familie wie so vielen anderen: Die Anhänglichkeit an Ischl bleibt bestehen, und die erwachsenen Kinder kehren Jahr für Jahr wieder. Doch wo kommt ihre immense kreative Begabung her? Der Vater betätigt sich als Kaufmann – und unterstützt die vielfältigen künstlerischen Karriereideen seiner Kinder nicht, als viel zu unsolide und unsicher gelten deren Pläne. Dirigent. Schriftsteller. Pianistin – bei der Tochter bleibt der Vater milder, denn sie heiratet so oder so, und die Wahl des Ehemannes ist bedeutender als der Wunsch, Karriere zu machen. Doch scheitert der Vater bei all seinen Kindern – zum Glück für diese, denn sie alle schlagen Ausnahmekarrieren ein.

Arthur, der über seine Frau mit Arnold Schönberg verschwägert ist, studiert bei Alexander Zemlinsky, arbeitet als Geiger und von 1901 bis 1903 als Assistent Gustav Mahlers. Die buchstäbliche Ochsentour führt ihn zu Kapellmeisterposten in der Provinz. Doch 1915 wendet sich das Blatt. Arthur geht an die New Yorker Met, wo er Mahlers und Wagners Werke ins Programm nimmt.

Roberts Talent liegt darin, leichtfüßige Libretti für Operetten zu verfassen und so den Boom der Unterhaltungsbranche vor dem Ersten Weltkrieg für sich zu nutzen. Gemeinsam mit Größen wie

Fritz Grünbaum verfasst er Libretti für Franz Lehár und Emmerich Kálmán – und steht so gleichermaßen im Zentrum der Bad Ischler »Operettenbörse« vor 1914. Dann nimmt sein Leben eine radikale Wendung: Er will und kann sich nicht der Euphorie über den Kriegsausbruch anschließen und bezieht wütend und anarchistisch gegen das Kriegstreiben Stellung. Nach dem Krieg sieht er in Wien wenig Chancen und übersiedelt mit seiner Familie nach Berlin, wo er unglücklich mit nur 44 Jahren im Jahr 1923 stirbt. Um die Familienverhältnisse besonders kompliziert zu machen: Robert heiratet Malwine Goldschmied, die Nichte seiner Schwester Irene. Und somit ist Malwines Cousin Arnold Schönberg zugleich Roberts Neffe. Noch verworrener werden die Familienverhältnisse, als Roberts und Irenes Bruder Arthur Ada Perutz heiratet, die Cousine des Schriftstellers Leo Perutz, der im einzigen jüdischen Grab auf dem Ischler Friedhof ruht. Da kennt sich wirklich niemand mehr aus – doch eines steht fest: Alle sind miteinander verwandt.

Ida schlägt einen anderen Weg ein: Als Pianistin erobert sie die Konzertpodien und arbeitet intensiv mit Arnold Schönbergs »Verein für musikalische Privataufführungen« zusammen. Dieser wird 1918 mit der Intention gegründet, dem Komponisten selbst *»die Möglichkeit zu geben, dass er seine Absicht: Künstlern und Kunstfreunden eine wirkliche und genaue Kenntnis moderner Musik zu verschaffen, persönlich durchführe.«* So steht es in einer Informationsbroschüre. Im Rahmen dieses Vereines stehen Werke berühmter Komponisten für kleinere Besetzungen auf dem Programm – darunter solche für zwei Klaviere. 1919 und 1920 wirkt Ida von Hartungen-Bodanzky mehrmals in Werken von Claude Debussy, Max Reger, Béla Bartók und Maurice Ravel mit. Sie ist mit Dr. Christoph Hartung von Hartungen verheiratet, der eine Kuranstalt in Riva am Gardasee betreibt und dafür auch in den Ischler Kurlisten inseriert – eine perfekte Kombination.

Als Pianistin reüssiert Ida und erntet durchwegs glänzende Kritiken. *»Geistvoll und kapriziös spielte die Pianistin Ida Bodanzky-Hartungen Reger und Scriabin«*,[185] heißt es ebenso wie: *»Das Ideal*

Idyllischer Blick auf Ischl

einer Kammermusik-Spielerin ist Frau von Hartungen-Bodanzky, die im Verein mit dem ausgezeichneten Feist-Quartett das Smetana-Trio in delikater Klanggebung, plastisch fein moduliert, wenn auch nicht ganz slawisch, erstehen ließ.«[186] Was für eine Begabung! »*Ida Hartungen-Bodanzky, deren eminente Begabung durch die vornehme Wiedergabe der schwierigsten Etuden von Chopin nach höchsten technischen Lorbeeren griff …«*[187] Und die Lobeshymnen gipfeln in folgender Rezension: »*Die seltene Gabe und der noch seltenere Wille, nicht Virtuos, sondern Musiker zu sein, zeichnet Ida Hartungen-Bodanzky und das Kolbe-Quartett vor so vielen anderen Künstlerinnen aus und befähigt sie, wirkliche und nicht bloß Konzertmusik zu treiben. Der Kammermusikkomponist Reger vor allem stellt Anforderungen an den Ausübenden, die nur von vollkommenem Können und selbstlosester Hingabe an das Werk zu befriedigen sind. Ida Hartungen ist von Stufe zu Stufe zu dieser Möglichkeit hinaufgestiegen. Ihre Technik, ein Produkt jahrelanger energischer Selbstzucht, ist zu jener Fähigkeit gediehen, die es ihr gestattet, sich völlig unter die Anforderung des musikalischen Geistes zu stellen.*«[188]

Nach ihrer Scheidung heiratet sie am 8. November 1925 den Chemiker und Patentanwalt Dr. Richard Reik und tritt weiter als Pianistin auf, vorerst unter dem Namen Reik-Hartungen, ab 1935 unter Reik-Bodanzky. Etwas verwirrend, doch bleibt sie in der Presse präsent.

Auch sie steht 1938 nach der nationalsozialistischen Machtübernahme unter enormem Druck – ein zu diesem Zeitpunkt angelegtes Inventar lässt einen Blick in die Villa zu: Im Erdgeschoss liegen eine große Halle als Entrée, Speiszimmer, Salon und Küche, im ersten Stock ein weiterer Salon, zwei Schlafzimmer und ein Badezimmer. Im zweiten Stock befinden sich ein Bauernzimmer, ein Gästezimmer samt Bad und zwei Mädchenzimmer, alle gediegen ausgestattet. Am 21. September 1938 verkauft Ida ihr Haus um 27000 RM an Sylvia Nahlovski – erstaunlich, denn die Nazis verbieten eigentlich jeden freihändigen Verkauf, sie wollen selbst profitieren und die geraubten Besitzungen um ein Vielfaches weiterverkaufen. 1948 wird ein Vergleich vereinbart: Ida erhält ihren Besitz zurückgestellt, Sylvia Nahlovski einen Mietvertrag und ein Vorkaufsrecht bis Ende des Jahres 1953, von dem sie jedoch keinen Gebrauch macht. Ida verkauft das Haus 1954 an Maria Taussig. Das Ende einer Ära. Heute liegt das Haus im Schatten der großen Traunbrücke, die den Verkehr über die einst so idyllische Steinfeldstraße leitet.

39 Die Schratt-Villa, die niemals Katharina Schratt gehörte

Steinbruch 43

Villa Felicitas – das ist der richtige Name der Villa, die etwas außerhalb von Bad Ischl an der Straße Richtung Strobl liegt und so viele prominente Bewohner beherbergen durfte.

Katharina Schratt kommt ab 1877 regelmäßig nach Bad Ischl und steigt in verschiedenen Hotels ab, meist jedoch im Hotel Kaiserin Elisabeth. Zwischen 1896 und 1907 nimmt sie ihr Sommerdomizil in der Villa Felicitas, die dem Ischler Bürgermeister Franz Koch gehört. Kaiser Franz Joseph mietet die Villa, die in Gehweite zur Kaiservilla liegt. Die Geschichten um Kaiser Franz Joseph und Katharina Schratt sind legendär und handeln von Geheimpolizisten, die sich hinter Bäumen verstecken, oder dem frühmorgendli-

Ansichtskarte der »Schratt-Villa«

chen Gugelhupf, den es immer in mehreren Ausführungen gibt, falls einer misslungen sein sollte.

1909 verkauft Franz Koch seine Villa, und nach zweimaligem Besitzwechsel erwirbt 1924 die Soubrette Mimi Kött die Villa Felicitas. Kött begeistert das Wiener Publikum als Revuestar und Operettendiva, von der großen Fritzi Massary übernimmt sie die Glanzrolle der Madame Pompadour – dies sollte jedoch ihr letzter Erfolg sein. *»Die pikant-graziöse, stimmfrische und temperamentvolle Darstellerin erfreute das animierte Publikum mit ihrem Schick und Elan und wurde für ihre famose Leistung durch eine Fülle von Blumenspenden und reichen Applaus gebührend gewürdigt.«*[189]

Mimi Kött auf dem Höhepunkt ihrer Karriere, fotografiert von Madame d'Ora, 1917

Bereits 1914 erscheint sie auf dem Schriftstellerball in einer *»weißen Libertytoilette mit Seidengaze-Casaque und schönem Spitzenarrangement«*, wie das *Deutsche Volksblatt* am 1. Februar 1914 vermeldet. Ein Jahr später begeistert sie an der Seite Alexander Girardis (siehe Kapitel 37) in Edmund Eyslers Operette *Künstlerblut* im Carltheater – und wieder fällt in einer Beschreibung das Wort »pikant«. Ihre Karriereplanung geht sie überlegt an und wendet sich vorerst der typischen Tour durch die Provinztheater zu, um dort Erfahrungen zu sammeln, in Olmütz, Kattowitz, Linz und Gmunden. Eine kluge Entscheidung, die sie 1918 mit voller Kraft und großem Temperament und Spielfreude nach Wien zurückbringt.

Kötts auffallende Erscheinung fehlt in keiner Gesellschaft, in keinem eleganten Lokal, bis sie plötzlich fort ist und sich in Paris niederlässt. Der Grund ist tragisch: Offenbar kann sie dem Leistungsdruck nicht standhalten und verfällt dem Morphium – eine Sucht, die immer stärker wird und ein Bühnenleben unmöglich macht. Kött verbringt Jahre in Entziehungsanstalten und Sanatorien oder auf Reisen, um sich zu erholen – doch umsonst. Im November 1929 unternimmt sie einen ersten Selbstmordversuch in Paris, einen zweiten ein Jahr später in Wien, beide Male gelingt es den Ärzten, sie zu retten, doch sie gibt nicht auf: Ihren Leidensweg begleitet die Berichterstattung der Tageszeitungen, mit Mitleid und Mitgefühl und ohne Häme. So berichtet die *Sonn- und Montagszeitung* am 9. Februar 1931 auf der ersten Seite über ihren dritten Selbstmordversuch mit Veronal, dem ihr geschwächter Körper nicht mehr standhalten kann: *»Am Sterbelager Mimi Kötts stehen ihre Freunde erschüttert, aber nicht überrascht«*, denn seit Jahren zitterte man schon um ihr Leben.

Der eigenartigste und dem Leben Kötts somit wohl entsprechendste Nachruf findet sich im renommierten *Prager Tagblatt*. Dort berichtet der Graphologe Rafael Schermann unter dem Titel *Mimi Kött, die chronische Selbstmordkandidatin* über seine Analyse ihrer Persönlichkeit. Und macht sich ein wenig zu wichtig, wenn er schreibt: *»Ich bat sie, ein paar Zeilen niederzuschreiben, und sagte ihr sogleich auf den Kopf zu, daß sie sich mit Selbstmordplänen trage.«*[190] Der Grund hierfür sei, dass sie aufgrund ihrer inneren Werte von den *»Oberflächlichkeiten der modernen Erotik«* enttäuscht war. Sie träume von einer Beziehung zu einem geistig bedeutenden Menschen, gerate aber immer an Männer, die *»moralisch und geistig tief* *unter ihrem Niveau«* seien. Eine kühne Behauptung, aber Mimi Kött scheint sich verstanden zu fühlen, schreibt sie doch 1928 in einem Brief an Schermann, er habe ihr schon oft in misslichen Situationen geholfen und sie bitte ihn um eine erneute Analyse ihrer Schrift. *»Seit drei Jahren geht es mit mir bergab, bin dermaßen verzweifelt, daß ich die ganze Zeit nur an Selbstmord denke.«* Ein trauriges Zeugnis für die Zerrissenheit dieser großen Künstlerin.

Im Mai 1931 wird der Nachlass Mimi Kötts durch das Auktionshaus Kende versteigert, ihre Wiener Wohnung in der Wiedner Hauptstraße 23 steht für Besichtigungen offen und bietet der Öffentlichkeit Einblicke in das private Leben, in die *»elegante, vornehme Häuslichkeit und die Kultur der künstlerisch empfindenden Seele. All die Sachen, die den Geist Mimi Kötts heute noch atmen, werden nun unter dem Hammer des Auktionators versteigert werden und in alle Winde zerflattern. Auch die Kleidungsstücke, wunderbare Toiletten und wertvolle Pelze, werden in der Auktion inbegriffen sein. Der wertvolle Schmuck der Künstlerin, besonders ein durch seine Schönheit auffallendes Bracelett, wird zum Kaufe feilgeboten.«*[191]

Die *Linzer Tages-Post* berichtet anlässlich ihres Todes: *»Mimi Kött residierte wie eine Fürstin in der ehemaligen Schratt-Villa in Bad Ischl, die sie kostbar einrichten, deren Park sie bedeutend vergrößern ließ. Sie führte ein gastfreies Haus, das ihren Bekannten offen stand wie ein Hotel, sie gab großartige Feste; ihr letztes fiel in den August.«*[192]

Von 29. bis 31. Oktober 1931 werden auch die Möbel aus der Schratt-Villa im Dorotheum versteigert, was sich als schwierig erweist, denn Mimi Kött ließ beim Kauf der Villa alle vorhandenen Möbel entfernen und einlagern – diese werden nun als Gesamteinrichtung der Schratt-Villa bezeichnet, obwohl die Villa bereits zwei Mal den Besitzer gewechselt hatte. Die *Linzer-Tagespost* meinte zu Recht, dass wohl nur Katharina Schratt selbst imstande wäre, ihre eigenen Möbel zu identifizieren.

Aus dem Nachlass Mimi Kötts erwirbt Helene Löhner, Ehefrau Fritz Löhner-Bedas, 1932 die Villa Felicitas: Im September dieses Jahres kommt die Familie neun Kopf hoch samt Personal nach

Ischl – erstmals in die eigene Villa, zuvor war man im Hotel Post abgestiegen. Das Inventar gibt ein Bild einer sehr bequemen Villa mit mehreren Salons, Gästezimmer, Kinderzimmer und Dienerzimmer, mit Balkon und Terrasse, eingerichtet mit bäuerlichen Möbeln und als Glanzstück mit einem Bösendorferflügel – damit die Komponisten auch in diesem Haus ihrer Kreativität freien Lauf lassen können.

Fritz Löhner-Beda in Ischl – ein Foto, das sich im Nachlass seines Kollegen Ludwig Herzer in Australien bewahrt hat.

Fritz Löhner-Beda zählt wohl zu den klügsten, produktivsten und politisch aktivsten Schriftstellern seiner Zeit. Schlagertexte und Operettenlibretti, kritisch-humorvolle Gedichte zu gesellschaftlichen Phänomenen fließen nur so aus seiner Feder – was für eine unglaubliche Schaffenskraft und Energie. Außerdem engagiert er sich als Präsident des jüdischen Sportclubs Hakoah und nimmt sich in politischen Angelegenheiten kein Blatt vor den Mund. Dies wird ihm zum Verhängnis.

Sechs frohe Sommer verbringt Familie Löhner mit ihren kleinen Töchtern in Ischl, gemeinsam mit Franz Lehár, Oscar Straus, Armin Robinson, Julius Brammer und Alfred Grünwald – und vielen Freunden wie der Sängerin Rita Georg und der Berliner Schauspielerin Rosa Valletti.

Bereits 1912 hatte der große Satiriker und ernste Mahner Löhner-Beda in seinem Gedicht *Heine im Grabe spricht* gereimt: »*Der Deutsche will die Juden nicht und nennt sie Hunde und Säue. Doch ihre Lieder singt er gern – das nennt man germanische Treue …*« Mit dieser Art von Humor haben die Nazis nichts am Hut, im März 1938 beginnen die Verleumdungen, die niedrigsten Instinkte sind Schwarz auf Weiß zu lesen. Aussagen von Fritz Löhner-Beda über die Nazis und Beschimpfungen seiner Frau als »*impertinente Saujüdin*« durch den Chauffeur des Freundes Alfred Grünwald zeigen einmal mehr, dass jegliche Hemmschwelle gefallen ist – verbale und physische Attacken und Angriffe gehen Hand in Hand.

Fritz Löhner-Beda ist den Nazis ein Dorn im Auge, er hat nie ein Hehl aus seinem Abscheu gegen sie gemacht. Nach dem »Anschluss« wird er verhaftet und mit dem sogenannten »Prominententransport« nach Dachau und dann weiter nach Buchenwald gebracht. Dort entsteht sein letztes Werk: Gemeinsam mit Hermann Leopoldi schreibt er das *Buchenwald-Lied* als Lagerlied. Und bis heute erstaunt, dass den Machthabern der revolutionäre Sinn der Zeilen verborgen blieb: »*Wir wollen trotzdem Ja zum Leben sagen, denn einmal kommt der Tag, dann sind wir frei!*«

Helene Löhner wird am 15. November 1938 von Rechtsanwalt Dr. Franz Konrad und Wilhelm Haenel, dem Beauftragten des Gaues Oberdonau, wie alle anderen jüdischen Villenbesitzer auch in deren Büro in Wien vorgeladen und unter Drohungen gezwungen, einen Kaufvertrag zugunsten des Gaues Oberdonau abzuschließen.[193] Der Schätzpreis der Villa beträgt 40 000 RM, Helene Löhner bekommt, auf dem Papier, 8000 RM. Sie unterschreibt, da ihr angedroht wird, dass ihr Mann sonst aus der »Schutzhaft« nie mehr entlassen werde und das Haus auch einfach enteignet werden könne. Helene lässt es nicht darauf beruhen, hat sie doch den Glauben an den Rechtsstaat nicht sofort verloren und versucht durch Eingaben bei Gauleiter Bürckel zu erwirken, dass ihr das Haus samt Einrichtung zurückübertragen werde – ein sinnloses Unterfangen.[194] Der Rechtsstaat hat schon längst aufgehört zu existieren.

Am 10. November 1942 geht der Reichswirtschaftsminister in einem Schreiben an den Reichsstatthalter von Oberdonau dem damaligen »Verkauf« nach und wählt einen erstaunlichen Wortlaut: Er bittet um Mitteilung, wie groß der Gewinn des Gaues Oberdonau durch den Weiterverkauf der Villa gewesen sei und *»ob das Grundstück seinerzeit aus der Hand der jüdischen Eigentümerin in der Absicht erworben wurde, die politischen Aktionen gegen die Juden zum billigen Erwerb eines jüdischen Vermögensstückes auszunützen.«*[195] Die Antwort verwundert nicht: Das Haus wird vom Gau Oberdonau um 8000 RM erworben und um 45 000 RM weiterverkauft – ein Gewinn von 37 000 RM. Die Rechtfertigung überzeugt natürlich nicht, und man versucht zu argumentieren, dass für den Abschluss der beiden Rechtsgeschäfte *»nicht finanzielle, sondern zwingende soziale und hygienische Beweggründe maßgebend«*[196] waren – was auch immer darunter zu verstehen ist. Der Sache wird jedoch nicht weiter nachgegangen.

Fritz Löhner-Bedas langer Leidensweg endet im Konzentrationslager Auschwitz, wo er am 4. Dezember 1942 von einem Aufseher erschlagen wird. Helene Löhner wird mit ihren beiden Töchtern, der 13-jährigen Eva und der 15-jährigen Liselotte, am 31. August 1942 in das Vernichtungslager Maly Trostinec deportiert und dort am 5. September 1942 ermordet – diese Nachricht erreicht Fritz Löhner-Beda nicht mehr.

Am 20. April 1949 erhalten die Geschwister Helene Löhners den Besitz zurück: Alice Mühlfeld und Berta Halpert, beide in Los Angeles, Paul Jellinek und Robert Jellinek, beide in Australien, sind nun die neuen Besitzer, die die Villa 1953 an einen weiteren Großen der österreichischen Unterhaltungskunst verkaufen: den wunderbaren Komiker Maxi Böhm.

40 Dornröschen in Haiden

Salzburger Straße 148

Um eine der beeindruckendsten Villen von Bad Ischl zu besuchen, muss man die Stadt Richtung Strobl verlassen und an der Bundesstraße im Ortsteil Haiden Station machen. Rechterhand erhebt sich ein Haus, dem man sein Alter und seine Bedeutung ansieht. Ein mit Holzplanken vernageltes Gebäude, das einsam dasteht: der Haidenhof im Dornröschenschlaf.

Der Haidenhof

Eine Poststation befand sich vor vielen hundert Jahren darin, erst Ende des 19. Jahrhunderts wird das Gebäude als Wohnhaus adaptiert. 1921 kaufen Siegfried und Olga Radin, eigentlich Ratzersdorfer, den Besitz, 1931 erwirbt ihn Gertrud Lackenbach-Robinson, besser bekannt als Trude Lieske, verheiratet mit dem vielfältigen Künstler und Musikverleger Armin L. Robinson. Dieser, geboren am 23. Februar 1900 in Wien als Sohn von Béla Lackenbach und Regina Robinson, kombiniert die Namen seiner Eltern zu seinem eigenen Künstlernamen. Musik bestimmt sein Leben von Anfang an, ist doch seine Mutter Sängerin. Zum Glück, denn Béla Lackenbach stirbt bereits fünf Monate nach Armins Geburt, und die Mutter bringt Armin und seine Schwester Anni mit Engagements an verschiedenen Opern- und Operettenbühnen durch.

Die Kinder danken es ihr: Anni tritt in die mütterlichen Fußstapfen und heiratet Richard Taubers Cousin und Impresario Max Tauber, dessen Ischler Villa am Traunkai liegt (siehe Kapitel 9), Armin heiratet die Berliner Soubrette Trude Lieske, die zu den Stars der Benatzky-Charell-Revueoperetten wie *Casanova* und *Die drei Musketiere* zählt. Ihren größten Triumph feiert sie jedoch als Ottilie Giesecke in der Uraufführung der Revueoperette *Im weißen Rössl.*

So viele Verbindungen nach Ischl, man weiß gar nicht, wo man anfangen soll. Vielleicht beim Werk, stand doch das ursprüngliche *Weiße Rössl* in Lauffen, und Oscar Blumenthal (siehe Kapitel 33) setzte ihm ein unsterbliches Denkmal. Dann natürlich der wunderbare Haidenhof selbst, am ganz anderen Ende von Ischl gelegen, sozusagen auf halbem Weg zwischen dem Ursprung in Lauffen und dem Erfolgsschauplatz in St. Wolfgang. Und noch eine Verbindung gibt es: einen Komponisten, in dessen Werken Trude Lieske singt, zu denen wiederum Armin Robinson Texte liefert, und dies alles verbunden durch die gemeinsame Liebe zu Ischl: Oscar Straus (siehe Kapitel 5).

Armin, Trude und Anni kommen 1925 erstmals nach Ischl und steigen im mondänen Hotel Elisabeth ab. Zu diesem Zeitpunkt kennen sie Oscar Straus noch nicht, erst drei Jahre später lernt Armin Robinson Clara Straus kennen und erzählt ihr mit jugendlichem Enthusiasmus, ihm genüge seine Arbeit in einem Musikverlag nicht, sondern er wolle lieber Libretti schreiben. Clara gefällt der junge Mann, und so entsteht eine Freundschaft zwischen den Generationen: Armin und Trude könnten die Straus'schen Kinder sein. Oscar Straus weiht den jüngeren Freund in die Geheimnisse der Operettenproduktion ein und vertraut ihm vollkommen, eine Beziehung, die in den gemeinsamen Sommern in Ischl immer enger wird. Oscar Straus liebt den Haidenhof, in dem er fast zu Hause ist. Und die Gesellschaft der Robinsons erweckt vor allem in seinen letzten Lebensjahren seine Lebensgeister jedes Mal aufs Neue. Fast täglich verbringt Armin Robinson einige Stunden bei Straus, um mit ihm an neuen Projekten zu arbeiten.

Der Haidenhof steht im Mittelpunkt des Ischler Gesellschaftslebens, die Größen der österreichischen Unterhaltungsszene gehen ein und aus. So gibt Robinson beispielsweise 1933 einen Empfang zu Ehren Hubert Marischkas, des Direktors des Theaters an der Wien. Alles, was Rang und Namen hat, gibt sich die Ehre – Komponistengrößen von Emmerich Kálmán über Oscar Straus bis Jean Gilbert, die Schriftsteller und Librettisten Julius Brammer, Alfred Grünwald und Rudolf Österreicher und der Impresario Max Tauber befinden sich unter den Gästen – Ischl als glanzvolles Zentrum der Unterhaltungsbranche.

Armin Robinsons Karriere geht nicht nur als Librettist für Paul Abraham, Ralph Benatzky und Robert Stolz steil bergauf, in Berlin gründet er auch noch den ALROBI-Verlag und vertritt die erfolgreichsten Operetten und Lustspiele der Zwischenkriegszeit: *Der blaue Engel* zählt ebenso dazu wie Paul Linckes Operette *Frau Luna* oder Paul Abrahams *Viktoria und ihr Husar*. Er repräsentiert die neue, junge Generation: 30 Jahre jünger als Oscar Straus und Franz Lehár, fast 20 Jahre jünger als Emmerich Kálmán, Alfred Grünwald und Julius Brammer, bringt er frischen Wind in die »Operettenbörse« Bad Ischl. Neben *Drei Walzer* für Oscar Straus schreibt er die Operette *Bravo Peggy* für Leo Ascher, die 1932 an der Volksoper uraufgeführt wird, genauso wie *Herzen im Schnee* mit der Musik Ralph Benatzkys und dem Publikumsliebling Max Hansen im Jahr 1937 in der männlichen Hauptrolle.

Außerdem wendet er sich dem neuen Medium Film zu, das langsam, aber sicher den Bühnenproduktionen ernsthaft Konkurrenz macht, umgekehrt den verfilmten Operetten jedoch eine neue Bühne bietet. Die Operette geht moderne Wege und erreicht über den Film eine Vielzahl an Zusehern und Bewunderern. Auch Robinsons Frau Trude wirkt bis 1932 in einigen Filmen mit, doch wird diese Karriere 1933 abrupt unterbrochen: Armin und Trude verlassen Berlin nach der Machtergreifung der Nazis Richtung Wien – und hier arbeitet Trude mit all den Größen der Operette zusammen, die sie schon aus Ischl kennt: Auf der Bühne des Theaters an der Wien spielt sie 1933 gemeinsam mit Louise Kartousch (siehe Kapitel 22) in der Oscar-Straus-Operette *Zwei lachende Augen*.

Zu dieser Zeit starten Robinson und Straus ein neues Operetten-Projekt mit dem Titel *Drei Walzer*. Robinson schlägt eine »wienerische G'schicht'« vor – drei Akte stellen drei Wiener Zeitalter von 1870 bis in die Gegenwart dar, sie reichen vom Hoftheater bis ins Filmstudio, vom Ballettmädchen und einem Aristokraten bis zu deren jeweiligen Enkelkindern. Von der Uraufführung in Zürich im Jahr 1935 tritt dieser Ritt durch die Zeiten seinen erfolgreichen Weg in die – noch – freie Welt an – in Deutschland kann sie das Publikum nicht mehr begeistern.

1938 verlassen die Robinsons Österreich und erreichen über die Schweiz und Frankreich Amerika. In Ischl werden in der Zwischenzeit Erkundigungen eingeholt, Robinson sei *»Anhänger der Schuschnigg-Regierung und monarchistisch eingestellt«*, heißt es in einem Bericht vom 1. August 1938. Aber: *»Ein asoziales Verhalten und sonstige nachteilige Umstände konnten dem erwähnten Juden in Bad Ischl nicht nachgewiesen werden.«*[197]

Trude Lieskes Vater kümmert sich als Verwalter in den folgenden Jahren um den Besitz, nach Ende des Krieges kehren die Robinsons wieder nach Bad Ischl zurück und machen den Haidenhof zu ihrem Lebensmittelpunkt und zum Zentrum eines intensiven Gesellschaftslebens. Die Filmemacherin Sina Moser dreht 2007 aus der Sicht der Wirtschafterin, die fast 50 Jahre für das Ehepaar Robinson arbeitete, den Film *Leben für die Herrschaften* über das Gesellschaftsleben des Haidenhofes, der einen wahren »Hotspot« darstellt – alles, was Rang und Namen hat, geht hier ein und aus, die Robinsons führen ein großes und offenes Haus und sehen sich als Drehscheibe und Mittelpunkt eines Operettennetzwerkes, in dessen Rahmen man sich trifft – Sänger und Soubretten, Librettisten und Komponisten, Journalisten und Direktoren: Alle fühlen sich in der offenen Atmosphäre wohl und knüpfen oder vertiefen Kontakte, die zu interessanten neuen Projekten führen.

Zum Gesellschaftsleben zählt auch die Wiederbelebung des benachbarten Golfplatzes, der 1938 stillgelegt wurde und in einem 20-jährigen Dornröschenschlaf liegt. Béla Kutschera, der in Wien und Strobl ansässig ist, Armin Robinson und Oscar von Kohorn setzen sich für die Neugründung ein; neuer Präsident ist Hans Igler. Bis heute zählt der Club zu den erfolgreichsten in Österreich.

Eine letzte Erinnerung an die Robinsons

Armin Robinson stirbt 1985 in Ischl, seine Frau, die nun offiziell Trudy Robinson heißt, 1991 ebenfalls. Bereits im Jahr 1982 hat das kinderlose Ehepaar beschlossen, den Haidenhof der Stadtgemeinde Bad Ischl zu schenken. Das Haus beherbergt viele Jahre die Kulissen und Requisiten des Lehár-Festivals und erlebt 2008 eine neuerliche, nicht gewollte Bekanntheit: Das Sturmtief *Emma* fügt dem Anwesen enormen Schaden zu. Heute lugt man durch die verschlagenen Fenster und erblickt Blumenzwiebeln, die im Erdgeschoss aufbewahrt werden. Wenige Reste erinnern noch an die Zeit der Robinsons – ein schmiedeeisernes R in der Eingangstür ist einer davon.

Ein interessantes Nachspiel gibt es noch fern von Ischl im Schloss Lauterborn in Luxemburg. Nach Trudes Tod erben ihre Verwandten eine stattliche Summe, mit der sie Schloss Lauterborn erwerben und mit Einrichtungsstücken aus dem Haidenhof ausstatten. In einer Auktion[198] kommen diese wieder auf den freien Markt – und plötzlich tauchen 2012 in Luxemburg Armin Robinsons Bechsteinflügel, ein Dirigentenstab von Oscar Straus, aber auch die in den 1930er-Jahren so modernen Zirbenholzmöbel auf – ein Stück Ischl in Luxemburg.

Anmerkungen

1 Sondergerichtsakten Friedl Straus, Dr. Otto Kohn, 30.12.1948.

2 *Heimatbuch Bad Ischl.* Hg. Ischler Heimatverein (Bad Ischl 2004), S. 166.

3 Monika Oberhammer, *Sommervillen im Salzkammergut* (Salzburg 1983), S. 53f.

4 Das Café Siller befand sich am Schwedenplatz in Wien.

5 *Neues Wiener Journal,* 7.7.1923.

6 Georg Gaugusch, *Wer einmal war. Das jüdische Großbürgertum Wiens 1800–1938.* Band 2 (Wien 2016), S. 1693ff.

7 *Pester Lloyd,* 1.3.1909.

8 Marie-Theres Arnbom, *Friedmann, Gutmann, Lieben, Mandl, Strakosch. Fünf Familienporträts aus Wien vor 1938* (Wien 2002).

9 Gendarmerieposten Bad Ischl an den Ortsgruppenleiter der NSDAP Saureis-Unterberger in Ischl, 27.6.1938. Arisierung Inwald, Blatt 18. Bestand Zeitgeschichte Museum Ebensee.

10 10.10.1938, Arisierung Inwald, Bestand Zeitgeschichte Museum Ebensee.

11 14.10.1938, Arisierung Inwald, Bestand Zeitgeschichte Museum Ebensee.

12 18.6.1940, Arisierung Inwald, Bestand Zeitgeschichte Museum Ebensee.

13 *Ischler Fremden-Salon,* 19.7.1855.

14 *Wie soll man Nestroy spielen?* (1901). Johann Nestroy, Ausstellung anlässlich der hundertsten Wiederkehr seines Todestages, Historisches Museum der Stadt Wien, 10. Sonderausstellung, (Wien 1962), S. 23ff.

15 *Dillingers Reisezeitung,* 10.12.1901.

16 Wienbibliothek, Tagblattarchiv.

17 *Neues Wiener Journal,* 7.11.1935.

18 *Neues Wiener Journal,* 7.11.1935.

19 *Neues Wiener Journal,* 7.11.1935.

20 *Neues Wiener Journal,* 7.11.1935.

21 Oberösterreichisches Landesarchiv, Arisierung Dirsztay, 16/J: 1017–1945, Blatt 28.

22 Arisierung Dirsztay, Blatt 50. Protokoll im Auftrage von Ing. Wilhelm Haenel.

23 Arisierung Dirsztay, Blatt 61.

24 Franz Mailer, *Weltbürger der Musik. Eine Oscar Straus-Biographie* (Wien 1985), S. 11.

25 Gemeint ist Hubert Marischka, Direktor des Theaters an der Wien, Tenor und Regisseur in einer Person. *Der Stürmer*, 2.12.1933.

26 Mailer, S. 188.

27 Oberösterreichisches Landesarchiv, Sondergerichtsakten Friedl Straus, Dr. Otto Kohn an die Rückstellungskommission am Landesgericht Linz, 30.12.1948.

28 Sondergerichtsakten Friedl Straus, Dr. Otto Kohn, 30.12.1948.

29 Sondergerichtsakten Friedl Straus, Dr. Otto Kohn, 30.12.1948.

30 Sondergerichtsakten Friedl Straus, Dr. Otto Kohn, 30.12.1948.

31 Sondergerichtsakten Friedl Straus, Dr. Otto Kohn, 30.12.1948.

32 Sondergerichtsakten Friedl Straus, Dr. Amann an die Rückstellungskommission am Landesgericht Linz, 4.4.1949.

33 Sondergerichtsakten Friedl Straus, Dr. Amann, 4.4.1949.

34 *Wiener Zeitung*, 18.8.1910.

35 *Wiener Zeitung*, 18.8.1910.

36 *Linzer Tages-Post*, 20.8.1917.

37 Rudolf Österreicher, *Emmerich Kálmán. Das Leben eines Operettenfürsten* (Wien 1988), S. 129.

38 Nachlass Grünwald, Public Library of Performing Arts, New York. Box 1, Folder 5. Franziska Golz-Goldstein an AG Wien, 22.3.1941.

39 Kaufvertrag von 16.3.1939, Bezirksgericht Bad Ischl, Urkundensammlung 2184/1939.

40 Schreiben des Reichsstatthalters von Oberdonau an den Staatsanwalt Wels, 10.10.1940, Blatt 52ff.

41 *Wiener Zeitung*, 23.9.1932.

42 Bezirksgericht Bad Ischl, Urkundensammlung, 1350/49.

43 Anni Tauber-Robinson, 25.9.1896 Triest bis 1977. Sängerin.

44 Abschrift von Franz Lehárs Testament, Bezirksgericht Bad Ischl, Urkundensammlung 663/49.

45 Zit. bei Stefan Frey, *»Was sagt Ihr zu diesem Erfolg«: Franz Lehár und die Unterhaltungsmusik des 20. Jahrhunderts* (Frankfurt 1999), S. 209f.

46 *Neues Wiener Journal*, 24.5.1931. Zit. bei Frey, S. 209f.

47 *Neues Wiener Journal*, 24.5.1931. Zit. bei Frey, S. 209f.

48 Franz Reichert, *Durch meine Brille. Theater in bewegter Zeit* (1925–1950) (Wien 1986), S. 10.

49 *Arbeiter-Zeitung* vom 23.6.1893.

50 Reichert, S. 31.

51 Franz Anton Alexander von Braune, *Der kleine Fremdenführer nach Ischl und in dessen Umgebungen* (Salzburg 1843), S. 44f.

52 *Linzer Tages-Post*, 4.2.1900.

53 *Linzer Tages-Post*, 18.8.1915.

54 Sabine Nöbauer, *Vom artigen Markt zum Fremdenverkehrsort. Ein architektonischer Streifzug durch Bad Ischl.* In: Oberösterreichische Heimatblätter, 1997, 3./4. Heft, S. 257ff.

55 Franz Anton Alexander von Braune, *Der kleine Fremdenführer nach Ischl und in dessen Umgebungen* (Salzburg 1843), S. 44f.

56 Mehr zur Familie Landauer siehe Georg Gaugusch, *Wer einmal war. Das jüdische Großbürgertum Wiens 1800–1938.* Band 2 (Wien 2016), S. 1719ff.

57 Oberösterreichisches Landesarchiv, Lreg. 1945ff., FIRK 91/48, Schachtel 5, Nr. 50, Pflugbeil Karoline und Wehofer Johann (FIRK 5, Mikrofilm); Zl. 48/7, Schreiben von Eleonore Sterneck an Landesrat Franz Danzer, 15.4.1940. Zit. bei Monika Eichinger, *Die Studienbibliothek Linz in der NS-Zeit* (Wien 2009) Diplomarbeit, S. 97.

58 Oberösterreichisches Landesarchiv, Anmeldung entzogener Vermögen, 9.11.1946.

59 Oberösterreichische Landesbibliothek, HdvSBL, Z 1940-44 (1940), Zl. 272/1940, Schreiben von Adolf Reim an die Leitung der SBL, 10.05.1940. Zit. bei Monika Eichinger, *Studienbibliothek*, S. 102.

60 Oberösterreichisches Landesarchiv, Linzer Gerichte, Sondergerichte, Schachtel 641, Rk 866/48/11, Georg Landauer (LAFR 48, Mikrofilm), Erkenntnis der Rückstellungskommission beim Landesgericht Linz, 20.6.1949.

61 *Neue Freie Presse*, 2.10.1867.

62 *Neues Wiener Journal*, 7.8.1910.

63 *Innsbrucker Nachrichten*, 14.4.1914.

64 *Neues Wiener Journal*, 8.6.1924.

65 *Neues Wiener Journal*, 12.3.1924.

66 *Prager Tagblatt*, 7.5.1924.

67 *Neues Wiener Journal*, 23.10.1925.

68 Oberösterreichisches Landesarchiv, Gauselbstverwaltung, Schachtel 23/8: Kux Paula 1939/40.

69 Oberösterreichisches Landesarchiv, Rückstellungsakten Viktor Kux, FIRK, 361/48. Schachtel 1/5. Mikrofilm. BH Gmunden an die OÖ Landesregierung, 3.9.1951. Vertraulich!

70 Rückstellungsakten Viktor Kux. Vergleichsangebot für das Land OÖ. 31.1.1952.

71 Rückstellungsakten Viktor Kux. Brief an die Abteilung für Außenhandel, Linz. 10.10.1952.

[72] Alfred Grünwald an Wolfgang Börner, 23.5.1948.
[73] Emmerich Kálmán an Gustav Beer, 6.8.1949.
[74] Alfred Grünwald an Rudolf Müllegger, 12.12.1948.
[75] Näheres zur Familie siehe Hans Haas, *Das Adelsgeschlecht Nákó de Nagy-Szentmiklos. Aufstieg und Niedergang einer Grafendynastie* (Banatul Montan Reşiţa 2011).
[76] *Magyar színmüvészeti lexikon* (Budapest 1931).
[77] Zitiert in *Die Presse*, 24.8.1881.
[78] *Die Presse*, 12.10.1877.
[79] *Linzer Volksblatt*, 11.11.1888.
[80] Eva Cserey, *Ein Salzburger Renaissanceofen im Christlichen Museum zu Gran*, http://hauspublikationen.mak.at/viewer/image/1369050062966_0001/22/
[81] *Das Vaterland*, 24.4.1901.
[82] Peter Melichar, *Neuordnung im Bankwesen. Die NS-Maßnahmen und die Problematik der Restitution* (Wien 2004), S. 71.
[83] Melichar, S. 71.
[84] *Neue Freie Presse*, 17.9.1918.
[85] Bharat-Johannes Kulamarva, *Die Österreichischen Bundesbahnen und die austrofaschistische Machtergreifung* (Wien 2013), Diplomarbeit.
[86] *Tagblatt*, 21.9.1930; *Arbeiter-Zeitung*, 20.9.1930.
[87] Oberösterreichisches Landesarchiv, Rückstellung Willet, Blatt 45, Sondergerichte Linz, Schachtel 621, Rk Zl. 271/48.
[88] Rückstellung Willet, Blatt 57, Bad Ischl, 1.9.1949.
[89] Rückstellung Willet, Blatt 23, 4.1.1949.
[90] Marie-Theres Arnbom, *Friedmann, Gutmann, Lieben, Mandl, Strakosch. Fünf Familienporträts aus Wien vor 1938* (Wien 2002).
[91] Schätzgutachten von Baumeister Hans Brandl und Maurer- und Zimmermeister Hans Zierler, Bad Ischl. Bezirksgericht Bad Ischl, Urkundensammlung 1277/1926.
[92] *Linzer Tages-Post*, 8.8.1926.
[93] *Pilsener Tagblatt*, 3.4.1932.
[94] *Pilsener Tagblatt*, 3.4.1932.
[95] Amtsbestätigung des Oberfinanzpräsidenten Oberdonau. 29.3.1944. Bezirksgericht Bad Ischl, Urkundensammlung 232/1944.
[96] Julius Bistron, *Emmerich Kálmán. Mit einer autobiographischen Skizze der Jugendjahre von Emmerich Kálmán* (Wien 1932). Der ursprüngliche Titel des Buches, das Kálmáns Verleger Wilhelm Karczag herausgibt, lautete *Der Czardaskönig*, in dieser falschen Schreibweise.

97 Peter Rath, *Maria von Peteani. Eine Spurensuche im Walzertakt.* In: Österreichisches Handbuch für Exlibris und Gebrauchsgraphik, Band 61 (Wien 1998/99), S. 70.

98 *Die Bühne*, 4, 27.11.1924.

99 New York Public Library of Performing Arts, Alfred Grünwald Papers, Box 1 Folder 6.

100 New York Public Library of Performing Arts, Alfred Grünwald Papers, Box 1 Folder 6.

101 Charles Kálmán, *Rückkehr nach Bad Ischl 1949*. In: *Emmerich Kálmán. Zum fünfzigsten Todestag des Komponisten* (Frankfurt 2003).

102 Otto Howorka in der *Reichspost*, 12.1.1932.

103 *Arbeiter-Zeitung*, 14.1.1932.

104 *Neues Wiener Journal*, 22.9.1923.

105 *Neues Wiener Journal*, 31.12.1927.

106 *Neues Wiener Journal*, 22.9.1924.

107 *Neues Wiener Journal*, 20.11.1925.

108 Alisa Douer, Ursula Seeber (Hg.), *Wie weit ist Wien? Lateinamerika als Exil für österreichische Schriftsteller und Künstler* (Wien 1995), S. 150.

109 Barbara Esser, *Sag beim Abschied leise Servus. Eine Liebe im Exil* (Wien 2002), S. 73.

110 Oberösterreichisches Landesarchiv, Arisierung Julius Brammer, Wilhelm Haenel an Georg Jochmann, Rechtsanwalt, Ischl, 21.6.1939.

111 Arisierung Julius Brammer, Blatt 43. NSDAP Ortsgruppe Bad Ischl »Saureis-Unterberger« an Wilhelm Haenel, Treuhänder des Statthalters für Oberdonau. 13.8.1940.

112 Arisierung Julius Brammer, Blatt 45.

113 Arisierung Julius Brammer, Blatt 38. Emma Thiel und Ernestine Brammer an den Reichswirtschaftsminister in Berlin, 5.7.1940.

114 Arisierung Julius Brammer, Blatt 42. Abteilung für Entjudungen an Emma Thiel und Ernestine Brammer, 9.9.1940.

115 Oberösterreichisches Landesarchiv, Rückstellung Rosa Brammer, FIRK 12/49, Schachtel 1/7.

116 Arisierung Julius Brammer, Blatt 132. Reichsstatthalter von Oberdonau an den Oberfinanzpräsidenten Oberdonau, Linz. 4.9.1942.

117 Rückstellung Rosa Brammer.

118 Max Kalbeck, *Die Presse*, 14.12.1887.

119 *Grazer Tagblatt*, 8.12.1891.

120 r. h., *Die Presse*,15.3.1893.

121 *Die Presse*, 26.1.1892.

122 *Reichspost*, 23.10.1897.

123 UNOG Library BvS/14/154-3/1. Zit. bei http://www.sophie-drinker-institut.de/cms/index.php/pancera-gabriele.

124 *Der Bautechniker*, 15.4.1892.

125 *Neue Freie Presse*, 2.9.1890.

126 Dr. h. p., *Wiener Zeitung*, 24.1.1889.

127 Bezirksgericht Bad Ischl, Urkundensammlung 1526/1938.

128 Wilhelm Haenel an die Vermögensverkehrsstelle in Wien, 23.2.1939. Zeitgeschichtemuseum Ebensee, SG-Ju-B II/2.

129 Klageschrift der Lagerspruchkammer Dachau, 13.8.1948, Zeitgeschichtemuseum Ebensee, SG-Ju-I/3.

130 Besitzer eine Parfümerie in der Pfarrgasse.

131 *Die Causa Löhner, Vermögensentzug (»Arisierungen«) an jüdischen Liegenschaften in Bad Ischl.* Zeitgeschichtemuseum Ebensee. http://www.bmukk.gv.at/schulen/service/mes/specials.xml.

132 Bezirksgericht Bad Ischl, Urkundensammlung 582 bis 591/1940.

133 *Salzburger Fremden-Zeitung*, 18.6.1898.

134 *Linzer Tages-Post*, 26.6.1898.

135 *Österreichische Illustrierte Zeitung*, 1.4.1900.

136 *Neues Wiener Journal*, 28.8.1925.

137 *Neues Wiener Journal*, 28.8.1925.

138 *Neues Wiener Journal*, 13.10.1894.

139 *Agramer Zeitung*, 14.8.1895.

140 Kurliste 19.8.1897.

141 *Neue Freie Presse*, 21.6.1897.

142 *Neue Freie Presse*, 21.6.1897.

143 Bernhard Buchbinder, *Neues Wiener Journal*, 4.6.1899.

144 Wilhelm Haenel an Olga Hauser, 15.3.1939, Arisierung Hauser. Zeitgeschichtemuseum Bad Ischl.

145 Oberösterreichisches Landesarchiv, Rückstellung Fanny Maas. FLD 274/1948. Gestapo an den Oberfinanzpräsidenten Oberdonau, 27.11.1942, Blatt 20.

146 *Linzer Tages-Post*, 28.3.1912.

147 Helmut Rechenberg, *Stefan Meyer*, in: *Neue Deutsche Biographie* 17 (1994), S. 321f.

148 Franzhans von Schönthan, *Sylvelin* (Berlin 1935), S. 150.

149 *Linzer Tages-Post*, 9.3.1918.

150 Schönthan, *Sylvelin*, S. 213.

151 Schönthan, *Sylvelin*, S. 322.

152 Oberösterreichisches Landesarchiv, Arisierung Halberstam, Blatt 17.

153 Arisierung Halberstam, Wilhelm Haenel an Nobert Halberstam, 5.11. 1938.

154 Arisierung Halberstam, Haenel an Jochmann, 21.11.1938.

155 *Sport und Salon*, 27.12.1900.

156 Maximilian Harden, zit. bei Peter W. Marx, *Großkapitalistin im Bühnenreich: Jenny Groß*. In: Paul Nolte (Hg.), *Die Vergnügungskultur der Großstadt* (Köln/Wien 2016), S. 101.

157 Heinrich Stümcke, *Jenny Groß*. In: *Bühne und Welt* 6, 1904, S. 695. Zit. bei Marx, *Großkapitalistin im Bühnenreich.*

158 Elsa Bienenfeld, Leschetizky zu seinem 80. Geburtstag. *Neues Wiener Journal*, 21.6.1910. Zu Bienenfeld siehe Marie-Theres Arnbom, *Damals war Heimat* (Wien 2013).

159 Richtig: Anna Jessipowa. Sie ist seine zweite Ehefrau.

160 *Linzer Tages-Post*, 27.11.1915.

161 Ludwig Karpath, *Neues Wiener Journal*, 2.12.1915.

162 Elsa Bienenfeld, Leschetizky zu seinem 80. Geburtstag. *Neues Wiener Journal*, 21.6.1910.

163 Ludwig Karpath, *Neues Wiener Journal*, 2.12.1915.

164 Richtig: Anna Jessipowa.

165 Ischler Brief. *Das interessante Blatt*, 5.7.1906.

166 *Grazer Volksblatt*, 19.4.1887.

167 *Das interessante Blatt*, 14.7.1904.

168 Näheres siehe Georg Gaugusch, *Wer einmal war. Das jüdische Großbürgertum Wiens 1800–1938.* Band 1 (Wien 2011), S. 938ff.

169 Oberösterreichisches Landesarchiv, Rückstellung Spiegl, 626/1947. Dr. Matthias Wittmann als Vertreter von Lucy Spiegl an die Bezirkshauptmannschaft Gmunden. Verzeichnis des noch nicht zur Rückstellung beanspruchten Vermögens. 11.6.1956.

170 Rückstellung Spiegl, Blatt 122. Zl. 225.201-34/56, 18.1.1956.

171 Rückstellung Spiegl, Blatt 126. Zl. 39.264-1/56, 10.4.1956.

172 Rückstellung Spiegl, 626/1947.

173 Rückstellung Spiegl, Blatt 64 und 65. Äußerung der Rückstellungswerberin, an das Finanzministerium Zl. 167.185-34/51, 2.4.1951.

174 Georg Gaugusch, *Wer einmal war. Das jüdische Großbürgertum Wiens 1800–1938*. Band 2 (Wien 2016), S. 2504ff.

[175] Oberösterreichisches Landesarchiv, Arisierung Ohrenstein, 21/a W 9073-1944. 2.9.1940.
[176] Bezirksgericht Bad Ischl, Urkundensammlung 933/1923.
[177] Programmheft, *Die Drei Musketiere.* Programmheftsammlung Österreichisches Theatermuseum.
[178] *Sport und Salon,* 28.4.1918.
[179] *Neue Freie Presse,* 19.8.1885.
[180] *Linzer Tages-Post,* 17.8.1889.
[181] *Die Presse,* 4.6.1890.
[182] *Die Presse,* 14.8.1890.
[183] Anton Maria Girardi, *Das Schicksal setzt den Hobel an. Alexander Girardi. Der Roman seines Lebens* (Wien 1950), S. 183.
[184] *Die Presse,* 29.8.1889.
[185] *Der Morgen,* 13.2.1922.
[186] *Der Morgen,* 17.10.1921.
[187] *Der Morgen,* 17.3.1924.
[188] *Der Morgen,* 23.3.1925.
[189] *Der Humorist,* 22.6.1923.
[190] *Prager Tagblatt,*14.2.1931.
[191] *Neues Wiener Tagblatt,* 6.5.1931.
[192] *Linzer Tages-Post,* 12.2.1931.
[193] Näheres siehe Wolfgang Quatember, »*Im übrigen müssen wir es der GESTAPO überlassen …*«. www.memorial-ebensee.at
[194] Oberösterreichisches Landesarchiv, LAFR (Landesarchiv Filmrollen), Arisierung Löhner, Blatt 10. Helene Löhner an die Vermögensverkehrstelle, 7.3.1939.
[195] Arisierung Löhner, Blatt 34. III WOS 5/15151/42.
[196] Arisierung Löhner, Blatt 37. IVc/W – 7498/6.
[197] Bestand Zeitgeschichte Museum Ebensee.
[198] http://www.auction.de/sales/682/682_Chateau-Lauterborn.pdf

Quellen und Literatur

In der Reihenfolge der Kapitel:

Nestroy: Walter Obermaier, *Nestroy-Stadt Bad Ischl* (Wien 2010)

Straus: Bernard Grun, *Prince of Vienna. The Life, The Times and The Melodies of Oscar Straus* (London 1955). Franz Mailer, *Weltbürger der Musik. Eine Oscar Straus-Biographie* (Wien 1985)

Meyerbeer: Giacomo Meyerbeer, *Briefwechsel und Tagebücher*, Bd. 4 (Berlin 1985)

Lehár: Stefan Frey, »*Was sagt Ihr zu diesem Erfolg*«: *Franz Lehár und die Unterhaltungsmusik des 20. Jahrhunderts* (Frankfurt 1999). Bernard Grun, *Gold und Silber. Franz Lehár und seine Welt* (München 1970). Otto Schneidereit, *Franz Lehár* (Innsbruck 1984). Otto Schneidereit, *Richard Tauber* (Berlin 2000)

Reichert: Franz Reichert, *Durch meine Brille. Theater in bewegter Zeit (1925–1950)* (Wien 1986)

Starhemberg: Erwin Rieger, *Fürstin Fanny Starhemberg* (Wien 1935). Gudula Walterskirchen, *Starhemberg oder die Spuren der »30er Jahre«* (Wien 2002)

Landauer: Wolfgang Quatember, *Dr. Georg Landauer. Rekonstruktion der Lebensgeschichte eines »nichtmosaischen« Bad Ischler Juden.* In: Betrifft Widerstand. Folge 32/04/1996

Grünwald: *Ein Walzer muß es sein. Alfred Grünwald und die Wiener Operette.* Mit Beiträgen von Henry Grunwald, Georg Markus, Marcel Prawy, Hans Weigel (Wien 1991)

San Marco: Hans Haas, *Das Adelsgeschlecht Nákó de Nagy-Szentmiklos. Aufstieg und Niedergang einer Grafendynastie* (Banatul Montan Reşiţa 2011)

Grün: Hans Freihsl, *Bahn ohne Hoffnung* (Wien 1971). Peter Melichar, *Neuordnung im Bankwesen. Die NS-Maßnahmen und die Problematik der Restitution* (Wien 2004). Alois Mosser, *Die Industrieaktiengesellschaft in Österreich 1880–1913* (Wien 1980)

Mandl, Sonnenschein: Marie-Theres Arnbom, *Friedmann, Gutmann, Lieben, Mandl, Strakosch. Fünf Familienporträts aus Wien vor 1938* (Wien 2002)

Kálmán: Julius Bistron, *Emmerich Kálmán. Mit einer autobiographischen Skizze der Jugendjahre von Emmerich Kálmán* (Wien 1932). Kevin Clarke, *»Im Himmel spielt auch schon die Jazzband«. Emmerich Kálmán und die transatlantische Operette 1928–1932* (Hamburg 2007). Stefan Frey, »*Unter*

Tränen lachen«. Emmerich Kálmán. Eine Operettenbiografie (Berlin 2003). Charles Kálmán, *Rückkehr nach Bad Ischl 1949*. In: Emmerich Kálmán. Zum 50. Todestag des Komponisten. Hg. Josef Weinberger Verlag (Frankfurt 2003). Rudolf Österreicher, *Emmerich Kálmán. Das Leben eines Operettenfürsten* (Wien 1988)

Jarno, Niese: Maria Czelechowski, *Hansi Niese* (Wien 1947). Gustav Naue, *Josef Jarno* (Wien 1964)

Dumba: Elvira Konecny, *Die Familie Dumba und ihre Bedeutung für Wien und Österreich* (Wien 1986)

Strauß: Marcel Prawy, *Johann Strauß* (Wien 1975)

Schönthan: Franzhans von Schönthan, *Sylvelin* (Berlin 1935)

Gross: Peter W. Marx, *Großkapitalistin im Bühnenreich: Jenny Groß*. In: Paul Nolte (Hg.), Die Vergnügungskultur der Großstadt (Köln/Wien 2016)

Leschetizky: Marie-Theres Arnbom, *Damals war Heimat* (Wien 2013). Stanislaw Tichonow, *Leschetizky und sein Wiener Kreis*. Eine Veröffentlichung der Leschetizky-Gesellschaft, Wien (Wien 2001)

Blumenthal: Hans-Ulrich Bauer, *Holzhäuser aus Wolgast. Ikonen der Bäderarchitektur*. 2 Bände (Usedom 2010 und 2011). Michael Laschke, *Die Baumeister. Die Architekten der Rennbahn Karlshorst* (Berlin 2009)

Schanzer: Rudolf Bernauer, *Das Theater meines Lebens. Erinnerungen* (Berlin 1955)

Girardi: Anton Maria Girardi, *Das Schicksal setzt den Hobel an. Alexander Girardi. Der Roman seines Lebens* (Wien 1950). Hermann Schreiber, *Alexander Girardi* (Bad Sauerbrunn 1991)

Bodanzky: Heinz-Klaus Metzger (Hg.), *Schönbergs Verein für Musikalische Privataufführungen* (Wien 1984). Werner Portmann, Siegbert Wolf, *»Ja, ich kämpfte«. Von »Luftmenschen«, Kindern des Schtetls und der Revolution* (Münster 2006)

Schratt, Kött, Löhner-Beda: Barbara Denscher, Helmut Peschina, *Kein Land des Lächelns. Fritz Löhner-Beda* (Salzburg 2002). Georg Markus, *Katharina Schratt* (Wien 1982). Günther Schwaberg, *Dein ist mein ganzes Herz* (Göttingen 2000)

Allgemeine Literatur

Friedrich Achleitner, Österreichische Architektur im 20. Jahrhundert. Band I (Salzburg 1983)

Franz Anton Alexander von Braune, *Der kleine Fremdenführer nach Ischl und in dessen Umgebungen* (Salzburg 1843)

Daniela Ellmauer, Michael John, Regina Thumser, *»Arisierungen«, beschlagnahmte Vermögen, Rückstellungen und Entschädigungen in Oberösterreich.* Veröffentlichungen der Österreichischen Historikerkommission Band 17/1 (Wien 2004)

Arthur Fischer-Colbrie, *Sie meinen Bad Ischl* (Graz 1966)

Georg Gaugusch, *Wer einmal war. Das jüdische Großbürgertum Wiens 1800–1938.* Band 1 und Band 2 (Wien 2011 und 2016)

Bernard Grun, *Kulturgeschichte der Operette* (München 1961)

Ischler Heimatverein (Hg.), *Bad Ischl Heimatbuch* (Bad Ischl 2004)

Ischler Heimatverein (Hg.), *Ischler Denkmalführer* (Bad Ischl 2014)

Handels- und Gewerbe-Adressbuch nebst Häuser-Verzeichnis der Kurortgemeinde Bad Ischl (Bad Ischl 1925)

Johannes Sachslehner, *Bad Ischl* (Wien 2012)

Roman Sandgruber, *Traumzeit für Millionäre* (Wien 2013)

Gerhard Semiller, *Bad Ischl. Häuser und Schicksale* (Linz 1998)

Quellen

ANNO, Historische Zeitungen und Zeitschriften, Österreichische Nationalbibliothek

Bezirksgericht Bad Ischl, Grundbuch und Urkundensammlung

Oberösterreichisches Landesarchiv, Arisierungs- und Rückstellungsakten

Zeitgeschichtemuseum Ebensee, Archiv

Bildnachweis

Bad Ischl, Stadtmuseum: 144, 145, 147, 149, 241
Lothar Bienenstein: 24, 91, 97, 124, 158, 175, 181, 189, 197
Eva Cserey, Ein Salzburger Renaissanceofen im Christlichen Museum zu Gran: 115
Familie Dirsztay: 40
Henry Grunwald, Ein Walzer muss es sein: 108, 111
IMAGNO: 33, 45, 47, 53, 62, 69, 71, 73, 74, 98, 132, 140, 151, 154, 165, 167, 168, 177, 179, 185, 194, 201, 205, 231, 238
KHM-Museumsverband, Theatermuseum Wien: 107
Franz Mailer, Oscar Straus: 43
Familie Neumann-Spallart: 79, 81, 82
Oberösterreichisches Landesarchiv: 65
Österreichisches Nationalbibliothek/ANNO: 19, 25, 27, 36, 39, 55, 57, 61, 75, 78, 87, 100, 119, 127, 130, 134, 136, 146, 162, 170, 171, 173, 190, 211, 228, 232
Privat: 10, 13, 24, 84, 91, 95, 97, 101, 116, 117, 124, 159, 175, 200, 208, 235, 237, 244, 248, 143, 169
Erwin Rauscher: 31, 46, 59, 67, 90, 207, 213, 216, 219, 223, 224
Sprengel-Museum Hannover: 37

Bad-Ischl-Karten im Vor- und Nachsatz: © arbeitsgemeinschaft kartographie

Der Verlag hat alle Rechte abgeklärt. Konnten in einzelnen Fällen die Rechteinhaber der reproduzierten Bilder nicht ausfindig gemacht werden, bitten wir, dem Verlag bestehende Ansprüche zu melden.

Namenregister

Die Autorin

Marie-Theres Arnbom, Dr. phil., ist Historikerin, Autorin, Kuratorin und Kulturmanagerin. Sie veröffentlicht Bücher und Beiträge zu zeit- und kulturhistorischen Themen, die sie als Kuratorin auch an Museen in Szene setzt, und schreibt Programmhefte und Artikel für große Konzertveranstalter. 2004 gründete sie das Kindermusikfestival St. Gilgen als wesentlichen Bestandteil des Musiksommers im Salzkammergut. Zuletzt bei Amalthea erschienen: »Damals war Heimat. Die Welt des Wiener Großbürgertums« (2014)
arnbom.com

Ein historisches Panorama der »Welt von gestern«

Sie sind Fabrikanten oder Wissenschaftler, Schriftstellerinnen oder Rabbiner, Industrielle oder Journalisten, Operettenkönige oder Pädagoginnen, Architekten oder Ärzte. Marie-Theres Arnbom zeichnet ungewöhnliche, mitunter skurrile Lebenswege nach, die von Wien nach Kansas führten oder aus Bad Ischl nach Afrika.
Auf der Basis von persönlichen Dokumenten und Erinnerungen entspinnt sich ein großartiges Panorama der Lebenswelt des Wiener jüdischen Großbürgertums, repräsentiert von Familien wie den Hirschfelds, Koritschoners, Bienenfelds u. a.

Mit bisher unveröffentlichtem Bildmaterial aus Privatarchiven

Kreutern
Kreuterer Straße
Ischl
Katharina-Schratt-Straße
158
Pfannmeisterweg
Vorsteherweg
Steinbruch
40
39
Kaltenbach
36
35
Katrinstraße
Traunreiterweg
Sulzbach
Traun
145
Kalvarien-bergkirche
Am Haischberg
Nikolaus-Straße
Ahornstraße
Lidlstraße
Mozartstr.
Ziehrerstr.
Waldmüllerstr.
Leschetizkygasse
Feldgasse
Lindaustraße
Brennerstraße
Hasnerallee
Erlenweg
Petterw.
Johann Krupitz-W.
Dumbastraße
Kaltenbachstraße
Kaltenbach
22
21
30
31
32
28
29
27
1 : 15 000
0 100 200 300 m
Engleithen (486)
34
33
Entdeckungstour 1
Entdeckungstour 2
Entdeckungstour 3
Entdeckungstour 4
Entdeckungstour 5
Entdeckungstour 6
Entdeckungstour 7